HOHENLOHE-JAGSTBERG/JAGEN – EIN LEBEN LANG

Stocker

Albrecht Fürst zu Hohenlohe-Jagstberg

JAGEN – EIN LEBEN LANG

Leopold Stocker Verlag
Graz–Stuttgart

Umschlagfoto: Dr. Hirsch/Straubing

Umschlaggestaltung: Atelier Geyer, Albersdorf

Vorsatz, Nachsatz: Waldschnepfenjagd, Rehjagd gez. und lith. von A. Strafsgschwandtner mit freundlicher Genehmigung des Landesmuseum Joanneum/Abteilung für Jagdkunde

Fotos: So nicht anders gekennzeichnet, wurden uns die Fotos freundlicherweise vom Autor zur Verfügung gestellt.

CIP-Titelaufnahme der Deutschen Bibliothek

Hohenlohe-Jagstberg, Albrecht Fürst zu:
Jagen – ein Leben lang / Albrecht Fürst zu Hohenlohe-Jagstberg. – Graz ; Stuttgart : Stocker, 1990
ISBN 3-7020-0578-1

ISBN 3-7020-0578-1

Printed in Austria.
Druck: M. Theiss, Wolfsberg

Inhalt

Geleitwort

Dieses Buch von Albrecht Hohenlohe schenkt uns nicht allein eine Reihe guter Jagdgeschichten, es will aber auch nicht ein allzu gelehriges Sachbuch sein, es will beides: uns durch eine große Zahl amüsanter Erlebnisse erfreuen und auch, gestützt auf eine überreiche Erfahrung, eine Quelle von tiefem jägerischen Wissen erschließen. Mit anderen Worten, es verbirgt hinter einem glänzenden belletristischen Mantel einen Kern tiefer Erkenntnis von Jagd und Natur.

Wolfgang Freiherr von Beck†

Vorwort

In diesem Buch „Jagen – ein Leben lang“ will ich in großen Umrissen mein Jägerleben so schildern, wie ich es gelebt und erlebt habe. Von Kindesbeinen an der Jagd verfallen, konnte ich wahrhaft noch aus dem vollen schöpfen. Später habe ich versucht, mich dem drohenden Niedergang der Jagd mit allen Kräften entgegenzustemmen.

Vieles betrachte ich hier mit den kritischen Augen eines Jägers der älteren Generation, ohne den Humor oder die Selbstkritik zu vernachlässigen.

Vielleicht wird mancher Leser enttäuscht sein, weil romanhafte Erzählungen fehlen und ich nicht kapitelfüllend einige wenige Erlebnisse schildere. Auch liegt es mir nicht, meine Beobachtungen des Wildes und der Natur mit unnatürlichen und lediglich textverlängernden Gedankengängen auszuschmücken.

Über jede wirklich starke Trophäe habe ich mich immer gefreut, doch war mir jedwede Rekordsucht unbekannt, die heute oft unvermeidlich scheint, wird von einem „großen Jäger vor dem Herrn“ gesprochen. Das die Welt erschließende und die Stille der Natur störende Fernverkehrsmittel wurde nicht nur zu einer Geschäftemacherei mit der Jagd, sondern fördert auch eine Rekordsucht, die dem Verwurzeltsein mit dem Wild nicht entspricht. Sicher hat es mich oft gelockt, Fauna und Flora anderer Kontinente zu sehen, aber es hat mich nie gereizt, von anderen an Wild herangeführt zu werden, um es dann zu erlegen. So mußte ich erst sechsundsechzig Jahre alt werden, um einer Einladung nach Afrika zu folgen.

Viele eigene gute Reviere und solche lieber Freunde, in denen ich mit freier Büchse Jahrzehnte lang waidwerken durfte und denen ich hier nochmals herzlichst danke, haben mir unendlich viele Freuden an Naturschönheiten und Wild beschert und meine jagdlichen Mühen mit guten und interessanten Geweihen, Kruken und Gehörnen einerseits sowie guten Niederwildstrecken andererseits belohnt. Will man mich nach meinen Strecken beurteilen, sollte man nicht vergessen, daß Kugel und Schrot fast ebenso oft im Lauf blieben wie sie ihn verlassen haben.

Nicht die Trophäe allein ist es, die mich befriedigt, sondern gleichermaßen der gute Schuß und die Freude am jagdlichen Können, an der Schönheit der Natur und der Schöpfung Gottes.

So fing es an

Bartenstein, im ehemaligen Oberamt Gerabronn, in der nördlichsten Spitze Württembergs und des Hohenloher Landes gelegen, ist mein Geburtsort, war meine Heimat, der Traum meiner Kindheit, in der ich glaubte, es werde auch weiterhin alles so bleiben. Das offene, weite Schloß mit seiner schönen Barockkirche und dem großen Hofgarten bietet eine herrliche Aussicht, die man besonders vom hinter dem Schloß auf dem Abschluß der Landzunge gelegenen romantischen Garten nach drei Seiten in drei zusammenlaufende Täler, hauptsächlich aber auf das bewaldete Ettetal bis hinunter zum Jagsttal genießen kann. Hier, diesen prachtvollen Ausblick sperrend, standen früher die Stallungen und Gesindehäuser. Schon Großvater störte dies, und er ließ einen Teil davon abreißen. Vater setzte fort, und das letzte baufällige Gebäude rissen dann wir Buben nach dem Tode unseres Vaters eigenhändig nieder.

Noch klein, geborgen in der Familie und behütet von einem Schwarm treuer und anhänglicher Dienerschaft, umgab uns bereits eine Menge Tiere. Unser übergroßer weißer Dackel Waldi und der gelbe Dackel Männe meines Vaters, eine Turteltaube, ein Papagei, den wir haßten, ein Kakadu, ein Käfig voller Wellensittiche, zwei Kanarienvögel und immer wieder Raben und Elstern, die wir jung fingen und aufzogen, wären vor allem zu nennen. Dazu kamen Kaninchen und Meerschweinchen, und im hinteren Schloßgarten hatte jedes von uns sechs Kindern eine andere Hühnerrasse mit je einem Hahn und zehn Hennen, an deren unrühmlichem Ende Mutters Foxterrier sowie der Pekinese meiner Schwester Marie-Rose die Schuld trugen.

So zwar in der Liebe zu den Tieren erzogen, regte sich beim Anblick der Gewehre meines Vaters bald in uns auch der Jagdtrieb. Zuerst schoß man mit selbstgefertigtem Pfeil und Bogen, was aber höchstens beim Indianerspiel angebracht schien. Da Vater ebenso diese Meinung teilte und in uns schon lange den werdenden Jäger sah, schenkte er uns ein echtes 6-mm-Flobert für Rundkugeln. Von da an begleitete uns ein immer größer werdender Schwarm von Kindern aus dem Dorf zur obligaten Spatzenjagd. Das brachte aber für mich die Katastrophe! Stolzgebläht wollte ich nämlich einigen von ihnen das Schießen lehren, baute ein Ziel auf und zeigte einem Buben, der gerade dran war, daß Kimme und Korn zusammenstimmen müssen. Dabei deutete ich mit dem Zeigefinger aufs Korn – und der Bub drückte in diesem Augenblick ab. Das

hatte zur Folge, daß die Rundkugel die vor der Laufmündung befindliche Spitze meines Mittelfingers durchschlug. Beim Knall spürte ich einen furchtbaren Schmerz, sah das Blut ganz dick aus dem Finger laufen und lief brüllend ins Schloß, nicht so sehr wegen des Schmerzes als vor Schreck über das viele Blut. Nach dem Verbinden wurde ich ins Bett gesteckt. Damit war meine frühe Laufbahn als Schießlehrer vorläufig beendet.
Dem ersten erlegten Spatzen folgten weitere, die allesamt beim Leibjäger zur Bekirrung der Prügelfallen landeten. Später bekamen sie der Uhu und der Edelmarder, den ich in seiner frühesten Jugend bei einer Pirsch mit einem Förster vom Baum geschüttelt hatte. An den Fütterungen durfte kein Spatz geschossen werden, und dieses Gesetz war uns heilig.
Das Flobert schoß mit der kleinen Rundkugel unglaublich weit und gut. Der Spatz auf dem Dachfirst des Schlosses war eigentlich ein todsicherer Schuß. Nur ein zu schneller und leichtsinniger Schuß veranlaßte Ziegelstücke zur Abfahrt, stanzte Muster in die Wetterfahnen oder verschaffte dem Regenwasser unerwünschte Abläufe aus der Dachrinne. Dann verließ man mit hängendem Kopf den Platz der Schande . . .
Besonders angetan hatte es uns aber der freigegebene rotrückige Würger, der Neuntöter. Zur Jagd auf ihn mußte man in die Felder und an die Dornenhekken. Die Pirsch gestaltete sich ausgesprochen reizvoll, weil das wachsame Männchen in seiner rötlichen Pracht den schleichenden Jäger sehr gut von einem Bauern oder Spaziergänger unterscheiden konnte und es einem gar nicht leicht machte, auf sichere Schußentfernung heranzukommen. Das rotbraune Weibchen mit heller Brust war tabu. Eine frühe waidmännische Einstellung, die man sich damals schon selbst auferlegte. Wenn ich heute einen Würger sehe, frage ich mich, warum uns ausgerechnet dieser schöne kleine Ritter freigegeben worden war, um so mehr, als ich erst kürzlich las, wie mutig er auf Elstern und Krähen losgeht und mancher Singvogel deshalb gern in seiner Nähe, gleichsam unter seinem Schutz, brütet.
Nach und nach durften wir dann mit Schrot, selbstlaborierten „halben“ Patronen, auf Häher und Eichkatzeln schießen. Sehr schnell schossen wir sowohl mit dem Flobert als auch mit Schrot perfekt. Alles, was man später wirklich gut beherrschen will, muß man früh anfangen!
Bei einem Besuch im Schloß Haltenbergstetten entdeckte ich bei einer Inspizierung der Gewehre meines Großonkels ein Flobert Kaliber 9 mm mit Kippverschluß, achteckigem Lauf und einem wunderschön geschnitzten Schaft. Ich nahm es mit und fragte Vater, ob ich es haben dürfe, es stehe doch im Schloß

nur umher, und somit hätte dann jeder von uns beiden älteren Buben ein eigenes Gewehr. Da mein guter Vater uns nichts abschlagen konnte, bekam ich es. Es schoß zwar eine größere Kugel, doch lange nicht so gut und weit wie das 6-mm-Flobert. Dafür konnte man aber kleine Schrotpatronen daraus verschießen, die auf nahe Entfernung so mancher Ratte den Garaus machten.

Der Radius unserer Streifzüge vergrößerte sich zusehends. Bald gehörten der Hofgarten und der ganze Ort zu diesem Bereich. So wurden nicht nur die Hühnerställe des Leibjägers einmal im Jahr von den Ratten befreit, es gab noch weitaus dankbarere „Reviere“, wenn uns die Bauern baten, die in ihren Ställen hausenden Ratten zu dezimieren.

Ein Hof war besonders ergiebig. So etwas an Ratten habe ich nie wieder gesehen! Am ersten Tag legten wir im Hof fast 50 Stück zur Strecke. Die nächsten Tage dann so zwischen 20 und 30, je nach Ausdauer und Treffsicherheit. Das muß man sich erst einmal vorstellen!

Die Liebe zu den Katzen schlug augenblicklich in Haß um, wenn wir sie im Wald oder auf den Feldern draußen antrafen. Diese Einstellung mußte ich allerdings schon früh büßen. Bei der Hühnerjagd stießen wir in einem Kartoffelacker gleich hinter dem Hofgarten mit einer Katze zusammen. Leibjäger Adolf verbot den Schuß, weil es zu nahe vorm Krankenhaus, der letzten Behausung, war. So wurde der Vorstehhund geschnallt, um ihr das Lebenslicht auszublasen. Doch dieser übersprang in seinem Eifer die sich in die Kartoffelstauden drückende Katze mehrmals, so daß ich ihm zu Hilfe eilte. Daraufhin fegte der Kater aus den Kartoffeln, ohne daß der Hund ihn sah, und wollte sich in den Hofgarten retten. Er kam aber nicht schnell genug über den Zaun, so daß ich ihn am Genick packen konnte. Der verdammte Kater drehte sich blitzschnell um und verbiß sich in meiner Hand. Bevor ich mein Gewehr abstellen konnte, kam der Hund angebraust, riß mir die Katze von der Hand und tat sie ab.

Sie hatte mir die Hand glatt durchgebissen. Ich begab mich sofort ins Krankenhaus, wo mich eine Schwester versorgte. Eine Stunde später aber erschien der Arzt im Schloß und verlangte – damals wurde man noch mit den primitivsten Mitteln der Urzeit verarztet –, ich solle mir von ihm sofort die Wunde ausbrennen lassen, denn es herrschte die Tollwut.

Ich lehnte dieses Ansinnen mit der Begründung, daß der Selbsterhaltungstrieb einer wildernden Katze nichts mit Tollwut zu tun haben kann, brüsk ab, komplimentierte den braven, aber widerwilligen Arzt zur Türe hinaus – und bekam keine Tollwut.

Wie oft hat man sich gefragt, wann darfst du den ersten Hasen, den ersten

Rehbock schießen. Das sollte noch in weiter Ferne liegen, denn darin zeigte sich mein Vater sehr streng. Aber manchmal kommt es im Leben unverhofft und anders. Wo immer gejagt wurde und wir mitkonnten, taten wir es. Man muß als Bub öfters getrieben haben, dann kann man später alles ganz anders beurteilen. Im Trieb lernt man sehr viel über Lebensweise und Verhalten der einzelnen Wildarten, wie man sie angehen oder eine Fährte ausgehen muß.
Ich war damals acht Jahre alt. Treibjagd auf Hasen auf Markung Riedbach. Ein großer Kessel wurde ausgelaufen. Rechts herum ging als erster, wie immer, Leibjäger Adolf. Mit ihm ging meine ältere Schwester. Als nächste folgten der Sohn unseres Forstmeisters Wittmann und ich. Nachdem wir mehr als die Hälfte des Weges hinter uns hatten, zeigte Adolf vor uns in einen Acker. Dort lag ein Hase. Es war aber streng verboten, Hasen im Lager zu schießen. Als ich ihn entdeckt hatte, bat ich Wittmann, mir sein Gewehr, eine Flinte im Kaliber 20, zu geben. Er meinte aber, das ginge nicht. Wenn Vater das sehen würde. Der stand jedoch am Horizont, wo man den noch nicht ausgelaufenen Rest an Schützen sehen konnte. Ich ließ Wittmann keine Ruhe, hatte endlich dann das Gewehr, stürzte mich in den Acker und schoß den Lagerhasen mitten auf den Kopf, was aus ihm eine unkenntliche Masse machte. Das Gefühl, den ersten Hasen geschossen zu haben, war unbeschreiblich. Als an der Kaiserstraße Strecke gelegt wurde – ich erinnere mich jedesmal daran, wenn ich vorbeifahre –, lag auch mein „Kompott“ da. Nicht zu übersehen, daß dieser Hase im Lager geschossen worden war. Vater, der die Strecke abging, fragte ganz ärgerlich: „Wer hat denn diesen Hasen geschossen?“ worauf es mir vor Stolz entfuhr: „Ich.“ Er schaute mich nur einmal scharf an, sagte kein Wort. Aber dieser Blick reichte mir für ein ganzes Jägerleben ...
Im Sommer verbrachten wir alljährlich zwei Monate in Lindau bei unserer Großmutter, der Großherzogin von Toskana. Die Villa Toskana liebten wir über alles, denn dieser herrliche Besitz mit dem schönen Park lag direkt am See an der Brücke nach Lindau. Die Hauptvilla und zwei Nebenvillen, ein Gärtnerhaus, ein großes Stallgebäude, das Bootsarsenal, der eigene Hafen und ein Tennisplatz ließen keinen Kinderwunsch unerfüllt. Wir konnten rudern, segeln, mit dem Motorboot fahren, fischen und schwimmen; alles Dinge, die in Bartenstein nicht möglich waren. Dazu die Stadt Lindau mit den schönen Läden und dem interessanten Hafen.
Tief beeindruckte es uns immer, wenn Graf Zeppelin über die Villa Toskana eine Runde flog und mit seiner weißen Mütze aus der offenen Gondel seines Luftschiffes heruntergrüßte.
In Lindau wurde mein jüngster Bruder Friedrich geboren, und hier erlebte ich den Ausbruch des Ersten Weltkrieges. Bis 1918 kamen wir jeden Sommer dorthin,

später nur noch auf der Durchfahrt in die Internate Feldkirch und Riedenburg, und die Villa Toskana war unser letzter Trost, bevor wir für zehn Monate hinter Klostermauern verschwanden.

Die Gymnasialzeit bildete wohl das größte Hindernis für unsere Jagdausübung, denn es standen uns dazu nur noch die recht beschränkten Ferien zur Verfügung. Schon mit acht Jahren kamen mein Bruder Carl und ich nach Würzburg in das Kgl. Bayer. Adel. Julianum. Bis zur Revolution im Jahre 1918 trugen wir Uniform, sonntags zum Kirchgang sogar Waffenrock mit Degen an unserer Linken, und mußten im Stadtbereich marschieren, ob zur Schule, zur Kirche oder beim Spaziergang. Im Höchstfall zählten wir 36 Zöglinge, deren Bestand im Ersten Weltkrieg bis auf 18 zusammenschmolz. Die Revolution überraschte uns dort, wir waren völlig abgeschlossen und isoliert, und weiß Gott, was mit uns geschehen wäre, hätte nicht die tapfere Bürgerwehr der Stadt Würzburg die Roten und ihren Führer, den Russen Levin, der in der Residenz hauste, vernichtend geschlagen.

Selbstverständlich versuchte ich als ein an Freiheit gewöhnter Bub, diese Freiheit bei jeder Gelegenheit und mit allen zur Verfügung stehenden Mitteln wiederzuerlangen. Eines Tages wurde im Gymnasium zur Zeichnung von Kriegsanleihe aufgerufen. Mein Bruder Carl und ich zeichneten eine für Buben unseres Alters geradezu astronomische Summe. Dafür erhielten wir drei Tage Urlaub und durften nach Bartenstein fahren.

Mein Vater, der im Feld war, mag schön geschaut haben, als er beim Fronturlaub von der Verwaltung über unseren großzügigen Eingriff in sein Vermögen erfuhr. Aber er war ein viel zu vaterländisch denkender Mensch, um uns auch nur einmal ein Wort des Vorwurfes zu machen, zumal er selbst weit über die Hälfte seines beträchtlichen Barvermögens als Kriegsanleihe gezeichnet und – verloren hatte.

Von der Familie war in Bartenstein niemand anwesend. Die Dienerschaft zeigte sich über unser plötzliches Erscheinen ausgesprochen gerührt, der brave Kammerdiener Leonhard quartierte uns im schönsten Gastzimmer ein, und die gute alte Rosa, die beste Köchin, die ich je kannte, bereitete uns ein köstliches Essen. Wie bitter empfanden wir dann das spartanische Kadettenleben, in das wir nach drei Tagen wieder zurückkehren mußten.

In der Nacht hagelten vor unseren Fenstern von den großen Nußbäumen die reifen Früchte. Es war Herbst, und morgens weckte uns Leibjäger Adolf. Es ging auf den Hasenanstand. Diese Jagdart ist heute verpönt, gilt sogar als unwaidmännisch. Damals war sie nicht nur unendlich reizvoll, sondern auch korrekt und an der Tagesordnung, und zwar bis 1935, dem Jahr der Einführung des Reichsjagdgesetzes. Wer noch in dieser Zeit aufgewachsen ist, wird sicher öfters mit Wehmut an die spannenden Minuten und Erlebnisse in der Morgen- und Abenddämmerung zurückdenken.

Am 19. August 1921 starb unser lieber Vater viel zu früh, einen Tag vor seinem 57. Geburtstag. Damit änderte sich für uns alles grundlegend. Mein Bruder Carl war fünfzehn, ich vierzehn Jahre alt.

Leibjäger Adolf

Adolf Trips, als Sohn eines Fürstl. Försters in Laudenbach geboren, wuchs dort im Schlößchen auf. Wie sein Vater schlug auch er die Försterlaufbahn ein und wurde erst Forstwart. Da alle Försterstellen besetzt waren, nahm ihn Großonkel Albert als Leibjäger nach Niederstetten. Nach dem Tode meines Großonkels übernahm mein Vater, der von diesem die Herrschaft Hohenlohe-Jagstberg geerbt hatte, Adolf als Leibjäger und versetzte ihn nach Bartenstein.
Adolf mußte meinen Vater auf seinen Jagdreisen stets begleiten, im Herbst nach Schlesien und Böhmen sowie nach Schloß Bebenhausen zum König von Württemberg und nach Schloß Sibyllenort zu seinem Schwager, dem König von Sachsen. Als großer Pferdeliebhaber haßte Vater die Autos, weshalb all diese Reisen per Bahn absolviert werden mußten. Im Winter jedoch jagte man reihum bei den Nachbarn, und so war Adolf mit meinem Vater viel unterwegs.
Adolf vereinte in sich den erstklassigen Jäger und den sehr guten Forstmann. Als Leibjäger unterstand ihm das gesamte Jagdwesen um Bartenstein mit rund 10000 Hektar Jagdfläche, wobei ihn fünf Förster unterstützten. Der forstliche Hauptbesitz lag dagegen im Mainharder Wald, 60 Kilometer entfernt, und ein Teil in Bayern bei Schillingsfürst, wo Vater aber nur selten jagte.
Im Ersten Weltkrieg übernahm Adolf zusätzlich drei Forstbezirke für die eingerückten Förster. Wenn man bedenkt, daß Adolf nicht einmal radfahren konnte und keine Eisenbahn am Ort hatte, also bei dem auseinanderliegenden Besitz alles zu Fuß zurücklegen mußte, so ist es heute ganz unfaßbar, was dieser Mann leistete. Er war buchstäblich vom ersten Morgengrauen bis zur finstersten Nacht ununterbrochen auf den Beinen. Den möchte ich sehen, der das heute, und zwar mit einer solchen Selbstverständlichkeit, noch tun würde! Nur beim Blatten vom Pferdewagen aus oder wenn Vater abends zum Schnepfenstrich,

Links oben: Ob in Schlössern, Häusern, Jagdhäusern oder Hütten, immer werden die Trophäen Legitimation des Erlegers bleiben, und jede verdient ihren Platz an der Wand

Rechts oben: Wo immer ich auch jagte, die Kamera – ob mit oder ohne Teleobjektiv – war stets dabei

Unten: Schloß Haltenbergstetten, mein heutiges Domizil. Als Bub entdeckte ich dort bei der Inspizierung der Gewehre meines Großonkels ein wunderschönes 9-mm-Flobert mit Kippverschluß; es wurde meine erste eigene Waffe

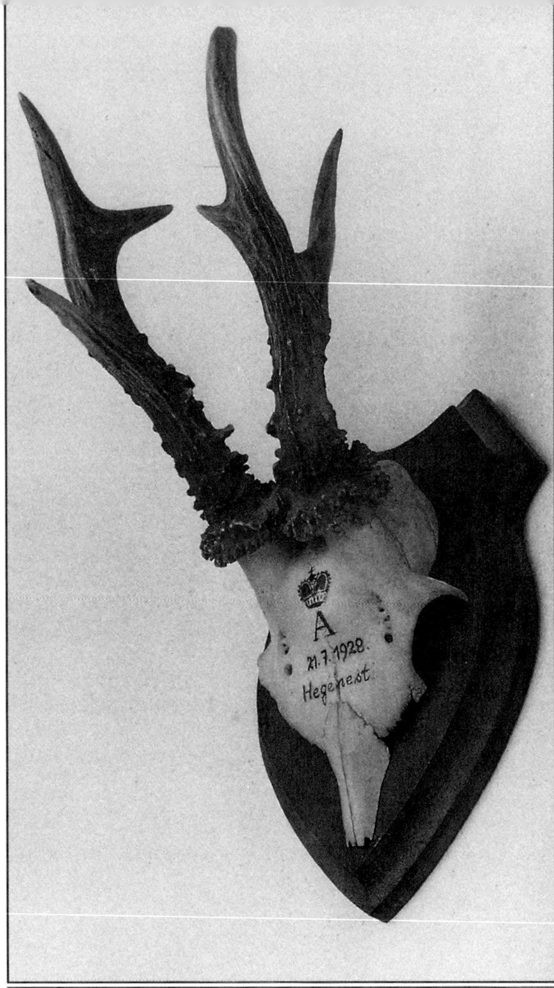
A
21.7.1928.
Hegenest

A
7.6.1932.
Eichholz
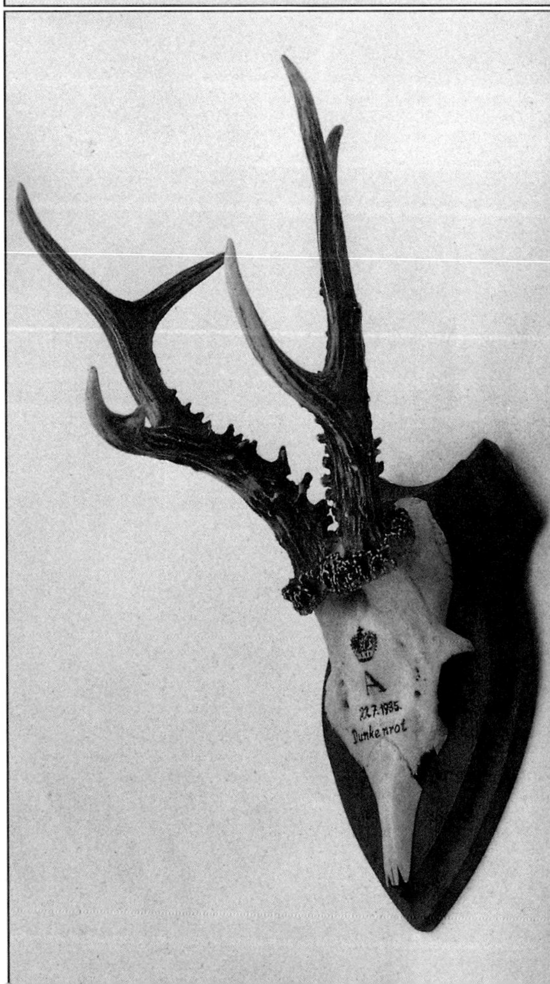
A
22.7.1935.
Dunkenrot
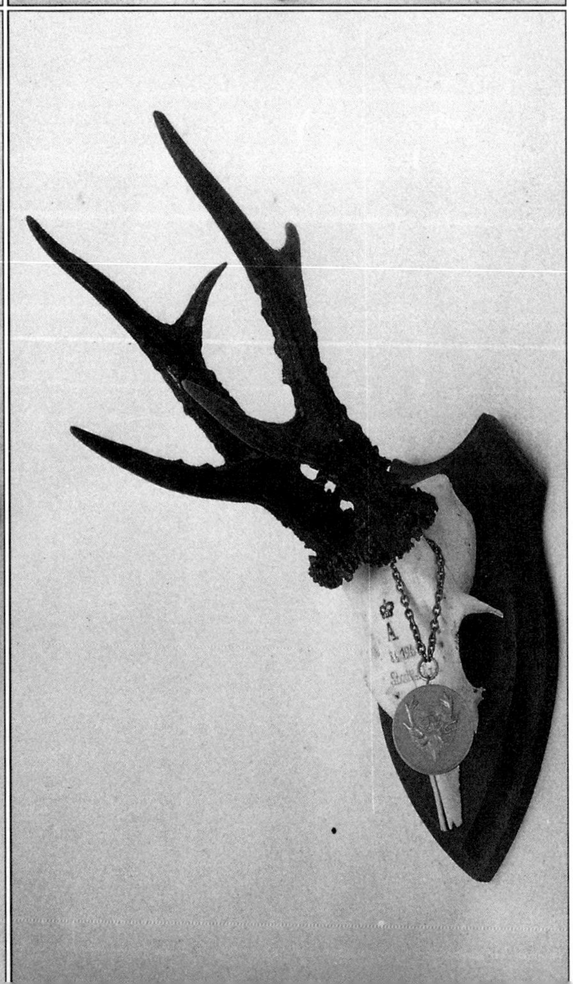

zum Ansitz auf den Rehbock oder zu den Treibjagden fuhr, saß Adolf neben dem Kutscher auf dem Bock.

Mein Bruder Carl und ich liebten Adolf nach unserer Familie am meisten. Er lehrte uns alle Künste des Jagens und Fischens und wußte stets unsere Wünsche, ihn begleiten zu dürfen, bei meinem Vater zu unterstützen. Vater wußte, daß wir uns bei dem treuen Mann in bester Obhut befanden. Er selbst war ein passionierter Jäger und sehr guter Schütze, hatte aber wegen seiner vielfältigen Beschäftigungen keine Zeit, uns anzulernen, wollte jedoch, daß auch wir gute Jäger werden; und wenn ich das tatsächlich geworden bin, verdanke ich es allein Adolf.

So lernten wir alles von ihm. Es begann mit dem Pirschen und Treiben, der Kenntnis der Schuß- und Schonzeiten, der Fährtenkunde und der Horste, dem Ansprechen des Wildes und der Unterscheidung der Vogelarten, besonders der Greife, dem Fallenfang sowie dem Umgang mit Hunden. Dann lehrte er uns das Schießen, den Umgang mit der Waffe sowie deren Behandlung, das Angeln mit natürlichen Ködern ebenso wie mit Spinner und Blinker, das Legen von Reusen und die Handhabung des Spiegelnetzes, aber auch das Fischen mit der Hand und das Fangen von Krebsen und Köderfischen.

Nichts gab es, was wir nicht wissen und können mußten: das Aufbrechen und Zerwirken, das Kappen und Auskochen der Gehörne, das Streifen und Aufspannen der Bälge, das Auslassen von Dachsfett und von Feist sowie das Herstellen von Schuhschmiere daraus, das Ausziehen von Geflügel, das schnellste Töten von Wild und Fischen, auch von Aalen, das Verblenden der Baue, das Anlegen von Luderplätzen, Schleppen, Salzlecken und Pirschwegen, den Bau von Hochsitzen, das Bauen und Stellen von Prügelfallen, das Anstellen der Schützen, das Angehen eines Triebes und das Laborieren von Patronen, kurz alles, was man brauchte. Fast jeden Abend nach dem Essen saßen wir in seiner Wohnung, wo er uns Erlebnisse und lustige Geschichten erzählte oder uns etwas beibrachte, so das Gießen von Hasenquäken aus Blei und die Kunst,

Links oben: Erst 1928 stellte ein durchschlagender Erfolg unserer Hegebemühungen ein: alte, starke Böcke waren kein Einzelfall mehr

Rechts oben: Neben dem „Kugelsicheren" zogen im Eichholz Jahr um Jahr starke, hoch aufhabende Böcke ihre Fährte

Links unten: Mein Lieblingsrevier, das Dunkenrot auf Markung Adolzhausen, bescherte mir immer wieder interessante Jagderlebnisse und ebensolche Böcke

Rechts unten: Die Trophäe des Jubiläumsbockes ist wahrhaft vierzig Jägerjahre wert!

ihnen die natürlichsten Töne der Hasenklage und des Vogelgeschreis zu entlokken, die Herstellung des Bussardlockers aus einem eingeschnittenen Holz mit eingeklemmter Birkenrinde und das Blatten mit dem Buchenblatt oder mit einem Strohhalm, das wir ganz ausgezeichnet beherrschten.
Derweil laborierten wir Schrotpatronen, ganze und auch halbe, denn mit letzteren durften wir Häher schießen, die im Herbst auf das Vogelgeschrei in Scharen zustanden. Erst wurde aus der alten Hülse mit einem Kapselheber das Zündhütchen entfernt und mit dem Kapselsetzer ein neues eingepreßt. Dann die Hülse mit einem runden Holz aufgebügelt und mit einem genauen Maß mit Schwarzpulver gefüllt. Darauf kam ein dicker Pfropfen, auf diesen das entsprechende Maß Schrot und darauf schließlich ein dünner Pfropfen. Die ganzen Patronen wurden hernach mit einer Maschine gerändelt, die halben mit dem Holzspitz zusammengedrückt.
Eines Abends gingen wir mit dem Vater in den Mönchswald zum Schnepfenstrich. Am Stand angekommen, meinte Adolf, er wolle hinunter zu den Wiesen pirschen und sich die Rehe ansehen. Dann würde er irgendwo dort unten beobachten, ob Schnepfen streichen und uns wieder abholen. Um die beste Zeit fiel ein Schuß. Das verwunderte uns sehr, denn Adolf schoß niemals auf Schnepfen, wenn Vater draußen war. Gleich darauf hörten wir Adolf rufen: „Achtung, er kommt!“ Dann fiel wieder ein Schuß, und ein furchtbarer Schrei gellte durch die Abendstille. Wir bangten um unseren lieben Adolf, doch Vater beruhigte uns. Zehn Minuten später erschien Adolf, gebeugt unter der Last eines vollen Rucksackes, in dem sich eine Rehgeiß befand. Was hatte sich ereignet? Als Adolf auf einem Weg stand, um nach Schnepfen auszuschauen, fiel im Buchenstangenholz zwischen ihm und den Wiesen, an denen er kurz vorher war, ein Schuß. Adolf pirschte sofort darauf zu und sah einen Kerl auf dem Boden knien, mit einem Reh beschäftigt. Unglücklicherweise trat Adolf gerade in diesem Augenblick auf einen Ast. Der Mann rannte daraufhin samt Gewehr entgegengesetzt von unserer Richtung so gedeckt davon, daß Adolf nicht schießen konnte. Aber schlagfertig schrie er zur Täuschung seine Warnung, der Wilderer, der befürchtete, einem zweiten Forstbeamten in die Hände zu laufen, machte kehrt und rannte auf siebzig Schritt an Adolf vorbei, der ihm nun die volle Ladung auf den Hintern brannte. Durch Umfrage bei den Ärzten der Umgebung ermittelten wir einen wandernden Zigeuner als Täter; er wurde sofort arretiert und verurteilt, das Gewehr aber blieb verschwunden.
Damals machte man mit solchen Leuten nicht viel Federlesens. Bei uns wurde sehr selten gewildert; einmal liegt dies der Bevölkerung unserer Gegend nicht

so, zum anderen fürchtete man unsere guten Forstbeamten sehr. Der bestialische Förstermord bei Langenburg, der überall Entsetzen auslöste, trug wohl auch noch dazu bei.
Zwei Bauernburschen waren Anführer einer ganzen Wildererbande, die ein mutiger fürstlicher Revierbeamter stellte und entwaffnete. Dafür lauerte einer der beiden dem Förster auf seinem Reviergang auf und schoß den Ahnungslosen aus der Dickung heraus auf zehn Schritt ins Gesicht.
Es gibt eben überall schwarze Schafe. Warum nicht auch bei uns? Eine solche unrühmliche Ausnahme bildete eine Nachbargemeinde von Niederstetten. Nach dem Ersten Weltkrieg konnten wir dort anfangs der zwanziger Jahre nur mit zwei oder drei Gendarmen, damals Landjäger genannt, unsere Hasenjagden abhalten. Denn bei den Streifen in den Hängen der Weinberge ging hinter uns im Abstand von etwa zweihundert Meter eine zweite Treiberkette, wovon jeder dritte Mann einen Hund führte. Diese Treiberkette wurde von Beobachtern, die sich hinter Steinmauern auf den gegenüberliegenden Hängen verschanzt hatten, gelenkt und nahm alles krankgeschossene Wild auf. Dadurch erübrigte sich das Schnallen unserer Hunde oder das Zurückschicken von Treibern, um krankgeschossenes Wild aufzunehmen. Die erlegten Hasen trug man damals noch auf Stangen zu Tal und in den Ort, um sie in der Scheune des Jagdaufsehers aufzuhängen. Und dabei wurde dann gestohlen.
Uns sind schon Rehe von der Strecke verschwunden, erst recht Hasen. Einmal, als die Hasen noch auf Stangen so lange im Trieb mitgetragen wurden, bis diese voll waren, beobachtete ich, wie zwei Mann mit 16 Hasen auf der Stange durch eine Schlucht gingen. Als sie auf der anderen Seite herauskamen, hatten sie nur noch zwölf drauf! Beim Frühstück im Eichhof rief ich Förster Müller zu mir, erzählte ihm meine Beobachtung und zeigte ihm unauffällig die beiden Burschen. Nach der Jagd fuhr er mit mir heim. Kurz vor Niederstetten setzte ich ihn ab, wo er sich vor den ersten Häusern versteckte. Eine halbe Stunde später passierte ihn die Treiberschar, ohne ihn zu sehen. Die beiden fehlten. Schon bei völliger Dunkelheit hörte er von der Adolzhauser Steige zwei Männer herunterkommen. Er ließ sie bis zum Licht am Bahndurchlaß gehen, dann trat er vor und hielt sie an. Es waren die beiden. Er riß ihnen die Jacken auf, und siehe da, jeder hatte sich unter der Jacke zwei Hasen um den Leib gebunden.
Auf einen anderen Wilderer, einen Küfer aus einer Nachbargemeinde, hatten es die Landjäger besonders abgesehen und opferten viele Stunden und Tage, um ihn auf frischer Tat zu ertappen. Eines Tages überraschten sie ihn beim Wildern mit einem Kleinkaliber. Er konnte flüchten, warf das Gewehr in dichte

Dornhecken, rannte nach Hause, zog sich einen besseren Rock und andere Schuhe an, setzte sich in die gute Stube und las in der Bibel. Als die Polizeibeamten die Stube betraten und ihm siegessicher mitteilten, diesmal sei er wohl dran und des Wilderns überführt, begehrte er empört auf. Er verbitte sich, in seiner Andachtsstunde gestört zu werden. Mit dieser Wilderei habe er nichts zu tun, er sitze schon eine Stunde in Andacht hier.

Überführt war er keineswegs, denn sie hatten ihn weder beim Wildern festgenommen noch die Waffe gefunden. Was blieb ihnen übrig, als das Haus unverrichteter Dinge zu verlassen.

Wenn wir mit Adolf abends beisammensaßen, fragten nicht nur wir ihn um seine Meinung, sondern auch er uns um die unsrige. Einmal sagte er, er wolle am nächsten Morgen nach Laudenbach in den Bergwald, um die Kunstbaue wieder in Ordnung zu bringen. Im selben Atemzug fragte er mich, welche Schuhe er anbetrachts des schlechten Wetters anziehen solle. Gummistiefel gab es damals noch nicht. Ich riet ihm zu Stiefeln mit Ledergamaschen. Diese vorsintflutlichen, aber durchaus praktischen Gegenstände kennt man heute gar nicht mehr. Sie waren ziemlich stark und hatten an der oberen sowie unteren Innenseite Stahlbänder. Man zog die Gamaschen auseinander, schlüpfte mit dem Bein in sie, und wenn man losließ, hatten sie dank der federnden Stahlbänder das Bein auch schon fest umschlossen. Diese Gamaschen trugen sich nicht nur sehr bequem, man hatte sie auch blitzschnell an und wieder aus.

Als Adolf am nächsten Abend todmüde heimkam, saßen wir schon wieder in seinem Wohnzimmer. Er bedankte sich für meinen Rat. Als er nämlich einen Fuchsbau aufgegraben hatte, steckte ein Fuchs. Da Adolf keinen Hund dabei hatte, grub er den Bau immer weiter auf, bis er den Fuchs in einem ganz kurzen Stück hatte. Rotrock versuchte zu entkommen, doch Adolf versperrte ihm mit einem Bein den Fluchtweg. Da biß ihm der Fuchs die Gamasche durch, das Bein bekam aber nichts ab.

Adolf war auch der berühmteste Raubwildjäger weit und breit. Jeden Winter erlegte er dreißig bis vierzig Füchse am Bau oder auf die Hasenquäke. Seine große Kunst bestand aber im Fangen von Edelmardern in der Prügelfalle und von Steinmardern im Schlageisen. Erst wurden Schleppen mit Hasengescheide gemacht. In die Prügelfalle kamen Eichkatzeln, Häher oder Spatzen. Wie oft haben die Marder das Abdeckreisig durchbohrt und den Köder von oben geholt. Und wie oft hing ein erschlagener Häher in der Falle. Aber meist war doch ein Marder drinnen, und für uns galt ein festes Gesetz, wer ihn herausnehmen durfte.

Wer jagt heute bei uns noch auf Marder? Früher schoß ich jeden Winter allein acht bis zehn Steinmarder und drei bis vier Edelmarder. Aber seitdem es hier Sauen gibt, hat man dazu keine Zeit mehr. Beide Wildarten kann man nämlich nur bei Neuschnee und in denselben Monaten bejagen, und da erhalten die Sauen den Vorzug. Eigentlich schade, denn auch die Marderjagd hat ihre großen Reize. Man muß zum Teil wahnsinnig viel laufen, um die Spur auszugehen, und steht wie oft nach stundenlanger Verfolgung bei hohem Schnee über Steinmauern und durch Dornhecken vor der bitteren Enttäuschung, daß der Marder letzten Endes über die Reviergrenze fortholzte, in einer riesigen Steinmauer, einem Eisenbahnstollen oder einer Scheune Unterschlupf fand, von wo man ihn nie herausbekommen kann.

Vielleicht mag man denken, der Marder ist so selten geworden oder der Balg zu wertlos, weswegen man ihn nicht mehr bejagt. Für den Balg mag das wohl eine Rolle spielen, ersteres trifft jedoch nicht zu. Die Eichkatzeln waren ja viele Jahre lang fast ausgestorben, und zur selben Zeit auch die Marder. Heute gibt es wieder Eichhörnchen, wenn auch lange nicht so viele wie früher, und der Marder hat auch wieder sehr stark zugenommen.

Mit Mardern hatte ich interessante Erlebnisse. Ich saß abends in der großen Dunkenrotswiese auf einen Rehbock an. Der Hochsitz stand an einer Eiche. Plötzlich merkte ich, daß etwas an der Leiter war. Ich schaute hinunter, da saß ein ausgewachsener junger Edelmarder auf einer der untersten Sprossen. Gleich darauf kam er die Leiter herauf. Unter meinen Schuhen verhielt er und betrachtete diese eingehend. Da sie ihm offenbar nicht ganz geheuer schienen, sprang er auf die Eiche über und kam auf der Rückseite des Stammes hoch. In meiner Kopfhöhe äugte er um den Stamm mir mitten ins Gesicht. Eine Zeitlang konnte ich auf die Zähne beißen, dann aber mußte ich lachen. Daraufhin sauste er ein Stück nach oben, um aber gleich wieder herunterzukommen und erneut um den Stamm zu äugen. Machte ich eine kleine Bewegung, verschwand er hinter dem Stamm, äugte aber sofort wieder auf der anderen Seite herum, genau wie die Spechte. Nachdem wir so einige Minuten gespielt hatten, verjagte ich ihn, denn ich wollte meinen Rehbock nicht vergrämen.

Zweimal wurde ich von Mardern regelrecht attackiert. Das eine Mal, als ich in der Heften beim Schnepfenstrich von meinem Stand zum Wagen ging. Auf einem Weg zwischen zwei Fichtenstangenhölzern hörte ich plötzlich neben mir ein Fauchen. Ich blieb stehen, in der Meinung, es sei eine Eule. Doch das Fauchen ging immer an einem Baum hinauf und herunter, dann auf dem Boden gegen mich vor, wieder zurück und abermals den Baum hinauf und herunter.

Ich konnte mir nicht erklären, was es sein könne, denn es war schon so dunkel, daß ich nichts mehr sah. Erst als ich weiterging, hörte es auf.
Mehrere Jahre danach pirschte ich spätabends von der kleinen zur großen Dunkenrotswiese. Da hörte ich neben mir wieder dieses merkwürdige Fauchen und sah einen starken Marder an einem Baum dauernd rauf- und runterhasten. Als ich weiterging, sprang er mir auf dem Boden nach. Sobald ich stehenblieb, sprang er am nächsten Baum wieder rauf und runter. Ich nehme an, daß beide Marder in der Nähe Junge hatten.
Vor einigen Jahren beobachtete ich eine regelrechte Tragödie. Ich saß im Stockholz an der Seewiese auf einem Hochsitz. Plötzlich vernahm ich das wütende Gezeter eines Spechtes. Ich suchte den gegenüberliegenden Waldrand mit dem Glas ab und sah eine starke Edelmarderfähe mit deutlich sichtbarem Gesäuge an einer starken Buche hängen. Die linke Vorderbranke war vollkommen in einem Astloch verschwunden. Man konnte gut sehen, wie sehr sie sich anstrengte, etwas zu erreichen. Ein Großer Buntspecht stieß unter Todesverachtung dauernd auf ihren Rücken, was ihr aber gar nichts ausmachte. Ich hoffte für den tapferen Specht, daß sie die Brut nicht erreichen könne, als sie auch schon einen flüggen Jungspecht herauszog, ihn totbiß und hinunterwarf. Dann holte sie noch drei weitere Jungspechte heraus, biß sie ebenfalls tot und stopfte sie wieder in das Loch. Nachdem sie anscheinend ganze Arbeit geleistet hatte, holzte sie ab, nahm den ersten Specht auf und verschwand. Die anderen hat sie sich sicher später aus der Speisekammer geholt.
Oft habe ich Edelmarder beim Ansitz oder bei der Pirsch gesehen, fast immer zwei ausgewachsene miteinander. Familien dagegen bin ich nur zweimal begegnet, jedesmal waren es ein Alt- und drei Jungmarder.
In Hegenest sah ich bei der Frühpirsch einen starken Fuchs über einen Weg schnüren und erkannte mit freiem Auge, daß er etwas im Fang trug. Deshalb mäuselte ich ihn an. Er drehte sofort bei und schnürte vorsichtig auf mich zu. Auf zwanzig Schritt verhoffte er und wollte nicht mehr näher. Da ich im Glas einfach nicht erkennen konnte, was er da im Fang hielt, warf ich meinen Spazierstock nach ihm. Vor Schreck ließ er seine Beute fallen und flüchtete. Es waren vier fast flügge Drosseln – wo er die wohl gefunden hat?
Je älter Adolf wurde, desto lauter ging er durch den Wald. Wir waren entsetzt, wenn er auf seinen Stock gestützt so dahinschlurfte. Man hörte ihn schon von weitem. Trotzdem sah er immer das meiste Wild und die stärksten Böcke und kam stets ganz nahe hin. Er meinte, es mache gar nichts aus, wenn man laut ist, genauso wie er die Ansicht vertrat, man würde in der Blattzeit sicher die

ältesten und stärksten Böcke schießen, wenn man einen Frauenrock, der damals ja noch bis zum Boden reichte, trüge und einen alten Schubkarren – noch aus Holz – durch den Wald schiebe, dessen Rad laut quietscht.
Durch Generationen standen die Trips in unseren Diensten, alle waren treuergeben, brav und angesehen. Der gute Adolf starb im Alter von 66 Jahren, und ich konnte ihm nicht einmal die letzte Ehre erweisen, da mich die Nachricht viel zu spät im Ausland erreichte. Die Erinnerung an diesen treuen Mann hat mich mit Dankbarkeit durch mein ganzes Leben begleitet.

Heimische Rehböcke

Hat man den Herbst des Lebens erreicht, beginnt man, sich an dessen Frühling zu erinnern. Das betrifft nicht nur die Liebe, das ist bei der Jagd genau das gleiche. Was man in der Jugend glaubte, nur im Sturm nehmen zu können und zu müssen, betrachtet man im Alter viel realistischer und empfindet den Erfolg mit weitaus innigerer Dankbarkeit, ja schon gemischt mit ein paar Tropfen Wehmut und Mitleid, und eine Niederlage ist nicht mehr so schmerzlich.
Erhebe ich vom Schreibtisch meinen Blick, dann hängen vor mir die allerbesten Rehkronen meines Lebens, rechts die Niederstettener, links die aus Langenstein und Donaueschingen, Babenhausen, Au und anderen Revieren lieber Freunde. Gottlob bin ich kein Medaillenjäger, aber ich habe von manchem alten und erfahrenen Jäger das erstaunte Lob gehört, ich hätte einen unglaublich guten Durchschnitt. Dabei hänge ich jedes Gehörn auf und besitze eine interessante Rarität: fast 250 auf Platten montierte, in 67 Jägerjahren erlegte Kümmerer.
Nicht daß ich erpicht wäre, eine möglichst große Trophäensammlung zu besitzen, doch die Jagd ist nun einmal ein Bestandteil unseres Landlebens, und ich bin der Meinung, jede Erlegung wurde mir ein Erlebnis und jedes Gehörn kann interessant sein. So ist es mir unverständlich, wenn nur die allerbesten Trophäen montiert, alle anderen aber zu Knöpfen verarbeitet werden. Die wirklich bedeutenden Jäger, die ich kannte, taten das nicht. Ob in Schlössern, Häusern, Jagdhäusern oder Hütten, immer werden die Trophäen Legitimation des Erlegers bleiben. Gerade die schlechtesten Abschußböcke möchte ich nicht missen, weil auch sie interessant sind.
Natürlich habe ich auch jagdliche Sünden begangen, sogar Todsünden, durch Täuschung oder aus Jagdleidenschaft. Auch mir ist einmal, wie man so sagt, der Gaul durchgegangen. Aber man kann sie ruhig sehen, meine jagdlichen Sünden, denn sie hängen alle da; doch es sind im Verhältnis sehr wenige. Ich wäre gar nicht glücklich ohne diese Fehler, denn sie erinnern mich immer wieder daran, wie dumm der Mensch manchmal sein kann.
So tauchen die alten Erinnerungen auf an die schönen Jagden, die man einstmals selbst besaß oder wo man bei lieben Freunden jagen durfte, an die braven Männer, die mich begleitet und zum Erfolg beigetragen haben, die guten und die bösen Zeiten, in denen man das Wild erlegte, und die Umstände und Mühen, auch die unverhofften Glücksfälle, die man alle dabei erlebte.

Als mein Vater 1921 die Augen für immer schloß, war ich auf einmal nicht mehr der Albrecht, sondern der Fürst Albrecht. Ein bißchen viel für einen Vierzehnjährigen! Als Inhaber der Herrschaft Niederstetten konnte ich natürlich meinen ersten Bock nur auf Niederstettener Jagdgebiet schießen. Leibjäger Adolf war ja Bartensteiner Angestellter, mit dem ging es deshalb nicht, außerdem führte er meinen Bruder Carl, der bereits seinen ersten Bock erlegt hatte, einen recht guten Sechser.
Der rangälteste meiner Forstbeamten, Revierförster Wild in Niederstetten, hatte einen Leistenbruch und konnte kaum laufen, kam also nicht in Frage. Der nächste war Förster Straub in Mulfingen im Jagsttal. Ich wohnte in Bartenstein und mußte alles per Rad machen. Also fuhr ich nach Mulfingen an der Jagst. Dort blatteten wir in unserer Eigenjagd Haid und Halde. Ich wollte einen besseren Bock als ersten. Wie es der Teufel aber will, sprang ein Gabler, und Straub flüsterte „Schießen!“ Zwar war ich sehr aufgeregt, aber der Bock stand von mir aus verdeckt, so daß ich nicht sehen konnte, was er aufhatte. Als er absprang, schoß ich ihn mit Schrot. Vor mir lag ein ganz gewöhnlicher, jugendlicher Gabler. So sehr ich mich auf meinen ersten Bock gefreut hatte, so wütend war ich jetzt, schwang mich aufs Fahrrad, fuhr nach Bartenstein und ging sofort zu Adolf, um ihm mein Leid zu klagen. Er tröstete mich damit, daß er heute im Revier Dachsbau einen sehr starken Bock gesehen habe. Er wolle nachmittags einen Stand zum Blatten bauen und einen Pirschweg kehren, und morgen versuchen wir es dann.
Abends kam er heim, diesen Rehbock im Rucksack. Was hatte sich ereignet? Als Adolf den Pirschweg kehrte, zog dieser Bock auf ihn zu, als ob er nachsehen wolle, was das für Geräusche sind. Adolf hatte nur den Besen in der Hand, sein Gewehr lehnte zehn Meter entfernt an einem Baum. Schritt für Schritt arbeitete er sich langsam zurück, nahm das Gewehr und schoß ihn, aus lauter Angst, der „böse Nachbar“ könnte ihn erwischen. Mein Barometer stand auf Sturm!
Von meinem sechsten Lebensjahr an waren mein Bruder Carl und ich während der Blattzeit jeden Tag mit Vater oder Adolf im Revier, wußten über alles genau Bescheid und konnten perfekt mit allen Nuancen und Raffinessen blatten, mit dem Buchen-, Flieder-, Birnbaum-, Aspen- oder im Notfall auch mit dem Kleeblatt.
Nach dem Tod meines Vaters wurden seine Gewehre unter uns drei Brüdern aufgeteilt. An Kugelgewehren waren nur ein Mauser-Repetierer im Kaliber 9,3 mm und eine Doppelbüchse im Kaliber 11 mm vorhanden. Letztere bekam ich,

da mein Bruder die erste Wahl hatte. Dafür wurden die beiden hahnlosen Silberdamastflinten im Kaliber 16, gebaut von Förster, Berlin, mit denen Vater viele Tausende Stück Wild erlegt hatte, mein eigen. Ich führte sie, rauchlos beschossen, was sie anstandslos aushielten, von 1921 bis 1945, dann wechselten sie als amerikanisches Beutegut den Besitzer.
Der Mauser-Repetierer und die Doppelbüchse waren viel zu schwer, außerdem warf uns ihr Rückstoß um. Die 11-mm-Doppelbüchse hatte ein derartiges Gewicht, daß ich mit ihr freihändig kaum schießen konnte. Die Munition bestand aus unglaublich langen, gewickelten Messinghülsen, in denen ein daumendikker, gewachster und vorn abgeflachter Bleipatzen steckte. Diese Arkebuse nahm ich in einem heißen Sommer, in dem man schon seit Wochen kein Reh mehr gesehen hatte, eines Morgens zur Frühpirsch mit, um einmal einen Probeschuß auf einen Baum abzugeben. Wie es meist in solchen Fällen geht, kommt es ganz anders. Ich pirschte so gegen sechs Uhr, bisher ohne Anblick, durch ein prachtvolles Fichtenaltholz. Vor mir lag, mitten in dem Altholz, ein Eschenschirmschlag, ein heimliches Plätzchen. Da sah ich auch schon etwas Rotes, eine Geiß, auf meiner Seite des Schlagrandes. Lange suchte ich mit dem Glas, bis ich den zugehörigen Bock fand. Und was für ein Bock! Er stand auf dem Schlagrand gegenüber. Ich hatte keine Ahnung, wie weit ich mit Old Shatterhands Bärentöter schießen kann! Deshalb pirschte ich, von den riesigen Fichten wunderbar gedeckt, bis zum Schlag. Die Geiß stand jetzt keine zehn Meter vor mir, bis zum Bock waren es vielleicht siebzig Meter. Ich wartete, bis er sich endlich breitdrehte, dann schoß ich. Trotz Sonnenscheins sah ich einen Feuerstrahl das Rohr verlassen und den Bock umfallen. Das war aber auch das letzte, was ich wahrnahm, denn ich taumelte, von einem fürchterlichen Schlag getroffen, rückwärts und konnte gerade noch verhindern, der Länge nach hinzufallen.
Ein ohrenbetäubender Knall wie der eines neben mir einschlagenden Blitzes machte mich fast taub, und eine stinkende Schwarzpulverwolke versperrte mir jegliche Sicht. Als ich mich wieder erfangen hatte und die Wolke sich verzog, sah ich nur noch die in panischer Angst abspringende Geiß. Demnach mußte der Bock liegen.
Gott sei Dank konnte mich niemand beobachten, denn ich muß bemitleidenswürdig ausgesehen haben. Die rechte Backe schwoll sicht- und spürbar an, mir war, als hätte man mir den Kopf abmontiert. Außerdem meinte ich, ein Böller wäre in meinen Händen losgegangen. So schleppte ich mich zum vermeintlichen Bock, fand ihn aber nicht, so sehr ich auch die ganze Gegend absuchte.

Da, an diesem Baum stand er, das wußte ich genau. So stellte ich erst einmal den schweren Ballast ab, dann kroch ich auf dem Boden umher. Nichts zu finden, kein Schweiß, kein Schnitthaar, nichts. Ich kroch im Kreise, zog diese immer größer. Endlich ein Tropfen Schweiß! Wieder einer. In mühevoller Arbeit kam ich an eine Landstraße, die durch den Wald führt. Auf der Bankette drei große Schweißlachen, dort muß der Bock gestanden sein. Im Straßenstaub dann noch ein paar Tröpfchen. Aus.
Ich holte aus Niederstetten Förster Müller mit seinem Hund. Aber leider bekamen wir den Bock nicht, gewiß war er nur gekrellt. Das lebensgefährliche Ungetüm aber habe ich nie wieder angerührt. Leider ist 1945 auch diese bösartige Waffe den Amerikanern zur Beute geworden.
Der Schrotschuß auf Rehböcke war sowohl meinem Bruder Carl als auch mir aufs höchste unerfreulich. Wir wollten mit der Kugel schießen. Aber woher nehmen, wenn nicht stehlen! Also wandten wir uns an unseren „heißgeliebten" Vormund, der sich für derartige und sonstige Wünsche total taub zeigte. Wir waren ja schließlich erst sechzehn und siebzehn Jahre alt. Aber letzten Endes, in einer glücklichen Minute, die einmalig war und wir inzwischen achtzehn und siebzehn Lenze zählten, hatte er doch ein Einsehen, und wir bekamen jeder einen Mannlicher-Schönauer, Kaliber 6,5 x 54 mit vierfachem Zielfernrohr geschenkt. Übrigens das einzige Geschenk, das wir arme Teufel während der sechsjährigen Vormundschaft erhielten. Wie wir später feststellten, hatte der liebe Vormund die beiden Gewehre ohnedies von unserem eigenen Geld bezahlt! Immerhin: wir waren jetzt richtig ausgerüstet und glücklich.
Inzwischen hatten wir die verschiedenen verlorenen Jagden wiedererhalten. Daran trug ohne Zweifel die Inflation Schuld, die die Gemeinden wieder zur Vernunft gebracht hatte. Alles Bargeld war über Nacht verschwunden, Deutschland bitter arm geworden. Die Gemeinden liefen uns ob ihrer Jagden die Tür ein. Wir sollten pachten! Damals entstanden die Jägervereinigungen. Einige wenige gute Jäger hatten erkannt, daß wir so nicht weiterjagen können, die direkt zur Tagesordnung gehörende Grenzschinderei ein Ende haben müsse. Was damals angestrebt wurde, konnte leider erst mit dem Reichsjagdgesetz verwirklicht werden. Dreimal wurde dieses Gesetz, an dem unsere besten Jäger gearbeitet hatten, drei verschiedenen Regierungen vorgelegt, doch es war nicht möglich, dieses Gesetz durchzubringen. Dazu mußte bedauerlicherweise erst eine autoritäre Staatsform kommen.
In Bad Mergentheim hatte General Jetter im Jahre 1922 die Jägervereinigung gegründet, 1924 veranlaßte er mich, dort Mitglied zu werden. Damals war ich

siebzehn Jahre alt und auf Veranlassung des aus Pfitzingen stammenden Majors Nörr, Präsident der Württembergischen Jägervereinigungen, auch dem Allgemeinen Deutschen Jagdschutzverband beigetreten.
Nun begannen mein Bruder Carl und ich mit einer systematischen Hege, wesentlich strenger als zu Zeiten unseres Vaters. Alles Junge wurde grundsätzlich laufen gelassen, geschossen nur wirklich gute, abnorme oder erkennbar alte Böcke. Als Kümmerer galten nur ausgesprochene Knopfböcke, und die gab es damals höchst selten. Innerhalb weniger Jahre hatten wir kapitale Böcke.
Die vielleicht einzige entscheidende Abweichung von der Jagdmethode unseres Vaters bestand darin, nicht bis zur Brunft mit dem Abschuß zu warten, sondern die alten Böcke, ob gut oder schlecht, bereits im Juni zu strecken. Man bekommt in Revieren mit derartigen Größen ja ohnehin auch dann nur einen gewissen Bruchteil dieser alten Herren. Aber immerhin kamen dadurch die drei-, vier- und fünfjährigen Böcke mehr zum Beschlag, und ich führe einen großen Anteil an der so schnellen und auffälligen Gehörnverbesserung darauf zurück.
1935 trat das Reichsjagdgesetz in Kraft. Damals wurde gepredigt, alle Böcke, die nicht mindestens fünf Zentimeter hoch aufhaben, als „Artverderber" totzuschießen. Diese Theorie befolgte man allgemein schön brav, weil sie etwas Neues darstellte. Und ihr Erfolg? Wir haben die gute Gehörnbildung grundlegend verdorben! Einmal erreichten wir im Durchschnitt nie mehr die Stärken der Gehörne und die einstigen Wildbretgewichte, und die gute Perlung verschwand vollkommen. Rehwild ist kein Rindvieh, man kann es nicht so züchten! Außerdem liegt die Vererbung mindestens zu 50 Prozent beim weiblichen Wild, und ich habe bis jetzt noch niemanden getroffen, der bezüglich des Wahlabschusses beim weiblichen Rehwild Erfolge in bezug auf die Gehörnbildung nachweisen kann. Aber seit 1935 ist nun der Abschuß vorgeschrieben, und irgend etwas muß ja geschossen werden, um die fragwürdigen gesetzlichen Bestimmungen zu erfüllen. Da es beim weiblichen Rehwild sehr schwierig ist, den Abschuß hundertprozentig richtig durchzuführen, werden ohne Zweifel auch unbeabsichtigt grobe Fehler begangen, die eine Erfolgsmöglichkeit beeinträchtigen müssen, wenn diese überhaupt besteht. Die Trophäen von mit Kraftfutter und anderen Beigaben gemästeten Rehböcken dürften nicht konkurrenzfähig sein!
Bei der Bilanz des Rehwildes steht heute über dem Strich folgendes: Allerhöchstens noch ein Drittel der früheren Wildbestände, im Durchschnitt wesentlich schlechtere Gehörnbildung, bedeutend geringere Wildbretgewichte und hohe

Wildverluste. Dagegen unter dem Strich: Fehlerhafte Bestandsmeldungen und Zuwachsberechnungen, längere Schußzeit, Wildschadensforderungen und übertriebene Wildfütterung, veranlaßt durch die sträfliche Veränderung der Waldstruktur. Dies sind der verheerende Rückgang der Laubwälder und die Einzäunung der Kulturen, die die Äsungsflächen beschränken und das Wild gefährden, genauso wie die hohen Verluste auf den Verkehrsstraßen und durch die Motorisierung der Landwirtschaft, welche von den meisten Jägern aus bestimmten Gründen bei den Wildstandsmeldungen und von den unteren Jagdbehörden bei den genehmigten Abschüssen gar nicht einkalkuliert werden. Es könnte die nach oben gemeldeten schönen Statistiken stören, in denen das Rehwild von Jahr zu Jahr „erschreckend zunimmt" und die Land- und Forstwirtschaft gefährdet. Die wenigen noch bestehenden Reviere mit höherer Wilddichte sind die besten Reservoire für die ausgeschossenen.
Die eingezäunten Flächen, oft enormen Ausmaßes, werden skrupellos als Jagdflächen verpachtet und der Pächter zugleich vertraglich verpflichtet, die Einzäunungen wildfrei zu halten, wobei er zusätzlich die Hälfte der Einzäunungskosten tragen muß. Hier geht leider die staatliche Forstverwaltung mit „gutem Beispiel" voran.
Kehren wir zurück zur herrlichen Zeit der freien Jagd, in der wir aufwuchsen. 1925 schoß ich im Revier Heften meinen höchsten Bock mit 28 Zentimeter Stangenhöhe. Aber erst 1928 konnte ich als Erfolg der Hege meinen ersten wirklich starken Achterbock erlegen. Er sprang, zusammen mit zwei anderen Böcken, auf den Ruf. Wie meist in solchen Fällen, bekommt man dann keinen. Der Starke jagte dauernd die anderen, was einen Schuß unmöglich machte. Eine Woche später wollte ich mich abends auf ihn ansetzen, und wir begegneten einander zu seinem Unglück schon auf einem Weg. Im Dezember desselben Jahres schoß ich bei der Treibjagd – damals noch erlaubt – einen ebenso starken Bock an fast derselben Stelle.
Im Eichholz zog ein besonders starker Bock, genannt der Kugelsichere, seine Fährte. Ich hatte ihn schon im Jahr vorher zweimal und in diesem Jahr einmal gefehlt. Wenn ich ihn nur sah, machte mich das schon ganz verrückt. Zur Blattzeit pirschte ich vorsichtig in seinen Einstand. Bereits beim dritten Ton kam er mit seiner Geiß herangeprescht und beschlug sie fünfzehn Schritt vor mir. Ich sah ihn bereits triumphierend vor mir liegen. Wer beschreibt mein Entsetzen, als er auf den Schuß schreckend absprang. Ich hatte ihn auf diese Nähe, die hohe Montage des Fernrohres nicht einkalkulierend, unterschossen.
Gebrochen und über mein Pech nachsinnend, wanderte ich ohne jede Vorsicht

in Richtung auf mein Auto, als ich plötzlich links von mir eine rote Bewegung wahrnahm. Im Glas erkannte ich einen eifrig mit einem Busch beschäftigten Vierstangenbock. Diesmal besann ich mich trotz der Eile aller Voraussetzungen und schickte ihn, der mir mit seinen vier Spießen die stärksten Böcke vertrieben hatte, ins Rehparadies. Eine Abnormität derartiger Gleichmäßigkeit fand ich nie mehr wieder. Die beiden vorderen Stangen sind exakt gleich und nach rückwärts gebogen, die beiden hinteren befinden sich genau dahinter, sind ebenfalls exakt gleich und stehen ganz gerade schräg nach hinten.

Den Starken vom Eichholz habe ich in den folgenden Jahren noch sechs- oder siebenmal gefehlt, aber nie bekommen. Zum letzten Mal sah ich „den Hirsch" einige Jahre später in der Brunft zwanzig Schritt neben der Landstraße mit seiner Geiß sitzen, als ich um vier Uhr nachmittags von Mergentheim nach Hause fuhr.

1932 schossen sowohl mein Bruder Carl als auch ich unsere besten Böcke. Mein Lieblingsrevier, das Dunkenrot auf Markung Adolzhausen, hängt mit meiner Eigenjagd Stockholz zusammen, ist nur durch eine Landstraße davon getrennt. Aber dort sind die besten Wiesen, und ich ging nie in diesen Teil des Stockholzes, sondern immer zu den Dunkenrotswiesen, weil alles Wild des unteren Stockholzes und des Dörleinswasens in die Dunkenrotswiesen zog. Das ist heute noch genauso, nur gehört Dunkenrot nicht mehr mir und die Böcke werden nicht mehr so alt.

Im Juni 1932 habe ich in der großen Wiese zwei sehr starke Böcke und in der kleinen einen gesehen. Den einen davon schoß ich ein paar Tage später gegenüber im Eichholz. Er hatte starke und gut geperlte Stangen und enorm starke Rosen, aber oben keine Enden mehr. Bei ihm stand ein auffallend schwaches Schmalreh.

Zur Brunftzeit setzte ich mich in die große Dunkenrotswiese, denn der ganz Gute, den ich nur einmal sah, hatte es mir angetan. Wie bestellt kam er mit demselben schwachen Schmalreh. Auf den Schuß sprang er über zwei Meter senkrecht in die Luft, überschlug sich, fiel direkt aufs Haupt und rührte sich nicht mehr. Das Geschoß hatte die Aorta abgerissen. Das Herz lag unbeschädigt in der Kammer. Es ist bestimmt mein idealstes Gehörn, ein knuffiger, weit ausgelegter, ungerader Achter.

1929 hatte ich zum Bergwald die Kappeltannen von Weikersheim noch nicht. Aber ich wußte, daß ein sehr guter Bock aus meinem Revier hinüberzog. Also baute Förster Anton Trips einen Hochsitz an einem kleinen Schlag an der Grenze, dem einzigen Punkt, wo ich den Bock abfangen konnte, bevor er sich meinem Nachbarn anbot, der ihn auch kannte.

Mehrere Abendansitze vergingen ohne Anblick, aber jeden Tag war frisch gefegt, der Bock demnach noch am Leben. Morgens anzusitzen machte der Wind unmöglich. Also turnte ich abends wieder auf den Hochsitz, hängte das Gewehr an die Armlehne und ließ mich häuslich nieder. Kaum saß ich, brach ich mit dem ganzen Sitz durch. Zu meinem Glück blieb ich mit den Kniekehlen an der obersten Sprosse der Leiter hängen, mit dem Rücken an den Baum gepreßt. So eingeklemmt hing ich wie eine reife Zwetschke. Mit wahnsinniger Anstrengung konnte ich mich aus der peinlichen Lage befreien. Ich baumte vorsichtig ab, nachdem ich gesehen hatte, daß der ganze Sitz abgesägt war und untersuchte die Leiter. Die mittleren fünf Sprossen waren unterseits ebenfalls angesägt. Fürwahr, ein feiner Angrenzer. Ich kletterte vorsichtig an einem Holm entlang wieder hinauf und setzte mich auf die Lehne. Punkt ein Viertel vor acht erschien der Bock und wurde mir leichte Beute. Ausgleichende Gerechtigkeit!

Einer meiner Jagdaufseher in Laudenbach, Josef Ruck, mit dem ich so oft erfolgreich auf Marder gejagt hatte, meldete mir einen sehr starken Bock im Imesloh. Dort gibt es nur Felder und Weinberge. Am Morgen pirschte ich mit Ruck die Felder ab. Kein Bock. Kurz nach Sonnenaufgang meinte Ruck, wir sollten es auf der Höhe an der Heckeninsel probieren, dort sei der Bock auch schon gesehen worden. Als wir uns vorsichtig diesen Hecken näherten, fuhr der Bock wie der Teufel heraus und flüchtete den Berg hinunter Richtung Weinberge. Erst schauten wir einander dumm an, dann pirschte ich allein sofort hinter ihm her. Durch Hecken ging's immer tiefer. Als ich die letzte Hecke oberhalb der Weinberge durchschreite, steht mein Bock da und läßt sich die Sonne auf den Rücken brennen, denn es war ziemlich frisch an diesem Morgen. Ruck und ich freuten uns über das gute Gehörn mit dritter Stange aus dem rechten Rosenstock und das nicht mehr erhoffte Waidmannsheil.

Als ich einmal Anfang September von einer Reise zurückkam, meinte Förster Müller, er wisse einen Geburtstagsbock für mich. Müller hatte sich an einer Schlucht angesetzt, und der Bock, den wir schon lange suchten, war um halb acht mit zwei Geißen auf einen Klee gezogen. Wir setzten uns also dorthin, und pünktlich kam er mit seinen beiden Damen! Ein richtiger Geburtstagsbock, mein bester aus diesem Jahr.

Noch ein anderer verdient erwähnt zu werden, ein sehr guter, alter Bock aus dem Bergwald, den wir viele Jahre lang nie sahen, aber stets schrecken hörten. Er trat nirgends aus.

Zwei junge Franzosen weilten bei uns, zwei Brüder, Dominic und Romée. Den kleinen Romée kennzeichneten unverschämte Frechheit sowie unglaublicher Charme. Mit diesem machte er seinen Bruder eifersüchtig, und mit seiner Frechheit brachte er ihn zur Weißglut. Sie waren beide äußerst jagdpassioniert

und liebten meine Hunde. Unvorstellbar, daß sie auch nur einen Abend zu Hause geblieben wären. Abwechselnd ging einer mit mir, der andere mit Müller, am nächsten Abend umgekehrt, eingehüllt in von uns geliehene Lodenmäntel, die bis auf den Boden reichten.
Eines Abends, zur Brunftzeit, war wieder einmal der Bergwald an der Reihe. Romée ging mit mir, und wir bezogen einen Hochsitz an einem Weg. Vor uns eine riesige Fichtendickung von zwei Abteilungen und ein kleiner Schlag, hinter uns Buchenstangenholz den Hang hinunter. Plötzlich stieß mich Romée an und flüsterte ganz aufgeregt: „Ein Rehbock". Ich schau an ihm vorbei ins Stangenholz, da zieht auf fünfzehn Schritt dieser alte Bock mit einer ganz hinausgebogenen Stange an uns vorbei. Blitzartig schieße ich, und den armen Romée hätte vor Schreck fast der Schlag getroffen. Erstarrt schaute er auf den verendeten Bock, dann drehte er sich strahlend zu mir um und sagte: „Onkel Alibi" – so nannten sie mich immer –, „ich wußte gar nicht, daß man so schnell schießen kann!"
Den besten Bock, der je bei mir erlegt wurde, schoß Freund Link bei Laudenbach, zusammen mit Josef Ruck. Dieser hatte den Bock ausgemacht und mir gemeldet, er sei unheimlich stark. Ich gab ihn meinem Freund Link aus Laudenbach, der mich im Dritten Reich vor der Verhaftung gerettet hat, frei und freute mich aufrichtig, daß er ihn bekommen hat.
Für einen abnormen Bock laufe ich weit, weiß ich einen, gebe ich keine Ruhe, bis er zur Strecke liegt. Im März ging ich mit meinem Hund in den Bergwald. In Abteilung eins, am Hang ganz an der für mich sehr unerfreulichen Grenze, sah ich nach dem Holzeinschlag. Meine Waldarbeiter erzählten mir, es seien dort sieben Rehe weggezogen, als sie zur Arbeit kamen, und zwar am Hang nach vorn gegen die Abteilung zwei. Ich ging deshalb den Hang abwärts auf den unteren Weg, weil ich von da besseren Einblick in den Hang hatte, und pirschte langsam vorwärts. Als ich an eine Biegung kam, wurden auf etwa achtzig Meter oberhalb im Hang sechs Rehe hintereinander hoch. Von jedem

Links oben: Das Gehörn des Imesloh-Bockes mit dritter Stange aus dem rechten Rosenstock

Rechts oben: 1932 schossen sowohl mein Bruder Carl als auch ich unsere besten Böcke

Links unten: Bestimmt mein idealstes Gehörn, ein knuffiger, weit ausgelegter, ungerader Achter von der Dunkenrotswiese

Rechts unten: Der Ebenmäßige aus dem Bergwald, den mir ein feiner Angrenzer offenbar nicht gönnte und deshalb meinen Hochsitz gleich mehrfach ansägte

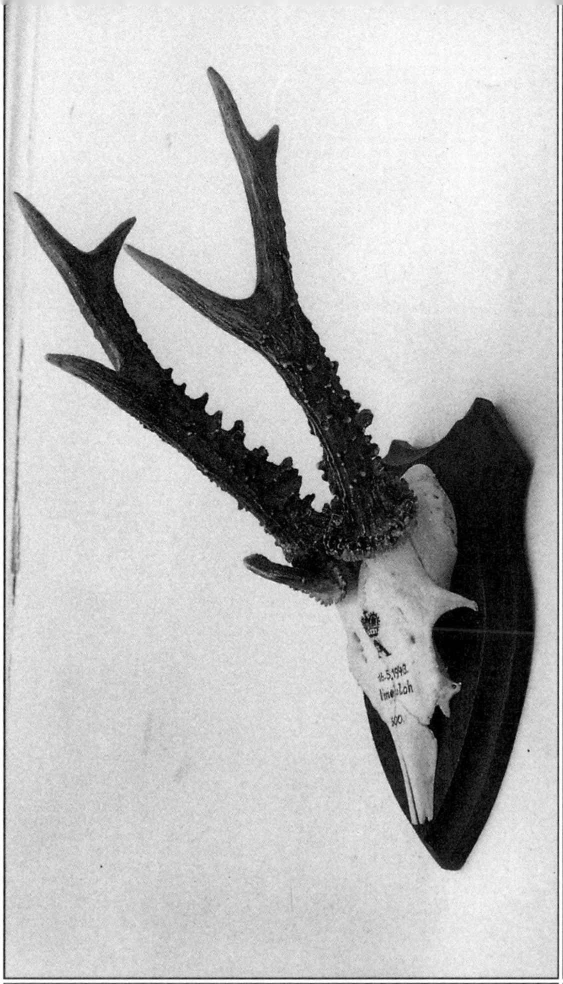
A
100.

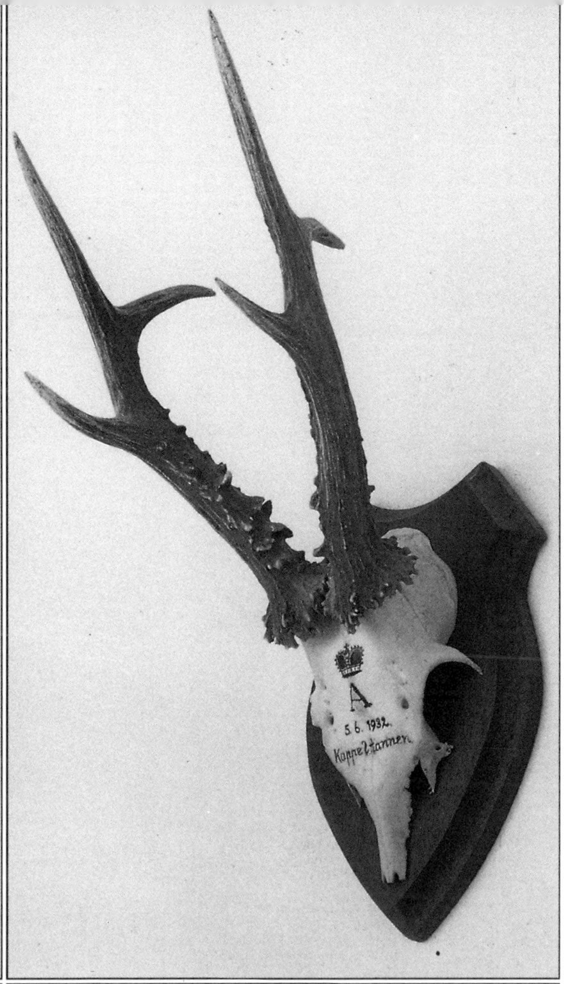
A
5.6.1932.
Kappeltannen

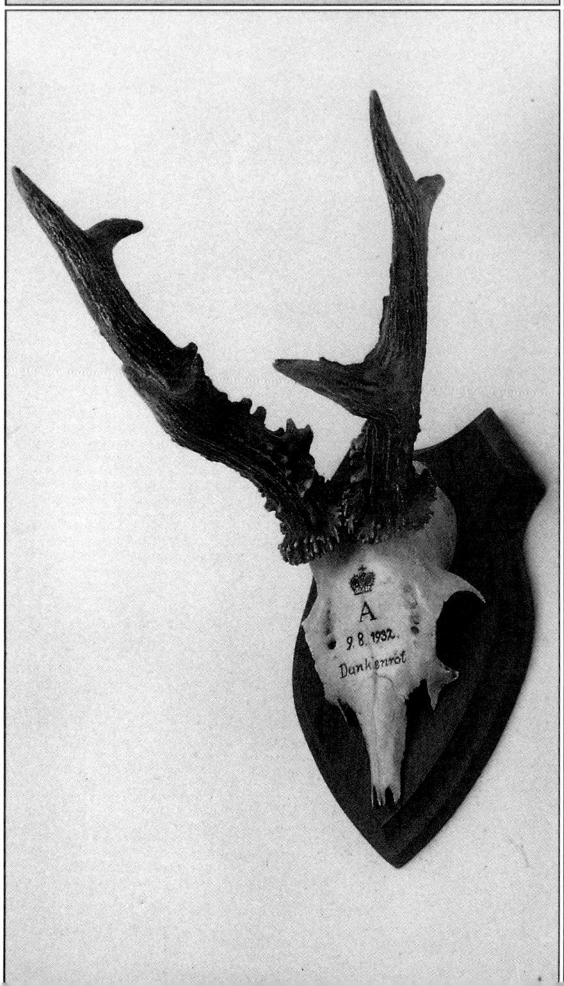
A
9.8.1932.
Dunkenrot

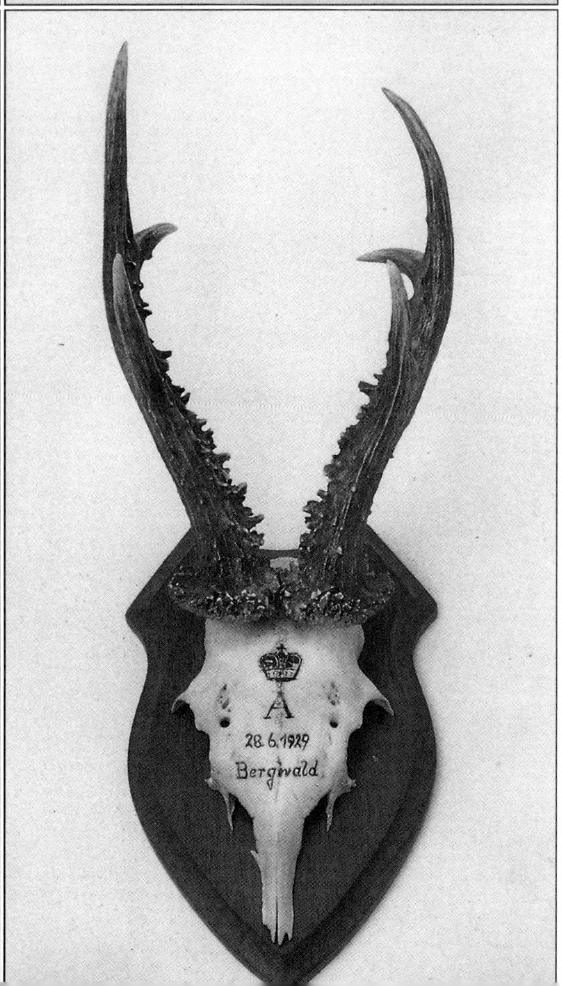
A
28.6.1929
Bergwald

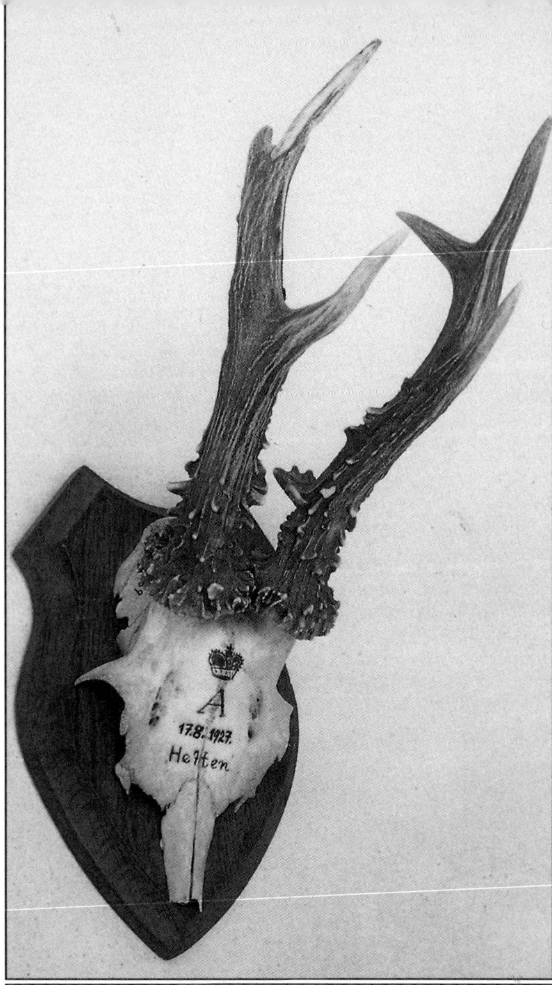
A
17.8. 1927.

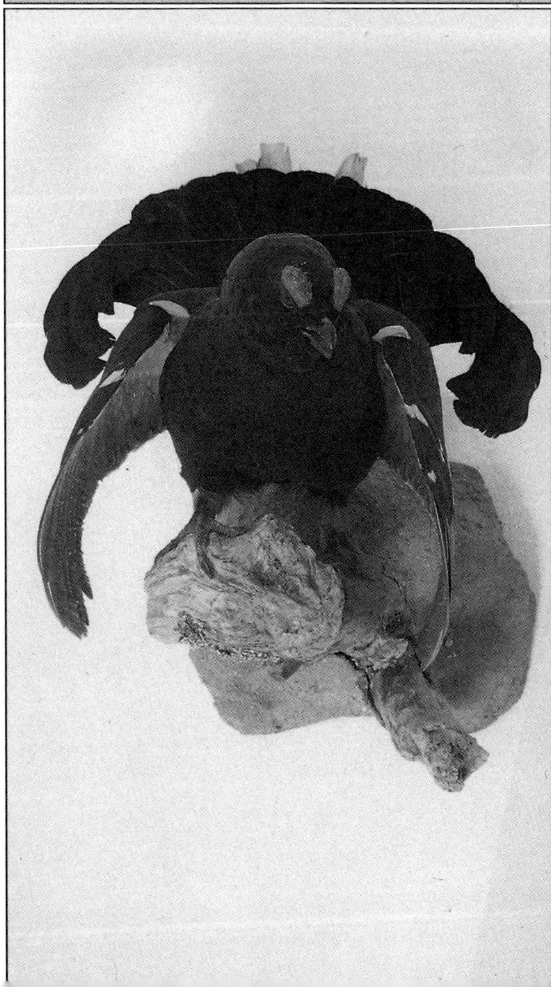

ragte nur das Haupt über die Kante. Eräugt hatten sie mich noch nicht, aber in Wind hatten sie mich bekommen. Ein Bock zog auf die Kante und äugte zu mir herunter. Ich meinte, er habe rechts drei Stangen hintereinander und links gar nichts auf. Nach fünf Minuten machte er kehrt und zog ganz langsam den Berg hoch, die anderen Rehe hinter ihm drein.

Den muß ich haben! Am 16. Mai war ich morgens und abends dort, am 17. wieder, und so fort jeden Tag, ohne ihn zu finden. Am 1. Juli nahm ich Oberförster Müller mit und schickte ihn auf einen Hochsitz oben auf der Höhe am Waldrand. Ich meinte nämlich, der Bock könne vielleicht gegenüber in einem Feldholz stehen, das noch mir gehörte. Müller sah tatsächlich einen Bock aus dem Feldholz ziehen, konnte ihn aber infolge der großen Entfernung nicht genau ansprechen. Nur soviel war klar: er mußte etwas ganz Merkwürdiges aufhaben. Da ist er! Endlich, nach sechs Wochen, gefunden!

Am nächsten Abend saß ich auf dem untersten Hochsitz. Rechts von mir die Kappeltannen, „feindliches Gebiet“, gegenüber das Feldholz. Vor dem ein Klee. Punkt halb acht zog der Bock aus, doch bis ich das Glas an den Augen hatte, stand er bereits im Klee. Nur das Haupt konnte man noch sehen. Aber das genügte, er war es wahrhaftig, zog jetzt langsam Richtung Grenze. Ich hatte ihn mit gestochener Büchse dauernd im Fernrohr. Plötzlich raste er ein Stück zurück und ein zweites Reh vorwärts. Dann verhofften beide und äugten einander an. Er hatte eine im Klee ruhende Geiß hochgemacht und beide waren voreinander so erschrocken. Jetzt zog er schon wieder weiter, ohne daß ich eine Chance zum Schießen hatte, und erreichte das Ende des Kleefeldes. Der Weg zwischen Klee und Wald gehörte noch zu meiner Jagd. „Wenn er auf den Weg tritt, erhält er die Kugel!“ Aber das fiel ihm gar nicht ein, er streckte bloß das Haupt heraus, sicherte nach allen Seiten, kehrte um und zog genauso gemütlich wieder zurück. Langsam wurde ich nervös, diese Prozedur dauerte nun bereits eine Dreiviertelstunde. Als er wieder jene Stelle erreicht hatte, an der er ausge-

Links oben: Auch ein Hoher aus dem Revier Heften, erlegt 1927. Zwei Jahre zuvor hatte ich dort meinen höchsten Bock mit 28 Zentimeter Stangenhöhe geschossen

Rechts oben: Bei der Internationalen Jagdausstellung 1954 in Düsseldorf waren die Waffen dieses Keilers aus dem Revier Hegenest die achtstärksten und erhielten die Goldmedaille

Links unten: Meinen stärksten Kleinen Hahn, pechschwarz und mit je vier breiten Sicheln, schoß ich in Roding

Rechts unten: Über 7 Kilogramm wog dieser erste Große Hahn aus heimatlichen Revieren – der stärkste, den ich je gesehen habe –, mit 20 Schaufeln im Stoß

treten war, wendete er sich nach rechts, um wieder in dem Wald zu verschwinden. Ich erwischte genau die Sekunde und kam sehr gut ab. Im Knall sah ich keinen Bock mehr. Überglücklich stand ich dann vor ihm. Die rechte Stange besteht aus einer nach hinten liegenden Krebsschere mit langen Enden, die linke ist drei Zentimeter ober der Rose abgedrückt, geht dann waagrecht bis vor die andere Stange nach links und dann senkrecht hoch, mit einem Haken nach vorne. Die hatte ich nie gesehen, weil sie genau vor dem Lauscher stand. Wahrscheinlich war der Bock beim Schieben unten auf der Straße oder von der Eisenbahn angefahren worden, wodurch sich das Gehörn so deformierte.
Ein ganzes Jahr hatte ich mich schon bemüht, einen sehr starken Bock zu bekommen. Aber er stand meist im Feld oder wechselte in die Kappeltannen, die ich angegliedert bekommen sollte. Am letzten Tag der Schußzeit setzte ich mich oben am Bergwald an. Um die beste Zeit traten aus dem Vorholz an den Kappeltannen, das bereits zu meiner Jagd gehörte, sechs Rehe aus, darunter der gute Bock. Da die Rehe einem Klee in Richtung auf den Bergwald zustrebten, bestand keine Veranlassung, den weiten Schuß zu wagen. Plötzlich warfen sie auf und sprangen, sehr zu meinem Ärger, in das Vorholz ab. Um die Ursache des Abspringens zu ergründen, beobachtete ich mit dem Glas aufmerksam den Rand des Vorholzes. Mein Jagdnachbar, dessen Revier an seiner nähesten Stelle mindestens fünfhundert Meter entfernt lag und nur aus Feld bestand, kam am Vorholz auf mich zugepirscht. In der Rechten hielt er eine Doppelflinte mit auffallend hellem Schaft. So ungepflegt und verwittert wie das Gewehr aussah, muß es ständig im Freien versteckt gewesen sein und wurde wahrscheinlich ausschließlich zum Wildern verwendet. Als der Mann zum Eck Richtung Kappeltannen pirschte, rannte ich im Bergwald parallel mit ihm zu den Kappeltannen, in der Hoffnung, er werde mir dort anlaufen. Da mir die Kappeltannen ja noch nicht zugeschlagen waren, konnte ich ihn nicht anpirschen und stellen. Ich wartete eine halbe Stunde. Umsonst. Wahrscheinlich hatte er mich bemerkt. Als ich eine Stunde später mit dem Auto an seinem Haus vorbeifuhr, war er schon zu Hause. Ich konnte ihm nichts nachweisen, hatte aber den Eindruck, daß er genau wußte, wie knapp er diesmal entkommen war.
In Mulfingen, bei Revierförster Straub, habe ich nur einen einzigen guten Bock geschossen, aber etwas sehr Komisches erlebt. Straub war ein gewissenhafter, tüchtiger Beamter und in jeder Beziehung unbedingt zuverlässig. Ich blattete mit ihm und kam an eine Stelle, wo ein besserer Bock, auf den ich schon weiß Gott wie oft vergeblich ansaß, seinen Einstand hatte. Da sah ich in einer Buche frisch eingeschnitten drei untereinanderstehende Kreuze. Auf meine Frage, wer

das wohl getan hätte und was es bedeuten könnte, erzählte mir Straub, er selbst habe die Kreuze gestern eingeschnitten. Er sei zwar nicht abergläubisch, aber hier müsse der Bock fallen. Und in der Tat: Nach ein paar Tönen sprang der Bock und mußte hier sein Leben lassen.

Eines Tages rief mich Straub an, ich möge kommen, er habe einen ganz kapitalen Bock jetzt acht Tage lang jeden Abend um halb acht in einem Schlag beobachtet. Der Bock wäre hundertprozentig sicher.

Den ganzen Abend saß ich an dem Schlag, auch den folgenden und übernächsten, ohne den Bock zu sehen. Am vierten Tag rief mich Straub wieder an, ich bräuchte nicht mehr zu kommen, der Bock wäre bereits erlegt, der angrenzende Revierinhaber habe ihn am ersten Tag meines Ansitzens vormittags um elf Uhr, drei Kilometer von seinem Einstand entfernt, geschossen. Ein Bauer war vom Feld heimgefahren und hatte den Bock auf einem Kleefeld stehen gesehen. Als er an der Schule vorbeikam, rief er dem Lehrer, dem Revierpächter, zu: „Wenn du einen Bock schießen willst, dann geh hinauf, oben im Klee steht ein rechter.“ Der Lehrer ließ Schule Schule sein, ergriff seine Büchse, rannte zum Klee hinauf und schoß den Bock. Er war wirklich kapital, mit über dreißig Zentimeter hohen Stangen. Straub kochte vor Wut. Aber es war seine Schuld. Warum hatte er den Bock auch acht Tage lang angeschaut!

In Straubs Dienstbezirk, aber in einem anderen Revier, gab's einen Nachbar, der überhaupt nichts traf. Mit seinen Ansitzen an unserer Grenze war er trotzdem unermüdlich. Eines Abends saß er, wie immer seinem Mißgeschick zum Trotz, wieder einmal auf einen Löffelmann an. Er hatte an diesem Abend 2,5-mm-Schrot geladen, Patronen, wie sie vom Hühnerjagen übriggeblieben waren. Aber an der Munition durfte ja kein Pfennig verlorengehen! Als er wieder einmal nach rechts blickte, stand doch da auf fünfzig Schritt friedlich äsend ein Rehbock, ein Anblick, mit dem nicht gerechnet werden konnte, denn man hatte ja den ganzen Sommer über sein möglichstes getan, die Finanzquelle aus des Nachbars Wald bis zum äußersten zu nutzen. Langsam hob er zitternd seine Waffe, denn da standen nach damaligen Verhältnissen fünfzig wertvolle Reichsmark des Fürsten. Die sollte man unbedingt bekommen. Dabei erinnerte sich der Mann der Hühnerschrote. Dennoch: Nicht zu schießen, wäre unverantwortlich gewesen. Deshalb zog er beide Läufe gleichzeitig ab, damit es besser ausgäbe. Als erstes schlug er von seinem Jagdstuhl einen Salto nach rückwärts. Nachdem er sich mühsam hochgerappelt und die Schwarzpulverwolke sich verzogen hatte, sah er nach dem Erfolg seiner Schießkunst. Da erblickte er am Tatort ein unheimliches Tier, das ihn unter lauten Hilferufen und Hinterlassung seines Gewehrs augenblicklich zur Flucht veranlaßte. Außer Atem im Dorf angelangt, erklärte er seinen entsetzten Mitbürgern, den Teufel geschossen zu haben. Mit Dreschflegeln und Mistgabeln bewaffnet, zog die Bauernschaft zum Wald. Dort fand sie statt des Teufels einen kapitalen Rehbock mit einem wahren Wald von Stangen und Enden auf dem Haupt.

Ich liebte das Revier Wermutshausen mit seinen schlechten Böcken, die zumeist uralt waren und die eigenartigsten Gehörne auf dem Haupt trugen. Obwohl man immer viel Wild sah, schoß ich dort nur einen einzigen wirklich guten Bock. Dagegen gab's viele interessante Erlebnisse.

Baron Beck sollte auch einmal so einen alten Bock schießen. Er saß schon den ganzen Abend auf dem Hochsitz, und ein Gabler trieb stundenlang eine alte Geiß vor ihm auf der Wiese umher. Als es fast stockdunkel war und Beck gerade abbaumen wollte, zog der Alte unter dem Hochsitz aus dem Wald, beschlug augenblicklich die Geiß und flüchtete sofort wieder in den Wald zurück. Beck hätte den Bock höchstens beim Beschlag schießen können – aber wer tut das!

Ebenfalls dort, im Mittelholz, blattete mein Vetter Gottfried Fürst Hohenlohe mit Oberförster Müller. Als gerade dieser selbe Bock springt, kommt von der anderen Seite Forstwart Hörner. Seinen Fehler erkennend, will er verschwinden, aber mein Vetter ruft ihm zu: „Bleiben Sie nur da, Hörner, es passiert auch selten einmal, daß der Bock und der Revierbeamte gleichzeitig springen!" Der Bock war weg, wurde nie geschossen.

Mein Lieblingsrevier war und ist mein Stockholz mit Lenzeiche, Sichertshauser Wald und Dörleinswasen. Der schönste Teil sind die Seewiesen im Herzen des Reviers. Früher befand sich dort ein See, dessen Damm man heute noch sieht, und nur selten kam früher ein Mensch dorthin.

Einmal stand dort ein alter, schlechter Bock, den ich einfach nicht bekam, was immer ich auch versuchte. So saß ich wieder einmal auf einem Hochsitz in einem Busch auf ihn an, als ein Gewitter nahte. Gewitter sind mir ausgesprochen unsympathisch, weil schon zweimal der Blitz ganz nahe eingeschlagen hat. Mein Bruder Carl behauptete immer, er schösse meistens die ältesten Böcke während der Gewitter. Daran dachte ich jetzt und blieb sitzen.

Es goß in Strömen, und ich war bereits klatschnaß. Da zog doch der Bock beim größten Guß aus und trollte im hohen Gras auf mich zu. Ich kam bestens ab, der Bock zeichnete gut, flüchtete an mir vorbei und brach im Verschwinden hinter einem Busch zusammen. Im nächsten Augenblick stand er wieder auf den Läufen und flüchtete ganz niedrig denselben Weg zurück, so daß sich

keine Schußmöglichkeit ergab. Als er drüben in den Wald sprang, schoß ich, und er schlug ein Rad wie ein Hase. Sofort ging ich hin und erstarrte: Da lag eine alte Geiß, gottlob nicht führend. Himmeldonnerwetter! Und der Bock? Der lag beim Busch, mit tadellosem Blattschuß. An der Stelle, wo er zusammengebrochen war, muß die Geiß in der Wiese niedergetan gewesen sein.
Genau dort passierte mir eine andere dumme Geschichte. Vom Auto aus ging ich durch das Gartenholz Richtung Seewiese. Da fing ein Reh fürchterlich zu schrecken an und zog dabei ganz langsam auch Richtung Seewiese. Ich beeilte mich, es zu überholen, da ich wissen wollte, was da los ist. Als ich den Waldrand erreichte, tritt neben mir auf etwa vierzig Meter ein Bock aus. Hohe, glatte Stangen, mittelstark, schlechte Enden. Auch der Figur nach ein alter Bock. Aber er stand schon im hohen Gras und zog gegen den See. Wenn er auf den Damm steigt, kann ich ihn schießen, denn dort ist das Gras ganz niedrig. Das schreckende Stück aber stand noch im Wald, sicher seine Geiß.
Als der Bock fast beim Damm war, trat das zweite Stück laut schimpfend aus, ein sehr gut veranlagter, jüngerer Sechser. Den hat der Alte sicher herübergestaubt, und jetzt zogen beide wieder in Richtung Heimat. Da stand der Alte schon auf dem Damm, und meine Kugel warf ihn nach vorn über den Damm hinunter. Im selben Augenblick sprang achtzig Schritt dahinter ein Reh aus der Wiese im See senkrecht in die Luft, querte den ganzen See und verschwand am drüberen Damm in Haselnußbüschen.
Ich stieg auf den herüberen Damm und schaute hinunter. Da lag der Bock. Da ich mir die Stelle genau gemerkt hatte, wo das andere Reh verschwunden war, ging ich auf dem Damm um den See herum. Ich fand eine breite Schweißfährte, die in die Haselnußbüsche führte. Darinnen lag das Stück, ein Schmalreh, mit abgezirkeltem Blattschuß. Wahrscheinlich die Urheberin der Meinungsverschiedenheiten zwischen den beiden Böcken. Dieses Erlebnis gab mir sehr zu denken, und ich glaube, daß ich noch vorsichtiger wurde beim Schuß mit der Kugel. Deshalb bekam ich so manches Stück nicht, ließ es lieber laufen.
Alle Jäger möchte ich anflehen, mit der Kugel nie auf ein Stück Wild zu schießen, wenn die Kugel frei in die Gegend fliegen kann, also kein Kugelfang gegeben ist. Wie schnell ein Unglück passieren kann, sieht man hier. Ein Stück Wild ist es bestimmt nicht wert, ein Menschenleben zu gefährden. Bei unseren heutigen Hochrasanzgeschossen schlägt die Bohne einen Menschen noch auf fünftausend Meter – fünf Kilometer! – mausetot. Ich möchte nicht wissen, wie viele Jäger ein auf einer Höhe freistehendes Stück mit der Kugel beschossen

haben. Das ist unverantwortlich, und sie sollten ihrem Herrgott danken, daß dabei nichts passierte.
Mein Vetter und besonders lieber Freund, Hermann Prinz Leiningen, erzählte mir einmal, er habe früher viele Jahre im Revier seines Onkels geblattet. Wenn er mit Förster G. ging, hätte er nie etwas Gutes geschossen, obwohl es viele starke Böcke gab. Jedesmal, wenn ein stärkerer Bock aufs Blatten sprang, ging er sofort wieder hochflüchtig ab, bevor mein Vetter noch das Gewehr heben konnte. Er vermochte sich das lange nicht zu erklären und fand das höchst merkwürdig. Als wieder einmal ein besserer Bock gesprungen war, drehte er sich schnell um. Da saß der Förster hinter ihm und winkte mit einem weißen Taschentuch!
Zur Rache schoß Hermann einen ganz kapitalen Bock, ehe besagter Förster es verhüten konnte. Als der Leibjäger St. den Bock sah, versteckte er ihn sofort. Als der Onkel an die Strecke trat, lag ein anderer, bei einer Nachsuche gefundener an seiner Stelle.
Vor einigen Jahren stand in der oberen Seewiese ein recht braver Bock. Ich sagte meinem Sohn Alexander, er solle ihn schießen und beschrieb ihm den Bock genau. Dann setzte ich meinen Sohn an der Seewiese ab und verabredete mit ihm den Zeitpunkt des Abholens. Als ich schon früher dorthin kam – ich hatte keinen Schuß gehört –, stand Alexander verzweifelt an der Straße. Er hatte den Bock angeschossen. Also Hund raus und hin. Schweiß fanden wir keinen, Alexander wußte aber genau, wo der Bock in den Wald geflüchtet war. Deshalb setzte ich den Hund dort an und schnallte ihn sofort, weil zwei Abteilungen bürstenähnliche Dickungen vor uns lagen, wo man am Riemen nicht arbeiten konnte.
Wir hörten lange nichts, weil es sehr windig war. So ließ ich Alexander an der Wiese und ging einen Weg geradeaus in den Wald. Als ich beim nächsten Wegkreuz haltmachte, meinte ich, meinen Hund zu hören und rannte den Weg weiter. Endlich vernahm ich aus einer Dickung Standlaut. Ich kroch hinein, sah den kranken Bock unter einer Fichte sitzen und erlöste ihn. Ohne Hund hätten wir den Bock nie bekommen, er hatte einen Waidwundschuß.
Alexander war glücklich, als ich mit dem Bock auf der Wiese erschien und erzählte mir, auf der Wiese wäre noch ein Bock gestanden, ein hochkapitaler. Aber er habe sich nicht getraut, ihn zu schießen und lieber den geschossen, den ich ihm angegeben hatte. Sehr anständig! Diesen wirklich Kapitalen habe ich wahrscheinlich nur ein einziges Mal beim Blatten gesehen, und da ganz woanders. Er stand weit weg auf einem Weg und kümmerte sich überhaupt nicht um meine Locktöne.
Von der Blattjagd bei Freunden zurück, setzte ich mich abends in die Seewiese. Nach einiger Zeit blattete ich, denn jedes Jahr schoß ich in diesen Tagen noch ein

paar ganz alte Böcke. Da kam mir gegenüber eine Katze aus dem Wald. Ich mäuselte, und schon war sie unter meinem Hochsitz, äugte herauf. Wie gebannt starrte sie mich geduckt an. Mit dem Mund machte ich „Pfff" und schüttelte den Hochsitz. Die Katze flüchtete über die Wiese zurück in den Wald. Gleich darauf begann da drinnen ein fürchterliches Schrecken. Der Stimme nach mußte es ein alter Bock sein, der sich sicherlich für meine Musik interessiert hatte. Schade, dachte ich noch, als ich verwundert hörte, daß er gegen mich herzog, was in mir wiederum Zweifel über sein Alter wachrief. Als er an die Wiese kam, hielt ich es für ratsam, still zu sein. Nach ein paar Minuten trat er dann aus.

Ich konnte ihn bloß von der Seite sehen, mittelstarke Stangen, ganz glatt, ohne jede Perle, kurze Enden, braunes Gehörn. Zum Teufel, ist der Bock nun alt oder jung? Im Wildbret nicht übermäßig, der Träger nicht stark. Das Haupt allerdings ganz grau, aber wie oft ist man da schon reingefallen. Dabei zeigte er einen großen, weißen Muffelfleck. Laß ihn laufen, dachte ich, wir haben sowieso zwei gute Böcke in der Seewiese in diesem Jahr geschossen. Aber die Neugier läßt sich schwer überwinden! Da er von mir bereits über die halbe Wiese gezogen war, brach ich einen Ast. Da stand er breit und sicherte zu mir her. Jetzt erst konnte ich ihn von vorne sehen. Die rechte Stange war total in den Schädel hineingewachsen, unten ganz auf die linke draufgequetscht und ging dann mit einem Knick nach außen. Das kann nur ein ganz alter Bock sein. Mein Entschluß zum Schuß und seine Ausführung fielen gleich schnell.

Als ich dann beim Bock stand, erkannte ich ihn wieder. Vor mehreren Jahren stand er ständig in der Seewiese. Da er drei Jahre hindurch ganz elend aufhatte, sagte ich Müller, er möge ihn schießen. Seitdem ward er nicht mehr gesehen, geradeso, als ob er meine Worte vernommen hätte. Dem Kiefer und dem ganzen Schädel nach schätzte ich ihn auf mehr als vierzehn Jahre. Ich glaube, daß er im Jahr zuvor nicht mehr abgeworfen hat. Auf dem Knochen des Schädels sieht man einige schwere Forkelstiche. Es ist sicher der älteste Bock, den ich je erlegte.

Vor ein paar Jahren sah ich Anfang Mai von der Landstraße aus im Stockholz, Abteilung vierzehn, am Steinbruch einen Bock, dem zwischen den Rosen ein fingerlanger Spieß waagrecht nach vorne stand. Am 16. Mai setzte ich mich auf der anderen Seite dieser großen Dickung im Altholz auf eine Kanzel, die einzige Möglichkeit, den Bock in Anblick zu bekommen. Tatsächlich, kurz vor acht kam er im Hochwald durch den Buchenanflug daher. Er mußte es eilig haben, denn er trollte an mir vorbei, ohne auf mein Pfeifen und Rufen zu verhalten.

Endlich, auf achtzig Meter, wurde er frei. Im Knall warf es ihn um, aber er stand schon wieder auf den Läufen und flüchtete in Richtung Abteilung elf. Der rechte Vorderlauf schlenkerte. Wie konnte das passieren! Am Anschuß Knochensplitter und wenig Schweiß.

Sofort fuhr ich heim, holte Müller und meinen Hund. Der Hund führte mich in die Abteilung elf, wo ich ihn schnallte. Dort machte er den Bock in einem Wassergraben hoch, hetzte ihn weiß Gott wie weit und kam nach einer halben Stunde unverrichteter Dinge zurück. Immer wieder pirschte ich in den folgenden Wochen die Wassergräben entlang und saß an, doch der Bock blieb verschwunden. Im Oktober, an einem der letzten Schußtage, sagte ich zu Müller, er solle sich heute abend in Abteilung vierzehn ansetzen. Wenn ihm der Bock komme, möge er ihn schießen. Und der Bock kam programmäßig um halb acht, und Müller schoß ihn.

Der rechte Vorderlauf mitsamt dem ganzen Bug (Schulterblatt) fehlte vollkommen. Auf der Decke ließ sich bloß eine feine, fingerlange Narbe erkennen. Es sah aus, als ob ein hervorragender Chirurg den Bug herausoperiert hätte. Man konnte aber auch meinen, der Bock wäre ohne diesen gesetzt worden. Hätte ich nicht selbst auf ihn geschossen, ich hätte letzteres angenommen.

Einen merkwürdigen Schuß möchte ich noch erwähnen. Im Stockholz, Abteilung zehn, stand am Hauptweg eine sehr hohe Kanzel, damit man über einen Aufhieb in den dahinterliegenden Schlag sehen konnte. Der erwartete Bock kam pünktlich und auf fünfzig Meter. Ich schoß ihm auf das Blatt, und er war sofort verendet. Er hatte einen tadellosen Blattschuß, aber keinen Ausschuß. Erst beim Aufbrechen sah ich ein riesiges Loch im Ziemer. Das Geschoß hatte wohl zwei Federn (Rippen) abgerissen, trotzdem werde ich nie begreifen, wieso das möglich ist.

Ich näherte mich meinem vierzigsten Jägerjahr. Verständlich, daß ich aus diesem Anlaß einen sehr guten Bock strecken wollte. Deshalb sah ich mich schon im Frühjahr nach einem solchen um.

Eines Abends fuhr ich von Sichertshausen nach Ermershausen auf einem Feld-

Bild rechts: Auf den ersten Blick sieht er so aus wie jener Bock, den ich im Imesloh erlegte, nur wuchs jenem eine echte dritte Stange aus dem rechten Rosenstock (Bild neben Seite 32) (Foto: Czimmeck)

Bild umseitig: Für abnorme Rehböcke habe ich eine ausgesprochene Schwäche; weiß ich einen, laufe ich weit, gebe keine Ruhe, bis er zur Strecke liegt (Foto: Koller)

weg am Stockholz, Abteilung eins, vorbei. Da sah ich einen starken Rehbock. Nicht hoch, starke Stangen und gute Enden. Das wäre eigentlich einer. Er stürzte sich auf einen Jüngling und verschwand mit diesem in den Feldern.
So fuhr ich weiter durch Ermershausen, Richtung Zollhaus an der Kaiserstraße. Als ich aus dem Ort herauskam, stand auf der Straße der Bauer Johann Herrmann – mit den Händen auf dem Rücken – und schaute zwei starken Rehböcken zu, wie diese auf sechzig Schritt vor ihm in der Wiese kämpften. Ich fuhr zu ihm hin und hielt an. Das hätte die beiden gar nicht gestört, aber Herrmann drehte sich zu mir um und schrie laut: „Ha, grüß Gott, Durchlaucht, ich habe bloß zugeschaut, wie diese beiden Rehböcke miteinander scherzen." Das war ihnen in der Lautstärke, aber wohl auch in der falschen Meinung über ihr Duell zuviel. Sie fuhren auseinander, äugten uns einen Augenblick an, dann flüchtete der rechte, der weitaus ältere, den ich vom Vorjahr her genau kannte, nach rechts zum Waldrand, verhoffte noch einmal kurz und verschwand, leider für das ganze Jahr. Ich habe ihn nie mehr gesehen, er wurde auch bei uns nicht geschossen. Der andere, ebenfalls sehr stark im Wildbret, blieb seelenruhig stehen und äugte uns an. Herrgott, ist das ein Bock! Etwa fünfundzwanzig Zentimeter hoch, ganz schwarze Stangen, gut geperlt, mit starken Rosen und sicher zehn Zentimeter langen Enden. Ich sagte zu Herrmann: „Haben Sie eine Ahnung von wegen ‚scherzen'. Da geht es auf Leben und Tod!"
Erst diese Unterhaltung veranlaßte den Bock, ganz gemütlich über die Wiese zu ziehen. Am Waldrand blieb er noch lange stehen. Daß er dem ganzen Benehmen nach nicht alt war, wußte ich. Aber einen solchen Bock schießt man jederzeit. Einer von den beiden soll es sein, womöglich der zweite. Beide waren wesentlich stärker als der zuerst gesehene Bock von Abteilung eins.
Als ich nach Hause kam, erzählte ich diese Geschichte meinem Sohn Alexander und gab ihm den ersten Bock frei. Ich wollte aber erst herausfinden, wo er steht. An einem schönen Maimorgen pirschte ich dort alles ab. Nichts vom Bock zu sehen. Nach Sonnenaufgang ging ich in den Wald und bestieg einen Hochsitz an dem großen Schlag der Abteilung eins. Da sitzt der Rehbock in der Sonne! Sehr gut ist er, damit kann Alexander echte Freude haben.

Bild umseitig: Auf den Ruf stand er in voller Flucht, ohne auch nur einmal zu verhoffen, buchstäblich bis unter die Leiter zu. Nun ist er sichtlich enttäuscht – und ich auch! Ob sich mir noch eine Chance bietet? (Foto: Koller)

Bild links: Welch interessante Trophäe! Zumindest rechts ein Kreuzbock und dazu ein ungerader Zehner (Foto: Czimmeck)

Im Juni dann schickte ich ihn dorthin und riet ihm, falls der Bock im Schlag nicht kommen sollte, später in die Seewiese zu pirschen. So machte er es auch und schoß ihn dort um halb neun Uhr abends.
Inzwischen war mein Jubiläumsbock fällig. Ich setzte mich deshalb in die Wiese, wo die beiden gekämpft hatten. Acht Abende und manchen Morgen saß ich dort, aber keiner der beiden ließ sich sehen. Da ging ich eines Mittags um halb zwölf zu meinem Auto. Ich hatte mir im Wald etwas angeschaut und kam an das Wegkreuz zwischen den Abteilungen acht, zehn und elf. Da sah ich auf etwa vierhundert Meter auf dem Weg ein Reh stehen. Im Glas erkannte ich den jüngeren Bock, den mit den langen Enden. Rechts stand Altholz. Das nahm ich an und rannte bis zum nächsten Wegkreuz. Als ich dort ankam, war der Bock weg. Also da steckt er, zieht bloß nicht hinaus, denn auf der anderen Seite dieser Dickung von Abteilung sechs lag die Wiese.
Nach dem Essen nahm ich Müller mit, und wir stellten schnell einen kleinen Hochsitz an das Wegkreuz zwischen Abteilung sechs und acht. Um halb sieben saß ich oben. Punkt halb acht rumpelt es in der Dickung, herausgeflogen kommen zwei Böcke. Der hintere ist es! Ich pfiff und schrie, aber da gab es kein Halten. Nach genau zwanzig Minuten kam er in Abteilung acht rechts von mir zurück, zog aber so schnell über den Weg, daß ich nicht fertig wurde. Vielleicht ist er doch an diesem Abend auf die Wiese ausgetreten, denn er zog nicht mehr über den Weg hinter mir zu seinem Einstand.
Am nächsten Abend saß ich abermals um halb sieben auf dem Hochsitz. Punkt halb acht rumpelte es wieder, und an genau derselben Stelle kamen zwei Böcke in voller Flucht heraus; vorn ein anderer, aber der hintere war derselbe. Diesmal sprang ich vom Sitz auf, was der vordere Bock auf die paar Meter Entfernung wahrgenommen hat. Scharf drehte er in das Stangenholz ab. Jetzt wußte ich, daß er links von mir zurückkommen mußte, wo ich vielleicht zu Schuß kommen würde. Ich paßte scharf auf. Genau nach zwanzig Minuten kam er zurück, zog auf sechzig Meter bis an den Weg, wo er verdeckt verhielt. Nach zwei Minuten aber wendete er sich nach rechts, zog parallel zum Weg im Stangenholz hundert Meter weiter und schickte sich dann an, in einer Mulde den Weg zu queren. Als er auf den Weg heraustrat, pfiff ich laut. Der Bock blieb mitten auf dem Weg stehen. Hundert Meter, und nur die obere Hälfte des Bokkes sichtbar! Aber ich saß wie einbetoniert auf meinem Hochsitz und faßte ihn hochblatt an. Im Knall lag er auf dem Weg, schlegelte noch etwas. Ich hatte blitzschnell repetiert und war im Anschlag geblieben, den Bock durch das Fernrohr beobachtend, falls er noch einmal hochwerden sollte. Aber er rührte sich

nicht mehr, er war verendet. Nach einer Weile ging ich zu ihm hin. Ich hatte mich nicht getäuscht, hatte ganz genau angesprochen. Er war vierzig Jägerjahre wert!
Selten habe ich mich über einen Bock und den Schuß so gefreut. Er war wahrhaftig erst vier Jahre alt; das einzige, was mich enttäuschte.
Im Stockholz hatte ich in jungen Jahren am liebsten die Wiesen in der Schwarzen Lache. Dort wußte ich einen auffallend starken Bock mit hohen Stangen und besonders langen, gleichmäßigen Enden. Mehrere Jahre versuchte ich, ihn zu bekommen, sah ihn jedes Jahr auch zwei-, dreimal, aber zu Schuß kam ich nie. Dann blieb er für drei Jahre verschwunden, ich glaubte schon an sein Ende auf unrühmliche Weise. Das hinderte mich aber alles nicht, ständig auf der Suche nach ihm zu bleiben. Es ist eine alte Weisheit, über die man natürlich in der Jugend noch nicht verfügt, daß man ein Stück Wild um so seltener in Anblick bekommt, je mehr man ihm nachstellt und es durch Hinterlassung seiner ständig frischen Duftmarken warnt.
Eines Morgens kreisten meine Gedanken wieder um den Sagenbock. Deshalb begab ich mich zu meiner Lieblingswiese in der Schwarzen Lache. Bei Tagwerden war er noch nicht eingezogen, und bei Sonnenaufgang noch nicht hochgeworden. Also wechselte ich den Ansitz mit einer hohen Kanzel an einer Eiche auf der anderen Seite der Wiese, von wo man den angrenzenden Schlag einsehen konnte. Die aufsteigende Sonne tat so wohl und ich hatte während einer halben Stunde den Schlag schon mehrere Male abgesucht. Da sah ich unter einem Fichtenast etwas Rotes. Das Gehörn war fast vollkommen verdeckt. Endlich drehte er das Haupt und leckte sich den Schlegel. Dabei konnte ich ihn genau ansprechen. Zwei engstehende, dünne, total verdrehte Stangen, unten mittelstark, gut geperlt, und hohe, runde Rosen. Der ganzen Figur nach ein älterer Bock. Sofort kam mir der Kapitale in den Sinn. Schießen werde ich ihn auf jeden Fall, ob er es ist oder nicht. Nur krieg ich ihn nicht und nicht frei. Deshalb versuche ich den Schuß auf den Träger, denn er steht nicht weiter als sechzig Meter entfernt. Im Schuß bricht der Bock zusammen, doch ebenso schnell ist er wieder hoch und in der Dickung. Am Anschuß eine Menge Knochensplitter und weißlicher Schaum. Verflixt, das kann nur ein Kieferschuß sein! Sofort holte ich Förster und Hund, der uns am Riemen in ein angrenzendes Buchenstangenholz führte. Auf einer lichten Stelle mit hohem Gras verwies er uns drei Wundbetten mit wenig Schweiß und etwas Schaum. Dann ging es zur Wiese, über diese hinweg, wieder zurück zum Schlag, auf der anderen Seite um diesen herum in ein Fichtenaltholz. Dort hörte der Schweiß auf. Der Hund

wurde geschnallt, machte nach vierhundert Meter ein Reh hoch, hetzte es lange anhaltend um den Schlag herum, wieder durch das Buchenstangenholz, über die Wiese und an uns unsichtbar vorbei weit weg.
Obwohl er sehr anhaltend und flüchtig war, konnte er das Stück nicht bekommen. Am nächsten Tag probierten wir es noch einmal, doch fanden wir gar nichts.
Drei Tage später ritt mein Bruder Carl durch dieses Revier und auch über die Schwarze-Lachen-Wiese. Da sah er vom Pferd aus mitten in der Wiese im hohen Gras eine große niedergedrückte Stelle. Als er hinkam, lag da der verendete Bock mit total abgeschossenem Unterkiefer. Armer Teufel, du hast das nicht verdient – und mir war's eine Lehre!
Wir schätzten ihn auf mindestens acht Jahre, und das Gehörn hängt, in der Meinung, es sei der ehemals kapitale Bock, mitten unter den besseren. Dennoch habe ich heute mehr denn je den Verdacht, daß es sich um einen ganz anderen Bock handelt.
Einen zweiten Fall mit glücklichem Ausgang erlebte ich im Bergwald bei Laudenbach. Ich blattete mit Förster Anton Trips. Da es in Strömen regnete und nichts sprang, gingen wir zur Bergkirche vor zum Auto. Plötzlich trollt ein ganz guter Bock vor uns suchend über den Weg in einen Fichtenbestand und dort gegen uns her. Trips meinte, ich solle ihn schießen. Ich fuhr mit, und in einer Lücke schoß ich. Der Bock fiel, war sofort wieder hoch und flüchtete denselben Weg zurück und den Berg hinunter. Am Anschuß sah ich meine Kugel mitten auf einer Fichte, die sie durchschlagen hatte. Auf der Suche nach Schweiß fand Trips das vollkommen flachgepreßte Geschoß mit Teilen des aufgerollten Mantels, in welchem wir rote Schnitthaare fanden. Viel konnte dem Bock nicht fehlen. Trips meinte, ich solle mich in der steilen Halde auf den Hauptwechsel stellen, der an dem großen Dachsbau vorbeiführt. Er wolle die Abteilung drei langsam durchdrücken.
Genau dorthin stellte ich mich vierzig Schritt von der Dickung weg ins Buchenstangenholz. Nach zwanzig Minuten kam der Bock ganz vorsichtig auf dem Wechsel und blieb im Feuer. Auf dem rechten Blatt hatte er eine daumennagelgroße rasierte Stelle. Die Decke hingegen war völlig unverletzt. Der Sturz des Bockes muß wohl – die wahrscheinlichste Erklärung – durch den Schreck erfolgt, die kahle Stelle in Größe des flachgedrückten Geschosses vielleicht durch dessen Hitze entstanden sein.
Im Bubenholz drang ich einmal während der Blattzeit in einen typischen Bauernwald ein. Stockausschläge von Weißbuche, Eiche, Rüster, Feldulme und Ha-

selnuß, dazwischen Weißdorn und Holunder, bildeten einen regelrechten Urwald. Dazwischen standen einzelne riesige Eichen. An eine solche setzte ich mich auf meinen Jagdstuhl, und in der Wartezeit präparierte ich mir ein Buchenblatt. Ich wollte gerade zu blatten anfangen, da sehe ich fünfzig Meter vor mir an der anderen Eiche eine Bewegung. Angestrengt starrte ich mit meinem Glas hin und entdeckte endlich hinter der Eiche seitlich hervorragend die starke Sechserstange eines Rehbockes, der sich dort niedergetan hatte. Lautlos erhob ich mich und pirschte ihn in Deckung der Eiche bis auf zwanzig Schritt an. Dann ging ich im Anschlag Fuß vor Fuß nach rechts, und als der Bock hochrumpelte, brach auch schon der Schuß. Ein wirklich guter Bock lag da vor mir.

Und nun die schwerste Niederlage meines Lebens, was Rehböcke betrifft. Vor einigen Jahren sah ich im April mitten im Feld bei Sichertshausen den gewiß interessantesten Bock, dem ich je begegnet bin, zwei Abende hintereinander. Der Statur und Haltung nach ein alter Bock mit unten besonders starken Stangen und mächtigen Rosen, obwohl wir in diesem Jahr keine gute Gehörnbildung hatten. Die beiden Vorderenden lagen nur drei Finger oberhalb der Rosen, standen ganz steil und waren mindestens zehn Zentimeter lang. Die rechte Stange war zwei Finger oberhalb des Vorderendes abgebrochen, klebte nach abwärts an der Stange fest und erschien rechts neben dem Windfang mit regelmäßigen, fast fingerlangen drei Enden. Die linke Stange endete mit einem zurückgebogenen langen Spieß.

Dieser Bock sollte heuer mein zweiter werden, als erster ein ganz merkwürdiger Spießer fallen. Jetzt erinnerte ich mich, zwei Jahre vorher diesen Bock auch im April an derselben Stelle als sehr starken Sechser und im letzten Jahr ebendort mit zwei ganz dicken und hohen Stumpen gesehen zu haben. Wohin verschwand er alle Jahre? Das wollte ich diesmal wissen.

Der Spießer fiel als erster, dann mißlang mir eine Dublette auf Kümmerer, weil nach dem ersten Schuß mein Hund aufstand und mir vor den Lauf kam. Den zweiten erlegte ich erst im Herbst. Von da ab saß ich morgens und abends bald hier, bald dort, baute neue Hochsitze, um weite Gebiete übersehen zu können, und auf jedem Schlag im Wald. Aber der Bock wurde von niemandem gesehen.

Im Herbst fuhr ich morgens und abends die vielen Maisäcker ab, die der Tod der Bock- und Hühnerjagd geworden sind. Denn da drinnen stehen die alten Böcke, ziehen früh ein und treten ganz spät aus oder zu einer Zeit, wo man nicht daran denkt. Dort sind sie sicher und können unten durch die ganze Gegend beobachten.

Einmal, spätabends, entdeckte ich am Rande eines großen Maisackers, wo ich den Bock vermutete, ein Reh. Bis ich das Spektiv aus dem Futteral hatte, war es wieder im Mais untergetaucht. Sicher mein Bock, denn Ende Oktober, als der Besitzer, selbst Jäger, das Feld erntete, wurde der Bock neben dem Mähdrescher hoch. Der Bauer erzählte mir, er habe noch nie ein so starkes und merkwürdiges Gehörn gesehen. Bis zum letzten Tag der Schußzeit hoffte ich und mühte mich ab, aber umsonst. Schade, es wäre sicher mein interessantester Bock geworden.

Noch nie hatte ich hier am Schloß einen wirklich guten Bock gesehen. Doch an der Fütterung beim Haus erschien im Jänner ein Bock, dessen Gehörn meine Freude von Tag zu Tag steigerte. Im Bast sah er unglaublich aus. Meist prahlen sie, aber dem sah ich es an, daß er halten wird, was er versprach. Und als er verfegt hatte, war er für unsere Verhältnisse kapital, aber erst fünfjährig. Ich wollte ihm noch ein Jahr geben. Da stellte er sich um, gegen den Ausgang des Tunnels, der unter dem Schloß durchführt, und wechselte dort über die Bahnlinie zum Bach, wo mir alle Jahre einige Rehe überfahren werden. Damit hatte er sein Todesurteil selbst gesprochen. Ich schoß ihn, bevor er auf Nimmerwiedersehen in die Felder verschwand. Er gehört zu meinen allerbesten. Das Gehörn wog bei der Trophäenschau 480 Gramm.

Hier schilderte ich die Erlegung der besten und markantesten Rehböcke aus meinen Revieren um Niederstetten. Mindestens ein Drittel meiner Lebensstrecke an Rehböcken schoß ich bei lieben Freunden, bei denen ich stets freie Büchse hatte, was einen besonderen Vertrauensbeweis darstellt. Dieses Vertrauen habe ich nie mißbraucht, denn Dankbarkeit, Liebe zum Wild und Freude an der Schöpfung und dem eigenen Können bestimmten allzeit mein Jägerleben. Dadurch habe ich Erfahrungen sammeln und Kenntnisse erwerben können, wie es nur wenigen gegönnt ist.

Blattjagdtage in Langenstein

Die meisten Touristen durchfahren den Hegau in Richtung von Donaueschingen zum Bodensee oder von Tuttlingen über Stockach nach Konstanz und der Schweiz, ohne die Schönheit dieser gottbegnadeten Landschaft voll wahrzunehmen. Kommt man von Donaueschingen auf die Engener Höhe, dann breitet sich unter einem der unvergleichlich schöne Hegau aus mit seinen fünf vulkanischen Erhebungen, dem Hohenhöwen, Hohenstoffeln, Mägdeberg, Hohenkrähen und Hohentwiel; dazu die mit prachtvollsten Wäldern bedeckten Hügel und Bergrücken, zwischen denen die geschlossenen Gebiete einer hervorragenden Landwirtschaft und eines intensiven Obstbaues eingebettet liegen. Im Hintergrund schließen Bodensee und Alpen das Panorama.

Klar, daß dieses glückliche Land infolge seiner großen geschlossenen Laubwälder und der günstigen Bodenverhältnisse jagdlich Besonderes zu bieten hat: seine Rehböcke. Und früher kamen noch die vielen Füchse dazu.

Neben diesen allgemeinen Vorzügen verfügt der Hegau über einige sowohl besitzmäßige als auch jagdliche Perlen, von denen eine das Schloß und die Herrschaft Langenstein des Grafen Douglas ist.

Von der Kreisstadt Stockach in Richtung Engen fahrend, steht kurz vor Eigeltingen das holzgeschnitzte Schild eines Schlosses mit dem Wegweiser Langenstein. In den angewiesenen, unscheinbaren, aber auch schlechten Weg nach links einbiegend, lugt im Hintergrund das Schloß aus einer Felsenlücke hervor. So nähert man sich einem aus der Ebene ganz merkwürdig herausragenden Felsmassiv. Dieses ist durch einen dreihundert Meter langen Spalt geöffnet, den ein Gattertor sperrt. Nach Durchfahren dieses schmalen Tales öffnet sich eine Art Krater, in dessen Mitte ein Felsen aufragt, der durch einen Rücken nach rechts mit der sich weitenden Landschaft verbunden wird. Auf diesem Fels sitzt das Schloß Langenstein mit einem großen Gutshof; vielmehr der Fels sitzt im Schloß, denn dieser ist in das Schloß eingebaut und auch noch im zweiten Stock in den Gängen sichtbar.

Das alte Schloß weist heute noch äußerlich, besonders aber in seinem Inneren viele Spuren der romanischen Zeit, der Gotik und Renaissance, ebenso aber des französischen Empire auf, das angebaute neue Schloß wirkt sehr modern und ist ausgesprochen behaglich.

Im Schloßhof stehen eine riesige Blutbuche und eine Abart der Rauh- oder

Weißbuche, die ich sonst nirgendwo sah. Dazwischen liegt ein großer Springbrunnen mit einer Gruppe von Thujen und Kastanienbäumen. Der weitläufige Gutshof, 1913 völlig niedergebrannt, schloß früher den oberen Teil des Schloßhofes ab. Er wurde dann schräg hinter dem Seitenflügel, dem sogenannten neuen Schloß, in dem der heutige Besitzer wohnt, wieder aufgebaut.

Mit den Brüdern Wilhelm und Ludwig bin ich seit Ende der zwanziger Jahre sehr befreundet. 1932 kam Ludwig Douglas das erste Mal zu mir zur Hasenjagd, ab 1933 Wilhelm und Ludwig jeden Winter. Dafür bekam ich im Sommer 1935 eine Einladung zur Blattjagd nach Langenstein. Das schöne Schloß, die herrliche Gegend und die prachtvollen Wälder beeindruckten mich tief, noch mehr aber die kapitalen Rehböcke, die dort wuchsen.

Erst in Langenstein lernte ich ihren Vater, Dr. Robert Graf Douglas, kennen. Eine imposante Persönlichkeit, mit 1,91 Meter der kleinste der Familie! Sein intelligentes Gesicht, aus dem zwei ebenso kluge wie spitzbübische Augen glänzten, umrahmte ein stattlicher Vollbart. Mir zeigte sich Graf Douglas vom ersten Augenblick an wohlgewogen, nach dem frühen Tod meines Vaters war er mir der einzige wirkliche väterliche Freund, von dem ich viel lernte.

Auch ein hervorragender, weithin bekannter Landwirt und Viehzüchter war er, zudem einige Jahre badischer Landwirtschaftsminister, Gründer der Molkerei und der Obstbaugenossenschaft Radolfzell. Um nur einiges zu nennen. Großen Wert legte er auf seinen Waldbesitz, dessen Bestände heute bei vielen Exkursionen bewundert werden.

Von tüchtigen Beamten unterstützt, bewirtschaftete er seine Herrschaft Langenstein, zu der er später noch die Herrschaft Gondelsheim bei Bretten hinzuerbte.

Voll Erwartung begann der erste Blattag. In meinem Zimmer fand ich das Programm vor, aus dem jeder Teilnehmer Revier, Treffpunkt, Führer und Mittagsrast entnehmen konnte. Oberforstrat Fischer registrierte nicht nur jeden Bock und jeden Schuß, sondern ebenso jeden Fehlschuß peinlichst genau. Das wird auch heute noch so gehandhabt.

Robert Douglas, ein exzellenter Jäger – später auch Fischer –, schoß erstklassig, sowohl mit der Kugel als mit Schrot. Nach dem Zweiten Weltkrieg führte er bei den Fuchsjagden nur noch eine Bockbüchsflinte und schoß die meisten Füchse

Sieht man die bunten Gockel so daherstolzieren, kann man sich gar nicht vorstellen, wie hoch und wie schnell sie zu streichen vermögen. Bei meiner ersten Fasanenjagd in Puchhof gab ich mich schon damit zufrieden, wenn einer aus Turmeshöhe herab mich kurz durch Wippen des Stoßes wissen ließ, daß meine Schrote immerhin eine Beleidigung für ihn bedeutet hatten! (Foto: Eisl)

mit der Kugel. Er war ein sehr strenger Jagdherr. Schon vor dem Reichsjagdgesetz ließ er nur wirklich gute Böcke schießen, dafür mußten die Gäste aber auch jeden schlecht veranlagten Bock erlegen. Gut veranlagte Zukunftsböcke waren tabu.
Da gibt es die reizende Geschichte vom König Gustav V. Adolf von Schweden, die Douglas als königstreuer Mann nie veröffentlicht wissen wollte. Nach vielen, vielen Jahren hatte er es endlich erreicht, daß der König nach Langenstein zur Blattjagd kam. Da die Rehböcke in Schweden nur im Herbst geschossen werden dürfen, und zwar bei den Treibjagden, wo dann auf jeden Bock krummgemacht wird, konnte der König nicht wissen, daß dem hier nicht so ist. Geführt wurde er von Oberforstrat Fischer sen., dem größten Blattkünstler des Hegaus.
Auf dem ersten Stand sprang sofort ein junger Gabler. Bevor Fischer etwas sagen konnte, schoß der König das Böcklein tot. Auf dem zweiten Stand erschien wieder ein junges Böckchen; auch dieses beförderte der König augenblicklich ins Rehjenseits. Fischer kochte! Als auf dem dritten Stand abermals ein Jüngling zustand, kam es zu folgender Episode, die König Gustav mittags bei Tisch dem Jagdherrn erzählte: „Weißt du, Robert, dein braver Fischer war, glaube ich, sehr böse, weil ich zwei junge Böcke geschossen habe. Als ich den dritten schießen wollte, nahm er mir kurzerhand das Gewehr weg und sagte: Das will unser Graf nicht!“ Robert Douglas entschuldigte sich sofort für das ungebührliche Verhalten seines Forstmeisters, aber der König entgegnete: „Laß nur, der Mann hatte völlig recht. Ich wußte ja nicht, daß man das bei euch nicht tut.“ Am Nachmittag schoß der König dann um das Schloß Langenstein herum im Großen und Kleinen Felsen kapitale Böcke.
Zurück zu meinem Debüt auf Rehböcke in Langenstein. Ich weiß heute noch, daß ich am ersten Tag im Revier Münchhöf links der Straße Tuttlingen–Stockach eingeteilt war. Wir bekamen den ganzen Vormittag über kein Reh in Anblick. Als ich mittags in der Wilhelmshütte zum Essen erschien, lagen mehrere Böcke auf der Strecke, jeder der Gäste hatte geschossen. Der Jagdherr, der mein Mißgeschick aufrichtig bedauerte, sagte zu mir: „Du kommst heute nachmittag hier ins Herz des Reviers, und mit dir geht Forstwart Jakob Brecht.“
Damals unterstand diesem das schöne und wildreiche Revier, heute untersteht

Schon wenn man bei Dunkelheit den Schirm bezog und gespannt rundum starrte, ob man nicht bald das Weiß eines Birkhahnstoßes sieht oder des Kleinen Hahnes Blasen hört, entflammte die Jagdleidenschaft (Foto: Czimmeck)

es seinem Sohn. Jakob galt stets als der begehrteste Jagdbegleiter, nicht nur weil er ein ausgezeichneter Jäger, genauer Kenner seines Wildes und Reviers sowie ein Künstler im Blatten ist, sondern auch als Mensch unterhaltend, hilfsbereit, treu und zuverlässig. Früher habe ich viel mit ihm jagen dürfen, in den letzten zwanzig Jahren jedoch leider nur noch selten, denn wenn ein Gast jagdlich unglücklich oder sonst behindert war, mußte Jakob ihn zu Schuß bringen. So verhielt es sich damals auch mit mir.

Bereits um fünfzehn Uhr marschierten wir los. Unser erster Stand lag auf der Ebene in einem Fichtenaltholz. Kaum hatte Jakob zu musizieren begonnen, standen auch schon drei Sechser gleichzeitig zu. Das konnte ja lustig werden! Die beiden besseren gerieten einander sofort in die Haare. Jakob sagte: „Der rechte!“ Schuß, und ein braver Bock lag vor uns. Wir brachten ihn zur Strecke an die Wilhelmshütte.

Jakob meinte, er wisse einen, der unbedingt weg müsse. Er sei vormittags gefehlt worden. Also gingen wir in die Kuhhalde, einen gegen das Feld hin steil abfallenden Hang, Fichtenstangenholz mit Holunder dicht unterwachsen. Kaum hatte Jakob seiner Flöte einige Liebestöne entlockt, sah ich auch schon durch den Holunder einen roten Wischer vom Feld in den Wald. Ich stupste Jakob an und zeigte in die Richtung. Nach einigen weiteren Tönen kam der Bock in voller Fahrt den Berg herauf und erhielt auf knapp zehn Meter die Kugel. Ein alter Bock, mit sehr hohen, engen und merkwürdig in S-Kurven nach vorn und hinten verbogenen Sechserstangen.

Nachdem wir ihn versorgt hatten, gingen wir Richtung Wilhelmshütte, um ihn zur Strecke zu legen. Als wir unterhalb der Hütte an ein einspringendes Feld kamen, sahen wir in einem Weizenacker auf einer niedergedrückten Fläche ein starkes Reh stehen. Im Glas erkannten wir einen alten Bock mit kurzen, starken Stangen und auffallend langen Vordersprossen. In der Frucht entdeckten wir die zugehörige Geiß. Es bestand keine Hoffnung, daß er springen würde. Also mußten wir im Eilschritt im Wald das Feld umschlagen. Als ich auf der anderen Seite anlangte, trieb der Bock im Weizen. Für mich bestand lediglich dann eine Chance für einen Schuß, wenn er wieder einmal auf die freie Fläche trat. Aber dorthin konnte ich nur schießen, wenn ich am Weizen selbst war, da am Rand noch eine Kulisse stand und das Feld von mir weg abfiel. Ich rannte über eine Wiese zum Weizen. Gerade hatte ich diesen erreicht, da trieb der Bock auf die Fläche hinaus, und als er mit Entsetzen die verhaßte menschliche Gestalt wahrnahm, brach auch schon, keinen Augenblick zu früh, der Schuß. Wir hatten richtig angesprochen.

Die beiden Böcke trugen wir zur Wilhelmshütte, wo ich dem erstaunten Jakob erklärte, daß ich jetzt nach Langenstein fahre, denn drei gute Böcke in einer Stunde wären wahrhaft genug. Jakob bat mich, das nicht zu tun, der Graf würde ihn schimpfen. Doch ich blieb standhaft.
Jagdherr, Söhne und Gäste kamen bei Dunkelheit heim. Die Strecke war sehr gut. Beim Dinner sagte der Hausherr, wie sehr er sich freue, daß ich nach Langenstein gekommen sei und nach anfänglichem Pech nun Waidmannsheil gehabt hätte. Zwar schätze er meine waidmännnische Einstellung überaus, aber in Langenstein werde bis zur Dunkelheit gejagt. Diese Sitte habe ich nie wieder verletzt.

*

1937 kam ich erneut zur Rufjagd nach Langenstein. Dann erst wieder von 1941 bis 1944. In diesen letzten vier Jahren schoß ich sowohl die meisten als auch die besten Böcke.
Um sieben Uhr fuhren wir stets ins Revier. 1941 bekam ich am ersten Tag das Langensteiner Wachenholz, ein sehr gutes Revier ganz nahe beim Schloß. Die Böcke sprangen noch nicht gut, hatten alle noch Geißen bei sich. Zwei Böcke hatte ich geschossen, und abends erklomm ich mit meiner Frau an der hohen Mark einen abscheulich hohen Sitz in einer riesigen Buche, die allein außerhalb des Waldrandes stand.
Der mich begleitende Förster Josef Dieterle, einer der besten Blattkünstler Langensteins – leider ist er in Rußland gefallen –, hatte sich über den nächsten Hügel zur Beobachtung eines Geländes begeben, das ich nicht einsehen konnte. Kaum aufgebaumt, stellte ich fest, daß der Hochsitz sehr ungünstig stand, sich von da oben wenig ausrichten ließ, da die vielen Äste fast die ganze Sicht nahmen. Deshalb hasse ich diese Wolkenkratzer. Das Malheur folgte auch auf dem Fuße, denn als ich den Waldrand ableuchtete, nahm ich auf etwa zweihundertfünfzig Meter am Eck gegen den Stockfelder Hof zu zwei Rehe wahr. Erst meinte ich, es wären Geiß und Kitz, bloß wunderte es mich, daß sie regelrecht trieben. Deshalb schaute ich sie mir genauer an, und siehe da: Das Kitz trug ein kapitales Gehörn.
Was tun? Blatte ich und springt der Bock, kann ich unmöglich schießen, weil die Äste die nähere Umgebung vollkommen verdecken. Also im Eiltempo die hohe Leiter runter. Unten angekommen, mußte ich zur Kenntnis nehmen, daß sich von da aus noch weniger sehen ließ, weil alles überriegelt war. Darum

wieder hinauf und mit dem Glas die Rehe gesucht. Bald standen sie heraußen, bald drinnen. Ich wurde immer nervöser, und als sie einmal auf etwa zweihundertfünfzig Meter heraußen standen, riskierte ich den Schuß. Ich führte ein wunderbares Gewehr, eine Kipplaufbüchse im Kaliber 7 x 64 von Förster, Berlin. Auf hundertfünfzig Meter eingeschossen. In meiner Nervosität machte ich den Fehler und hielt zu hoch über der Rückenlinie an. Auf den Knall flüchtete die Geiß in den Wald, der Bock aber raste bergab ins Feld. Die Kugel war knapp über seinen Rücken und dahinter in eine Buche gegangen. Den harten Aufschlag hatte ich genau gehört. Nun machte der Bock nach achtzig Metern einen Bogen und flüchtete ebenso schnell bergauf dem Wald zu. Rasch nachgeladen. Als er dreißig Meter von diesem auf hundertsechzig Meter verhoffte, erhielt er die zweite Kugel, die er sehr gut quittierte. Ich meinte, er sei am Waldrand zusammengebrochen. Noch viel schneller als vorher war ich vom hohen Sitz herunten und pirschte mit entsicherter Büchse den Waldrand entlang, bis ich plötzlich unter den Haselnußstauden zwei Hinterläufe sah. Als ich daran zog, glaubte ich wirklich, es handle sich um ein Kitz. Doch dann kam das Haupt zum Vorschein – und da setzte ich mich erst einmal hin! Mit Abstand der beste Bock, den ich nicht nur bis dahin, sondern bis heute erlegt habe, lag vor mir. Das Merkwürdige an ihm war nur, daß er bloß vierzehn Kilogramm wog.

Drei Tage später schoß ich meinen zweitbesten. Ich hatte das Glück, wieder im Revier Münchhöf eingeteilt zu sein. Geführt wurde ich von Jakob Brecht. Es goß in Strömen, war aber sehr warm. Wir blatteten in der Reutemer Halde und in Guldenloh, neben mir Wilhelm Douglas im Schönbühl und Langenholz, neben diesem Onkel Robert im Reschberg und Tutoburger Tal. Uns sprang nur junges Gemüse, bei Onkel Robert und bei Wilhelm fielen trotz des strömenden Regens mehrere Schüsse. Auch auf der anderen Seite, im Herzen Münchhöfs, krachte es ab und zu. Es war inzwischen zwölf Uhr geworden und wir quälten uns noch immer vergeblich ab. Da schnürte ein triefnasser Jungfuchs auf fünf Schritt auf dem Weg an uns vorbei dem Bau zu. Gleichzeitig hörte es schlagartig zu regnen auf. Jakob meinte, nichts wie hinunter an den Krebsbach.

Dort angekommen, sahen wir auf einer kleinen, heimlichen Wiese zwei starke Rehe immer hin- und herflüchten. Die Geiß war am Bach und wollte zu uns herüber in den Wald, aber der Bock schnitt ihr stets den Weg ab, zeigte sich damit nicht einverstanden. Es war ein hoher, alter Spießer, ein typischer Mörder. Als er sich endlich für einen Augenblick breit drehte, ließ ich fliegen.

Mit dem Bock beim Auto angelangt, glaubte ich, wir würden zur Wilhelmshütte

fahren, aber Jakob sagte, er wisse noch einen Bock und auf den sollten wir es jetzt vor dem Essen noch unbedingt versuchen.
Wenn Jakob einen Bock wußte, dann bekam ich ihn auch fast immer. Also Tempo, wir hatten nicht viel Zeit, denn Onkel Robert achtete sehr auf Pünktlichkeit, und es ging schon fast auf halb eins. Im Guldenloh pirschten wir vorsichtig zum Blattstand und ließen uns im Schirm nieder. Er stand in einer großen Mulde um eine riesige Fichte herum; die einzige in einem Buchenstangenholz.
Jakob begann sofort mit seinem Konzert, und nach vielleicht zwei Minuten zeigte er nach vorn. Dort sah ich auf etwa hundertzwanzig Meter zwei Stücke sich vorsichtig nähern. Leider verhofften die beiden gedeckt und ließen sich durch nichts bewegen, auch nur einen Schritt zu tun. Wir hatten aber gerade noch gesehen, daß der Bock ein sehr hohes und auch starkes Gehörn trug. Jakob war sich sicher, daß es sich um den richtigen handle und musizierte all seine Künste herunter, vom leisen Fiepen bis zum langgezogenen Angstgeschrei. Aber nichts ereignete sich. Ich stand inzwischen an der Fichte im Anschlag, weil man die Blattstände für Douglassche Maße gebaut hatte, und ich reichte gerade noch mit den Augen darüber. Die Geiß, wie immer, frei in einer Lücke, vom Bock hatte ich mit viel Mühe die Schalen der Hinterläufe im Fernrohr entdeckt. Zwischen den beiden Rehen befand sich wieder eine Lücke. In diese hielt ich mit gestochener Büchse. Mir war klar, daß der Bock nicht zusteht, es bot sich mir nur eine Chance, nämlich, wenn die Geiß einen Schritt vorwärts macht und der Bock folgt, diesen dann in der Lücke abzufangen. Machten sie jedoch kehrt, dann schien alles verloren. So schielte ich im Fernrohr immer nach der Geiß, während ich in die leere Lücke hielt. Nach fünf Minuten, die mir wie eine Ewigkeit vorkamen, sagte ich zu Jakob, er solle nicht mehr blatten. Die Spannung stieg stetig, in den nächsten Minuten mußte die Entscheidung fallen.
Gott sei Dank habe ich durchgehalten und die entscheidende Sekunde nicht verpaßt, denn plötzlich zog die Geiß langsam vorwärts. Ich hielt konzentriert in die Lücke, und als der Bock darin erschien, krümmte ich den Finger. Jakob rief: „Bravo, er liegt!" Ich rannte sofort zum Bock hin, aus Angst, er könnte nur gekrellt sein. Aber er rührte sich nicht mehr, hatte einen tadellosen Blattschuß. Unsere Freude war berechtigt, die Stangen 27 Zentimeter hoch und stark, etwas eng, mit mächtigen Rosen, sehr gut geperlt, aber keine Vordersprossen.
Als wir zur Wilhelmshütte kamen, herrschte große Freude, denn es lagen einige

recht brave Böcke zur Strecke. Wilhelm hatte seinen bisher besten Bock geschossen. Mein Mörder wurde zur Strecke gelegt, der Kapitale blieb versteckt im Auto, denn ich hatte mit Jakob vereinbart, er solle ihn erst zur Strecke legen, wenn alles beim Essen in der Hütte sitzt.

Da man meine beiden Schüsse gehört hatte, wurde ich gefragt, was ich noch geschossen hätte. Ich erklärte, ich hätte noch einen Kümmerer geschossen, den wir nach dem Essen holen wollen. Onkel Robert, der sonst meine Scherze kannte und mich auch stets durchschaute, hatte diesmal nichts gemerkt.

Fröhlichkeit herrschte in der Runde, kolossale Sprüche konnte man hören, bis noch ein Nachzügler kam, ich glaube Ludwig Douglas, und fragte, wer den Hirsch geschossen habe. Allgemeines Fragen, um welchen Hirsch es sich handle. Ludwig meinte, es lägen zwei starke Böcke draußen, aber einer wäre wahrhaft kapital, und die Förster würden nicht herausrücken, wer ihn geschossen hat. Alles stürzte hinaus und bestaunte den Bock. Da der Verdacht gegen mich sich verdichtete, mußte Jakob vortreten und berichten, wie sich das mit dem Bock verhielt. Hernach sagten mir der Jagdherr, aber auch alle Freunde ein neidlos von Herzen kommendes Waidmannsheil.

Für Nachmittag wurde ich mit Jakob Brecht in ein anderes Revier eingeteilt. Dort wußte Jakob wieder einen! Auf dem Wege zu diesem Platz fanden wir eine ganz ordentliche Abwurfstange. Jakob meinte, die wäre von diesem Bock. Er stand auch bilderbuchmäßig zu, und ich konnte ihn erlegen. Die linke Stange ist so genau gleich mit der gefundenen, daß man meinen könnte, beide stammen vom selben Jahr. Auch sehr selten.

Die Blattzeit dieses Jahres in Langenstein hat mir nicht nur zahlenmäßig, sondern auch in der Güte der Gehörne einen seltenen Erfolg beschieden: die besten zwei Böcke meines Lebens, und vier abnorme, meine besondere Freude, worunter sich ein Dreistangenbock befand. Die dritte Stange wuchs mitten aus dem Schädel mit einem eigenen Rosenstock. Und nicht einen einzigen Fehlschuß hatte ich getan!

*

An die Blattjagdtage 1937 in Langenstein erinnert mich ein besonderes Gehörn. Es wurde um den Dornsberg herum geblattet. Frühstück gab's im Forsthaus Oberdornsberg. Den Vormittag brachte ich mit Oberforstrat Fischer, dem Vater des heutigen Oberforstrats, im Reschberg zu. Eine besondere Gnade und ein Erlebnis, denn Oberforstrat Fischer war nicht nur als Jäger ein Könner und von großer Ausdauer, sondern auch ein absoluter Künstler im Blatten. All die heute älteren Douglasschen Forstbeamten haben das Blatten von ihm gelernt. Er verstand es, fast jeden Bock zum Springen zu veranlassen. Alle Nuancen den Tonschöpfung beherrschte er. Und wollte ein Bock einmal nicht willig der Schalmei folgen, wurde brachiale Gewalt angewendet. Das fürchterlichste Angstgeschrei schallte durch den Wald, begleitet von Stockschlägen an Büsche und Bäume, Brechen von Ästen und Scharren im dürren Laub. Man kam aus dem Staunen gar nicht heraus, nahm an, damit eher einen Bock vergrämen zu können als zum Zustehen zu bewegen.

Kaum von diesem Staunen erholt, verfiel man gleich ins nächste, denn der gewünschte Bock stand hochflüchtig von weither zu.

Diese Geschichte erzählte ich einmal Baron Beck, der mir erklärte, daß er das nicht glauben könne. Das müßte er schon selbst erleben! Als er im nächsten Sommer wieder zum Blatten zu mir kam, fuhr ich mit ihm sofort ins Revier Wermutshausen. Dort stand ein uralter Bock, um den er sich schon zwei Jahre bemühte, also ein alter Bekannter von ihm, mit gedrungenem, grauem Gehörn, aber kahl, ohne jegliche Perle.

Dieser Urian hatte mich am Abend zuvor fast zur Raserei gebracht. Als ich am Spätnachmittag den Wald betrat, sah ich besagten Bock treibend in einer Fichtendickung verschwinden. Vorsichtig und in weiter Entfernung umschlug ich den Schauplatz und landete an der Rückseite der Dickung, wo ich im Hochwald eine Weißbuche bestieg, die sich in zwei Meter Höhe vierfach gabelte. Dort hinein setzte ich mich mit meinem Jagdstuhl. Auswüchse ringsherum boten eine wunderbare Deckung.

Nun blieb ich erst einmal eine halbe Stunde ganz still. Den Bock hörte ich drinnen dauernd treiben und meinte, er müsse einmal in Anblick kommen. Da dies nicht eintrat, begann ich zu musizieren, vom Mund über Instrumente bis zum Buchenblatt, mein ganzes Repertoire an Locktönen zauberte ich hervor. Als Antwort bekam ich bloß das Keuchen und Brechen des treibenden Bockes zu hören. Schon zwei Stunden, mit nur einigen kurzen Unterbrechungen, währte unser Duett, ohne daß wir einander zu Gesicht bekommen hatten. Als es stockdunkel geworden war, baumte ich ab. Ich hatte gerade einen Fuß auf den Boden gesetzt, da brauste der Unverschämte mit seiner Geiß aus der Dikkung und donnerte keine fünf Schritt an mir vorbei.

Dorthin gingen wir also. Beck war sehr skeptisch. Wir fanden eine uralte Eiche, in deren Umgebung dicke Äste jeden Alters lagen. Genau das, was ich zu meinem Vorhaben brauchte. Auch das Schußfeld war frei. Ich flehte Beck an,

den Bock sofort zu schießen. Es müsse aber sehr schnell gehen, denn er kommt sicher „wie eine Rakete“.
Nachdem ich fünf Minuten lang mit sanftem Liebeskonzert an- und abschwellend den Alten ohne Erfolg zu überlisten versucht hatte, machte ich Beck darauf aufmerksam, daß es jetzt losgeht. Ein fürchterliches, langgezogenes Geschrei erfüllte den Wald, begleitet vom Krachen der über armdicken Äste, die, an den Eichenstamm geschlagen, sich ächzend auflösten. Endlich hatte ich einen Ast jüngeren Datums gefunden, der weithin hallende Töne zu dem Geschrei hergab. Man hätte meinen können, eine Rotte Holzhauer wolle unbedingt diesen alten Baumriesen zu Fall bringen. Beck fing schon zu lachen an, da rumpelte es, und keine zwanzig Meter vor ihm stand der alte Bock.
Was tat Beck? Unglaublich! Statt den Bock zu schießen fing er schallend zu lachen an! Den Urian habe ich nie wieder gesehen.
Doch nun wieder zurück nach Langenstein auf den Dornsberg. Ich hatte mit Oberforstrat Fischer zwei recht brave Böcke erlegt, und nachmittags sollte ich in einen besonders guten Revierteil. Bei der Neueinteilung wollte der Jagdherr, daß einer seiner drei Söhne auf den Mägdeberg gehe. Dieser Wunsch stieß aber auf eisige Ablehnung, denn der Mägdeberg war sehr unbeliebt und eine Beorderung dorthin kam einer Strafversetzung gleich. Der eine Sohn sagte, er wäre noch nicht fertig mit seinem Revier und wolle wieder dorthin, der nächste meinte, sein Förster würde sich auf dem Mägdeberg überhaupt nicht auskennen, schon gar nicht mit der Grenze, und der dritte warf ganz beleidigt ein, er wolle mit Jäger Hepting unbedingt auf den und den Bock gehen, das wäre doch ausgemacht gewesen. Als Onkel Robert mit dem Lockvogel, es stünde ein sehr starker Bock oben, nochmals versuchte, einen seiner standhaften Söhne gütlich zu bewegen, konnte ich es mir nicht verkneifen, scheinheilig zu fragen, warum denn er nicht hinaufginge. Schon war ich droben!
Auf ging's nach Volkertshausen, wo ich Forstwart Auer aufgabelte, und über Mühlhausen steil zum Hofgut Mägdeberg hinauf. Von dort kam man nur noch zu Fuß weiter. Der letzte Rat des Jagdherrn klang mir in den Ohren, unter der Wanne einen der spärlichen Obstbäume zu besteigen. Er habe dort einmal einen sehr starken Bock geschossen.
Der Mägdeberg gehört zum Besitz des Grafen Douglas. Bei den Fuchsjagden erfreute er sich großer Beliebtheit, bei der Blattjagd genau des Gegenteils, denn es gab damals dort oben sehr viel weniger Rehwild als heute. Dann ist nur der Berg da, auf dem die Ruine steht und der von dichtem Buschwerk umgeben ist, sowie die angrenzende Wanne, ein schmales Fichtenwaldstück mit Windlö-

chern, von Holunder verwachsen. Damals war die Wanne noch Kultur. Außerdem läuft die Grenze hinter dem Berg und oben an der Wanne entlang, und die Rehe stehen im Sommer oben auf der Höhe in den Feldern, also beim – das ganze Jahr über sehr aktiven – Nachbarn.
Meine Chancen verhielten sich wie eins zu hundert, das wußte ich. Ich sage immer, wenn es mag, dann mag es, und wenn es nicht mag, dann soll man nie versuchen, es zu erzwingen. In solch aussichtsloser Lage tut man trotzdem das Möglichste.
Von Auer ließ ich mich zu den besagten Obstbäumen führen. Auf einem Absatz mit steiler Böschung standen drei Apfelbäume. Ich wählte den günstigsten aus, einmal, damit ich ihn besteigen konnte und dann, daß ich von oben aus auch Ausschuß hatte. Meine Wahl fiel auf den mittleren. Vom Wald befand ich mich an die achtzig Meter entfernt. Auer, der durch einen Jagdunfall ein Bein verloren hat und eine Prothese trägt, mußte unten bleiben. Ich hatte ihm eingeschärft, nicht über die Kante zu schauen.
Auer kennt seine Rehe sehr gut und er freut sich mit einem wie ein Kind über jedes Waidmannsheil. Aber er ist ein Original. Durch seine Behinderung infolge des Unfalls kann er nicht mehr auf dem Jagdstuhl sitzen. Da die Blattstände meist etwas eng sind, hat er es sich angewöhnt, am Eingang zum Stand sich auf seinen Rucksack hinzusetzen, ganz gleich, ob das jetzt die Hauptrichtung für den zu erwartenden Rehbock ist oder nicht. So sagte ich ihm einmal: „Auer, da können Sie doch nicht bleiben, da nimmt Sie ja der Bock sofort wahr!" Seine Antwort: „Ha wa, da sitz i gut."
Auer lag diesmal wohlverwahrt an der Böschung, es mußte schon ganz dumm zugehen, würde er dort entdeckt. Aber der Mensch denkt und Gott lenkt! Auf meine schmachtenden Liebestöne sprang ein junger Sechser aus der Wanne. Da ich das Konzert nicht abbrach, trollte der Jüngling bis unter meinen Baum und äugte über die Kante – auf einen Meter Auer mitten ins Gesicht. Von diesem Anblick war das Böckl derart fasziniert, daß es sich gar nicht davon trennen konnte. Ich mußte so lachen, daß ich fast vom Baum gefallen wäre. Das hat den Bockjüngling wieder in die Wirklichkeit versetzt und er stürzte laut schrekkend in die Wanne zurück.
Nun schien alles verloren, denn stand der angeblich Gute in der Nähe, mußte jede Hoffnung sinken. Ich schickte dem Jüngling deshalb ein paar langgezogene Angstschreie nach. Das aber veranlaßte ihn, an derselben Stelle wieder aus dem Wald auf mich zuzutrollen. Bloß die Figur paßte mit einem Male nicht mehr. Sofort ging ich in Anschlag. Der Bock stand auch schon auf keine vierzig Meter

mit weitgespreizten Vorderläufen da und lag im Feuer. Es war sicher allerhöchste Zeit für einen Schuß gewesen, denn bei der Klugheit dieser alten und gewitzten Herren kann man nicht schnell genug sein. Er trug ein niedriges, weit ausgelegtes, starkes Achtergehörn mit enorm langen Vordersprossen.
Am Abend auf der Strecke war er eindeutig der Beste des Tages. Onkel Robert meinte: „No, was hab ich dir gesagt, das ist doch ein guter Bock, den kannst du an bevorzugter Stelle an die Wand hängen", worauf ich antwortete: „Du wirst doch zugeben, es war ein Strafposten." Er legte mir väterlich den Arm um die Schulter und meinte lachend: „Du hast auch einen frechen Schnabel."

*

1943 war ebenfalls gut, das Wetter sehr schön und warm, und die Böcke sprangen erst gegen Ende der Brunft so richtig. Ein paar besonders interessante Erlebnisse aus diesem Jahr sind mir in Erinnerung geblieben. Am 9. August erklomm ich vormittags im Revier Münchhöf am Rande eines Altholzes eine Kanzel. Vor mir ein großer Schlag, dahinter Fichtendickung. Schon nach den ersten Tönen zogen aus der Dickung drei schwache Rehe im Gänsemarsch auf den Schlag heraus. Während ich mit den Lippen weiterblattete, beobachtete ich sie durch das Glas. Sie kamen über den ganzen Schlag auf mich zu. Drei miserable Kümmerer. Ich überlegte, wie ich es anstellen sollte, um alle drei zu bekommen und erinnerte mich dabei an eine Dublette. Damals schoß ich über den vorderen Bock hinweg erst den hinteren, was der andere aushielt. Deshalb schoß ich auch diesmal zuerst den letzten. Die beiden anderen blieben stehen, so daß ich den zweiten strecken konnte. Und wie ich schon wieder gestochen hatte, machte der vorderste blitzartig kehrt und flüchtete in die Dickung. Also blieb's, wie gehabt, bei einer Dublette.
10. August. Dornsberg. Mit mir ging Vater Gratwohl. Unsere Hauptaufgabe bestand darin, einen besonders schwierig, ja aussichtslos zu kriegenden Bock zu überlisten. Seinen Einstand hatte er beim Hofgut Vorderdornsberg, auf Quadratkilometer alles Fichten- und Buchendickungen. In den letzten Jahren hatte sich die gesamte Familie Douglas und eine Menge Gäste dazu sowohl zur Brunftzeit als auch die ganze Schußzeit über auf ihn versucht. Umsonst. Ein Fehlschuß veranlaßte den Bock zu einer direkt unheimlich anmutenden Vorsicht. Saß man vorne, kam er hinten, saß man hinten, kam er vorne. Aber niemals näher als vierhundert Meter. Meist aber kam er gar nicht, denn der Wind stand fast immer in die Dickung hinein.

Gratwohl meinte, es bestünde lediglich eine Möglichkeit. Ziemlich vorn beim Hof stand am Rand eine größere Lärchengruppe, ungefähr fünfzig Meter im Quadrat. Hohes Gras und Büsche verdeckten die Aussicht. Endlich hatten wir eine Stelle gefunden, wo ich genau zwanzig Meter einigermaßen Schußfeld hatte. Der Wind stand hinein, aber der Pächter des Hofgutes hatte das angrenzende Feld mit Maggiabfällen gedüngt, und das stank erbärmlich. Wir blieben erst einmal zwanzig Minuten still in diesem lieblichen Geruch sitzen. Ich sagte Gratwohl, daß es heute passen könnte. Er jedoch zeigte sich höchst erstaunt über meinen Optimismus. Bei dem schlechten Wind! Aber als ich meinte, so stinken wie das Maggizeug könnten wir gar nicht, erhellte sich seine finstere Miene wesentlich.
Da ich bei Erscheinen eines roten Fleckes schon im Anschlag sein mußte, bat ich Vater Gratwohl, den musikalischen Teil zu übernehmen. Gut so, denn kaum hatte die Ouvertüre begonnen, kam dieser Satan von einem Bock wie die Feuerwehr aus den Fichten gefahren, geradewegs auf uns zu. Als er auf zehn Meter die einzig freie Stelle passierte, erhielt er in voller Flucht die Kugel. Aber er befand sich so in Fahrt, daß er erst einmal zwanzig Meter weiterraste, um dann wie ein Hase radzuschlagen. Ein sehr guter Bock, zu meinen zwanzig besten zählend.

*

Die Rehbrunft 1944 begann dramatisch. Robert Douglas mußte mich beim zuständigen Kreisjägermeister zur Beihilfe beim Rehabschuß anfordern. Der Kreisjägermeister bestätigte meine Unbescholtenheit und befürwortete meine Abkömmlichkeit. Daraufhin erhielt ich vom Landratsamt die schriftliche Ermächtigung, die Deutsche Reichsbahn zu diesem Zweck hin und zurück benützen zu dürfen.
Schon auf der Hinfahrt gab es beim Einlaufen unseres Zuges in den Bahnhof Ulm Fliegeralarm. Ich eilte mit Gepäck und Gewehr aus dem Bahnhof in den Keller des Hotels Russischer Hof. Dort verbrachte ich eineinhalb Stunden. Nach der Entwarnung schleifte ich alles sofort wieder zum Bahnhof und dort mindestens vierhundert Meter zum Zug, der wegen einer brennenden Bahnsteighalle so weit draußen stand.
Am 31. Juli traf ich in Langenstein ein, am nächsten Tag begann die Blattjagd. Ich wurde mit Onkel Roberts Holzgasauto, scherzhaft Holzkocher genannt, am Bahnhof in Neuzingen abgeholt. Wilhelm war aus Rußland da, um eine Verwundung auszuheilen.
In die näheren Reviere ging man zu Fuß, in die weiteren brachte uns entweder

Onkel Robert mit seinem Holzkocher oder aber das einzig entbehrliche Pferd, das brave Finele. Meist fuhren Wilhelm und ich zusammen, trennten uns über Tag und kehrten abends gemeinsam, die Tagesstrecken auf dem Wagen, heim. Es waren herrliche Abendstimmungen, und wir sangen Arien und Duette aus Verdis, Puccinis und Donizettis schönen Opern. Ein Glück, daß uns niemand hörte! Aber in dieser traurigen Zeit wäre vielleicht mancher sogar dafür dankbar gewesen.

Am 11. August erhielt ich von Onkel Robert folgenden Auftrag: „Du gehst heute in den Dunzenberg. Dort steht ein sehr starker Bock, sieh zu, daß du ihn bekommst. Von den wenigen Förstern, die noch da sind, kann ich dir keinen mitgeben, die müssen ihre Ernte einbringen. Aber du kennst dich ja überall viel besser aus als wir. Waidmannsheil!"

Ich griff mir meine Kipplaufbüchse, den Jagdstuhl und den Rucksack und marschierte nach Eigeltingen. Hinter dem Steinbruch bestieg ich den Dunzenberg. Dort wußte ich in einem kleinen Fichtenstangenholz einen alten Blattstand. In ihm begann ich mein Flötenspiel. Beim dritten Ton schon rumpelte es, ein kapitaler Bock kam über die Kante in mein dunkles Stangenholz bis auf zwei Meter heran, um dann blitzschnell zu wenden und hochflüchtig wieder über die Kante zu verschwinden, begleitet von meinem nicht gerade hoffähigen Fluch, denn ich hatte ein sehr hohes Gehörn mit guten Enden und auffallend starken Stangen gesehen. Gleich darauf ertönte das Schrecken des Kapitalen in Richtung Aach, was mir anzeigte, daß er nicht über die Bundesstraße nach Engen ins Loh hinübergewechselt, sondern im Dunzenberg verblieben ist. Ich rannte hinunter aufs Feld, umschlug auf der entgegengesetzten Seite den Berg bis zur Aacher Grenze und pirschte vorsichtig wieder in den Wald.

Meine Seite des Berges bestand rein aus Altholz, sein Plateau ebenfalls. Nur auf der Seite zur Bundesstraße hin lag eine große Dickung. Dort mußte der Bock, zweifellos der Gesuchte, seinen Einstand haben. Mit etwas Geschick und Ausdauer sollte seine Erlegung gelingen, zumal er offenbar keine Geiß bei sich hatte.

Ich konnte zumindest dreihundert Meter weit sehen. Vorsichtig pirschte ich von Baum zu Baum den Hang aufwärts, immer wieder stehenbleibend. Als ich einmal hinter einer großen Lärche gedeckt stand, den Berg mit dem Glas ableuchtete und nach einer günstigen Stelle zum Blatten suchte, hörte ich deutlich einen Bock plätzen, konnte ihn jedoch nicht ausmachen. Er mußte sich genau oberhalb von mir befinden. Aber wo? Entweder hatte er sich niedergetan oder er stand völlig verdeckt. Meine Deckung aufzugeben, wäre Wahnsinn gewesen, also wartete ich geduldig. Plötzlich sah ich oben auf der Kante ein langsam ziehendes Reh, das Haupt suchend am Boden. Entfernung etwa hundertsiebzig Meter. Ein Bock. Sicher, doch was für einer? Endlich erkannte ich, daß er sehr gut sein müsse. War es meiner? Als er wieder in eine größere Lücke zog, brach ich einen Ast. Da verhielt er, stand frei und breit und äugte herunter. Durchs Zielfernrohr konnte ich ihn jetzt genau ansprechen. Hohe, dicke Stangen sah ich. Und lange Enden. Wie vom Blitz getroffen lag er auf der Stelle. Ich war mir meiner Sache ganz sicher und wußte auch, etwas sehr Gutes erlegt zu haben. So setzte ich mich erst einmal hin, genoß die Vorfreude und überlegte mein unverhofftes Waidmannsheil. Was hat der Schlaumeier machen wollen? Eigentlich genau das gleiche wie ich. Den Gegner umschlagen und die Sache mit gutem Wind von der anderen Seite her angehen. Nur: Ich war so gerannt und er hatte aus Sicherheitsgründen die Zeit vertrödelt. Wäre er ein paar Minuten früher oben um den Kopf herumgekommen, hätte er mich unfehlbar schon beim Betreten des Waldes eräugen müssen.

Da hörte ich leises Pfeifen. Willi Gratwohl, der Sohn des braven Försters vom Oberdornsberg, Papa Gratwohl, suchte mich. Ich wußte, daß er an der Aacher Grenze auf mich warten sollte, falls ich schieße. Schnell stand er bei mir, und wir gingen gemeinsam zum Bock. Bis heute mein drittbester lag vor mir.

Willi, damals noch ein Jüngling, trug den Gestreckten den steilen, weiten Weg zum Forsthaus Oberdornsberg hinunter. Es war mein letzter in Langenstein vor dem Zusammenbruch des Dritten Reiches erlegter Rehbock.

Am 13. August fuhren Onkel Robert, Ludwig und ich mit dem Holzkocher nach Schloßhausen im Donautal. Die Stimmung war miserabel, Wilhelm wieder unterwegs nach Rußland. Kälte, Regen und dicker Nebel paßten eher zu einem November- als zu einem Hundstag. Dazu das Ende der Brunft mit wenig Hoffnung auf Erfolg. Und ohne Fahrzeug bewegungsgehemmt. Wir fuhren wie im Winter, hatten dicke Jagdanzüge mit Pullover und Schals sowie Lodenmäntel an.

Am Morgen marschierte Onkel Robert mit Förster Gruber und Fahrer Xaver bei Dunkelheit von Schloßhausen nach Hausen im Tal zur Bahnstation. Von dort fuhren sie nach Gutenstein, wo er blatten wollte und früher unglaublich starke Böcke geschossen hatte. Ludwig und ich blieben in Schloßhausen. Als Führer hatte ich Förster Stengele und Ludwig, dessen Sohn.

Beide deckt schon der grüne Rasen. Vater Stengele, in meinem Alter stehend, starb unerwartet früh an Magenkrebs. Der Sohn, der die Försterstelle seines Vaters in sehr jungen Jahren bekam und sich vielversprechend entwickelte,

stürzte einige Jahre später ganz in der Nähe des Forsthauses von einer der typischen Zinnen dieses Donaudurchbruches. Tot. Es wird wohl nie festgestellt werden können, wie sich diese Tragödie abspielte.
Beim Frühstück starrten wir in Nebel und Regen und verschoben darum den Aufbruch zur Jagd. Elf Böcke sollten noch fallen. Um das Plansoll in keinem Fall zu überziehen, sollte jeder im Höchstfall fünf Böcke schießen – falls sie springen! Um halb zehn Uhr starteten wir dann, für dreizehn Uhr verabredeten wir uns wieder im Forsthaus. Was wir an diesem Tage erlebten, wirft alle Theorien über den Haufen. Wohin wir auch kamen: Nur ein paar Töne, und es rumpelte von überall her, angebraust kam alles an Rehen, was im Wald stand. Böcke aller Kategorien, vom stärksten bis zum Kümmerer, Geißen mit ihren Kitzen, Schmalrehe. Auf einem Stand kamen mir dreizehn Stück gleichzeitig! Ähnliches erlebte nur mein Vater einmal im Mönchswald, als ihm zwölf Rehe auf einem Stand sprangen, darunter drei besonders starke Böcke. Mir selbst sprangen in der Heften auch einmal neun Stück zugleich, darunter ebenfalls drei gute Böcke. Aber dann geht alles so durcheinander, daß man im seltensten Fall zu Schuß kommt. Mein Vater hat damals keinen Bock bekommen, und genauso erging es mir beide Male.
Als ich pünktlich um dreizehn Uhr in Schloßhausen erschien, stand Ludwig strahlend vor dem Forsthaus, auf dem Hut mit einem Wald von Brüchen. Sechs Böcke lagen vor ihm auf der Strecke. Er wollte sich entschuldigen, weil er sechs statt deren fünf geschossen hatte. Ich beruhigte ihn damit, daß Stengele sechs Böcke von mir dazulegen werde. Wir hatten einen über den Abschußplan hinaus erlegt. Welch ein Verbrechen!
Kurz vor Mitternacht kam Onkel Robert. Zu Fuß mußte er den steilen und langen Weg von Hausen im Tal zurücklegen. Er hatte nichts geschossen und fast kein Reh gesehen. So kann's gehen!
Am nächsten Tag, gleich nach dem Essen, wurde der Holzkocher angeheizt, und ab ging's nach Gutenstein. Mich begleitete Forstwart Gruber, der Revierbeamte von dort und Altersgenosse. Die Böcke sprangen zwar nicht mehr, aber ich hatte das Waidmannsheil, etwas ganz Seltenes zu erlegen, eine gehörnte Geiß.
Wir saßen in einem Fichtenstangenholz. Unter uns in einem engen Graben murmelte ein Bächlein. Gegenüber lag ein großer Schlag mit Buchenaufschlag. Darinnen standen etwas rechts drei höhere Fichten beisammen. Kaum hatte ich begonnen, mit dem Buchenblatt eine vollendete Symphonie hinzulegen, als mich Gruber stupste und in Richtung der drei Fichten zeigte. Dort entdeckte

ich das Haupt eines Rehes, das aufmerksam zu uns heräugte. Im Glas sah ich auf dem Haupt ein merkwürdiges Gebilde im Bast. Da kam das Stück auch schon in hohen Fluchten über die Buchenverjüngung in unser Stangenholz, flüchtete von da den Hang hinunter zum Bächlein, wo es verhielt. Im Fernrohr überzeugte ich mich noch einmal, welch eigenartiger Kümmerer da vor mir stand. Dann schoß ich.

Wir blieben einige Minuten ruhig, denn ich wollte weiterblatten. In dieser Zeit schaute ich mir das Stück mit dem Glas genauer an, wobei mir der schlangenhaft dünne Träger auffiel. Ich sagte zu Gruber, das sei eine Geiß, was er jedoch abstritt. Ich bot ihm eine Wette an, er aber ließ es sich nicht nehmen, daß es ein kümmernder Bock wäre. Infolge dieser Meinungsverschiedenheit beschlossen wir, sofort nachzusehen. Wir gingen hin, ich hob einen Hinterlauf hoch – und das Stück hatte ein prallvolles Gesäuge. Das hat mir sehr leid getan, aber wer konnte das ahnen. Dem Kiefer nach war diese Tante über zehn Jahre alt und führte noch.

Onkel Robert und Ludwig kehrten leer zurück. So unglaublich die Rehe in Schloßhausen gesprungen waren, so schlecht in Gutenstein, das vielleicht zehn Kilometer entfernt liegt, die gleiche Höhenlage hat und dieselbe Struktur aufweist. Warum das so ist, wird wohl nie ergründet werden. Gottlob hat die Natur noch ihre Geheimnisse, die dem anmaßenden Menschen seine Grenzen fühlbar machen.

Damit endeten die Blattjagdtage des Jahres 1944. Niemand ahnte damals, was unserem Wild bevorstand, denn als ich vier Jahre später wieder nach Langenstein kam, war das Rehwild in den einstmals so vorbildlichen Revieren von der Besatzungsmacht dermaßen gründlich ausgerottet worden, daß man sich glücklich schätzte, an einem vollen Tag ein einziges Stück in Anblick zu bekommen. Onkel Robert verbot daher bis zum Jahre 1954 jeglichen Rehwildabschuß, erst dann konnten wir wieder mit den Blattjagdtagen beginnen. Doch bevor ich davon erzähle zwei interessante Nachholungen:

Eines Nachmittags kamen wir in ein Buchenaltholz. Der ganze Boden war geschlossen mit Buchenverjüngung. Wir setzten uns in eine Gruppe, die gute Dekkung gab, und blatteten. Nach einiger Zeit flüsterte mir Gratwohl ins Ohr: „Links.“ Vorsichtig drehte ich meinen Kopf, da sah ich auf dreißig Meter das Haupt eines Rehes, das uns unverwandt anäugte. Gratwohl meinte, es sei eine Geiß. Ich war wegen der Schädelform anderer Meinung. Aber ich traute mich nicht, das Glas zu heben. Plötzlich machte das Stück kehrt und sprang laut schreckend in hohen Fluchten über die Verjüngung ab. Dabei sah ich von hin-

ten deutlich, daß es sich um einen Bock handelte, der ganzen Figur nach sogar um einen alten. Ein paar Angstschreie, der Bock kam zurück, direkt auf uns zu und verhielt zwanzig Schritt vor mir.
Als wir zum Erlegten traten, lag vor uns ein alter, im Wildbret starker Bock, mit dicken Rosenstöcken, der einige Tage vorher abgeworfen hatte. Die Rosenstöcke waren noch schweißig. Das Douglassche Forstamt hat den abgekochten Schädel nach Berlin an das Reichsjagdamt geschickt. Von dort kam die Antwort, das käme hie und da einmal vor. Mehr nicht. Auch eine kluge und überzeugende Erklärung.
Am 13. August schoß ich bei Schloßhausen im Altersberg auf einem Stand zwei starke Böcke. Die beiden Gehörne ähneln einander unwahrscheinlich. Beide sind hoch, gute Auslage, lange Enden, helle Färbung, starke Stangen, aber glatt und keine Perle. Das eine hat Dachrosen, das andere hohe, runde Rosen. Beide Böcke liegen im Alter drei bis vier Jahre auseinander. Ohne Zweifel Vater und Sohn.

*

Wie gesagt, 1954 gab's in Langenstein erstmals wieder Blattjagdtage. Der Rehbestand hatte sich gut erholt, doch ließ sich noch lange kein Vergleich mit früher anstellen, und die alten, starken Böcke waren rar. Mit einigen Ausnahmen wurden bei weitem nicht mehr so viele gute Böcke geschossen wie vor dem Zusammenbruch. Allerdings kamen drei Böcke zur Strecke, die zu den allerstärksten Langensteins gehören. Wilhelm Douglas schoß seinen besten Bock in Münchhöf, Oberforstmeister Fischer einen kapitalen am Stecken, der von einem Auto angefahren worden war, und Forstwart Auer mußte einen ebenso starken kurz vor dem Eingehen den Fangschuß geben, da er sonst an Rachenbremsen elend zugrunde gegangen wäre. In den letzten zwölf Jahren schoß ich nur einen einzigen Bock, den ich zu all den vielen guten Böcken der früheren Jahre hängen kann, und den genehmigte ich mir außertourlich.
1954 begannen wir erst am 4. August. Ich bekam die Großen und Kleinen Felsen, und weil mein Begleiter noch fehlte, fuhr ich um sieben Uhr allein in

Zur Sonnenbalz strichen die Kleinen Hahnen in die nahen Wäldchen. Dort standen sie in der Sonne in ihrer ganzen Pracht und drehten sich auf den Baumwipfeln unter dauerndem Konzert (Foto: Koller)

die Großen Felsen und pirschte zu einem besonders guten Blattstand. Nach ein paar Tönen schon stand ein ganz enger, hoher Sechser mit guten Rosen vor mir, den ich erlegte. Als ich ihn aufgebrochen hatte, fuhr ich gleich wieder zum Schloß. Dort stand noch die ganze Jagdgesellschaft versammelt, und als ich den Bock zur Strecke legte, entlud sich ein empörtes Geraune. „Natürlich der Albi!" Doch Wilhelm entschied, das wäre nur deshalb natürlich, weil ich eben „so fleißig" wäre.
Hernach bekam ich Förster Böhler als Begleiter, der das weit entlegene Revier Heilsberg betreute und mit dem ich dort ein einziges Mal geblattet hatte. Ihn deckt heute leider auch schon der grüne Rasen. Mit ihm ging ich in das Langensteiner Wachenholz und schoß dort einen ganz zurückgesetzten Bock; auf der einen Stange ein Sechser, auf der anderen ein Spießer, aber mit enorm starken Rosen.
Dann gingen wir zu einer denkbar ungünstigen Stelle. Am Waldrand stand noch eine Gruppe Altholz, bloß ein paar Bäume. Vor uns auf Kilometer nur Dickungen. Wir setzten uns an den Stamm einer Buche. Zwischen den Bäumen und der Dickung lag ein kleiner Schlag mit hohem Gras, höchstens vierzig Meter tief. Nachdem ich eine Zeitlang leise geblattet hatte, teilten sich die Büsche und aus der Dickung zog ein alter Bock mit ganz grauem Grind und eng zusammengequetschten Stangen, aber ebenfalls starken Rosen. Im nächsten Augenblick war er spurlos verschwunden. Er konnte sich nur niedergetan haben. Ich probierte nun alles: Angstgeschrei, Äste brechen, laute Unterhaltung. Nichts ereignete sich. Dann warfen wir Aststücke und Steinbrocken. Der Bock reagierte nicht im geringsten. So beschlossen wir, ihn anzupirschen, Böhler rechts, ich links. Wer zuerst etwas von ihm sieht, soll ein Zeichen geben. Böhler winkte mir plötzlich, denn er hatte die Spitzen des Gehörns gesehen, als der Bock nach Fliegen schlug. Nun pirschte ich den Bock bis auf sechs Meter an und schoß ihn, hochgeworden, auf den Träger. Einen derart abgebrunfteten Bock habe ich noch nie gesehen.
Damals führte ich ein „umgehautes" Militärgewehr, das mir ein Büchsenmacher aus Oberndorf 1948 fabriziert hatte. Darauf war das Zielfernrohr meiner Kipplaufbüchse montiert. Diese Waffe schoß großartig und ich habe viel damit sau-

Auerwild war in meinem Revier Standwild geworden! Um zu erfahren, woher die Hahnen zum Balzplatz streichen, setzte ich mich an den Rand eines Weges. Noch bei Tageshelle erschien vierzig Schritt rechts von mir ein Hahn und schritt in seinem prachtvoll variierenden Federkleid einmal rechts, dann wieder links nadelnd vorbei (Foto: Eisl)

ber zur Strecke gebracht. Jetzt steht sie in Pension in meinem Gewehrschrank, schießt heute leider ums Eck.
Weil wir gerade von der Waffenbeschaffung nach dem Krieg reden. 1946 hatte Robert Douglas als Schwede von der französischen Militärregierung die Erlaubnis erhalten, in seinen Eigenjagden zu jagen. Aber nur allein. Doch mit einigem Geschick läßt sich vieles drehen. So hatte er mich mit Jäger Hepting auf den Dornsberg geschickt, um Füchse am Bau zu schießen. Bei dieser Gelegenheit kamen wir auf dem Feld unterhalb des Hofgutes Vorderdornsberg an einen Bau, dessen Röhren mit Steinen zugeschlagen waren. Ich sagte zu Hepting, wir sollten den Bau wieder aufmachen. Der Jäger ging aber weiter, schüttelte nur seinen Kopf und sagte: „A, a.“ Anscheinend heißt das auf badisch „Nein“ (bei Kindern hat das ja bekanntlich eine ganz andere Bedeutung!).
Ich ließ ihn laufen und legte erst einmal eine Röhre wieder frei. Als ich dann an der zweiten eine Anzahl gut verkeilter Steine entfernt hatte, leuchtete mir ein Sack entgegen. Wie ich daran zog, spürte ich ein Gewehr und rief Hepting zurück. Wir zogen aus dem Sack einen tadellos erhaltenen Karabiner. Sofort brachten wir das Gewehr ins Auto, und Hepting meinte: „So, jetzt habe ich wieder ein Gewehr.“ Ich riet ihm jedoch, er solle es ja nicht sehen lassen und auf alle Fälle den Schnabel halten. Kein Mensch war zu dieser Zeit daran interessiert, wer damit gewildert hatte, denn daß wir eine Wildererwaffe vor uns hatten, daran bestand kein Zweifel. Bis zu seinem Tode führte Hepting dieses Gewehr.

*

An das Jahr 1956 erinnert mich folgendes Erlebnis ganz besonders: Ludwig Douglas hatte schon tagelang versucht, im Orsinger Wachenholz einen guten Bock zu schießen. Alle Versuche aber scheiterten an dessen Schlauheit. Da wurde ich nachmittags in dieses Revier eingeteilt. Zu Ludwig, der nach Konstanz mußte, sagte ich noch: „Heute schieß ich deinen Bock.“ „Trau dich“, gab er lachend zur Antwort.
Mit mir gingen Wilhelms Tochter Maddy und Förster Winter, der Sohn des alten Oberforstwarts Winter aus Ergeltingen, mit dem ich früher viel jagte. Wir kamen auch an einen Hochsitz im Feld, das dort ein rechtwinkeliges Eck bildet. Links springt der Wald noch ungefähr dreihundert Meter vor. Alles Dikkung. Wir bestiegen den Hochsitz. Es goß in Strömen. Maddy kann ausgezeichnet blatten, hat die Jagdprüfung gemacht, übt aber die Jagd nicht aus. Sie

übernahm nun den musizierenden Teil. Kaum anzunehmen, daß der Bock, dazu noch bei diesem Regen, sich auf das Feld herausblatten läßt. Da entdeckte ich über das Eck hinweg in der Dickung auf über zweihundert Meter in einer lichteren Stelle einen roten Fleck. Beim näheren Hinsehen wurden es deren zwei: Geiß und ein guter Bock. Sie dachten gar nicht daran, bei diesem Regen zu reagieren. Als nun Winter meinte, es sei der besagte Bock, versuchte ich den Schuß. Auf den Knall war der Bock verschwunden. Da die Geiß noch lange verhoffte, wähnte ich mich sicher, daß der Bock lag. Wir warteten eine Weile zu, dann wies ich Winter ein und er fand den Bock auf Anhieb. Ein recht guter Bock, mit einem zusätzlichen Ende oberhalb der linken Rose. Am Hochsitz hinterließ ich die Nachricht für Ludwig, daß ich mein Versprechen wahrgemacht hatte, denn wir nahmen an, daß er nach seiner Rückkehr abends dort wieder ansitzen werde. Und das sollte er nicht vergebens tun . . .

*

1957 ging ich mit Förster Ludwig Brecht, dem Sohn Jakobs, im Revier Münchhöf in den Hochbuch, wo ich mich mit Jakob ein paar Tage vorher umsonst bemüht hatte. Nach dem Abstellen des Autos pirschten wir gegen eine Wiese. Dort saßen auf etwa hundertfünfzig Meter drei Rehe. Rechts eine alte Geiß, links ein Schmalreh, und in der Mitte thronte der Pascha. Auf dem Haupt trug er ganz dicke Spieße, kaum vereckt. Und die starken Dachrosen fielen besonders auf.

Kein Gedanke, auf den sitzenden Bock zu schießen. Wenn er aber hoch wird, bestand Gefahr, daß er sofort mit einer der Damen abbraust. Aber da ereignete sich etwas Unvorhergesehenes. Das Schmalreh wurde hoch, zog zum Bock hin und forderte diesen zum Treiben auf. Der Bock aber legte das Haupt unmißverständlich zur Seite, mit dem Gehörn dem Schmalreh drohend, und schielte es wütend an. Sofort kehrte das Mädchen brav um und tat sich genau an der Stelle, wo es vorher gesessen hatte, wieder nieder. Dieses Spielchen wiederholte sich fünf- oder sechsmal.

Als erfahrener Wildbeobachter hat man instinktive Gefühle. Zu Ludwig Brecht sagte ich: „Jetzt wird es nicht mehr lange dauern.“ Ich saß schon eine ganze Weile in einer absolut sicheren, schußgeeigneten Position bereit. Da wurde der Bock hoch – und lag sofort wieder. So schnell hatte ich geschossen. Die Geißen ignorierten das Geschehen total, erst als wir nach fünf Minuten hintraten, sprangen sie ab, um noch mehrmals zu verhoffen, weil der Pascha nicht folgte.

*

1958 hatte ich Pech. Wilhelm schickte mich mit Jakob Brecht ins Tutoburger Tal. Dort war kurz vorher eine kapitale Abwurfstange vom Jahr vorher gefunden worden. Wir sollten deren Träger herzaubern. Das Revier ist äußerst schwierig zu bejagen, rechts und links steile Halden, und man kann nirgends umhersehen, deshalb läßt sich auch mit dem Pirschen so gut wie nichts erreichen.

Und, weiß Gott, Jakob hat ihn tatsächlich hergezaubert. Aber er kam an einem Steilhang von hinten. Wie meist, stand er für Jakob völlig frei, ich hingegen sah nur ein Stück vom Blatt zwischen zwei Bäumen. Auf den Schuß stürzte der Bock, wurde aber sofort wieder hoch und flüchtete hangabwärts zurück, woher er gekommen war. Wir untersuchten den Anschuß, fanden etwas Schweiß wie auch Knochensplitter. Und Jakob entdeckte ein abgeschossenes Ästchen. Sofort fuhren wir nach Münchhöf und holten Jakobs guten Jagdterrier Sherry. Auf die Fährte gesetzt, nahm er diese augenblicks an und führte Jakob an dem schwierigen Hang entlang. Ich war ins Tal gegangen, um eine eventuelle Hatz besser hören zu können. Als das Gelände zu schwierig wurde, schnallte Jakob den Hund. Bald darauf hörte ich ihn kurz hetzen und dann den Bock klagen. Ich rannte in die Richtung, doch da ertönte schon wieder Hetzlaut, das ganze Tal entlang über die Höhe. Nach einer halben Stunde kam der Hund zurück. Er hatte den Bock nicht bekommen.

Am Nachmittag nahmen wir die Nachsuche mit dem ganz berühmten Hund eines Tierarztes erneut auf. Auch hier blieb uns ein Erfolg versagt. So mußten wir wohl oder übel aufgeben, konnten uns aber sagen, alles mögliche versucht zu haben.

*

1959 rief mich Wilhelm an, ich solle doch Anfang Juni auf Abschußböcke kommen. Also fuhr ich nach Langenstein. Dort fragte ich ihn, was er zu den Abschußböcken alles rechne, ob Abnorme jeder Stärke auch als solche gelten. Er meinte, ich solle doch die abnormen Böcke in Ruhe lassen, die würden im nächsten Jahr zu allermeist wieder normal aufhaben und noch stärker sein. Da habe ich ihm den Vorschlag gemacht, mich doch wieder einmal einen wirklich starken Bock schießen zu lassen, was seit dem Tode seines Vaters nicht mehr der Fall gewesen ist. Es gab ja so viele kapitale Böcke, und während der Brunft

wurde nur ein verschwindend kleiner Bruchteil davon erlegt. Ich bekam wirklich einen Starken frei und bat darum, ihn mir aussuchen zu dürfen.
Am 9. Juni 1959 fuhr ich frühmorgens in den Hochbuch, wo ich zwei Jahre vorher den Pascha von den beiden Geißen weg erlegt hatte. Dort wußte ich vom Jahr zuvor noch zwei kapitale Böcke. Das Auto stellte ich bei der Einfahrt zu einem Steinbruch ab und pirschte zu der Wiese, wo damals der Pascha saß. Nichts. Dann ging ich auf die Höhe zur Überlandleitung. Dort sah ich vier Stück umherziehen, darunter ein wirklich kapitaler Bock, sehr hoch, ganz gleichmäßig vereckt, mit sehr langen Enden und dunklen, starken Stangen. Ich sah ihn mir genau an, aber mehr als fünf Jahre zähte er nicht und konnte tatsächlich noch besser werden. Deshalb wurde er pardoniert. Nachdem ich den ganzen Hochbuch umpirscht hatte, wobei ich noch mit einem alten, sichtlich zurückgesetzten Bock zusammentraf, kam ich wieder zur Paschawiese und wollte zum Auto. Da fiel mir mit einem Male ein, daß ich eigentlich auf der drüberen Seite zurückpirschen wollte. Nach meiner Erfahrung ist der erste Gedanke immer der richtige. Also ging ich wieder hinauf zur Überlandleitung, dann links einen Weg durchs Altholz zum drüberen Parallelweg und vorsichtig zum Steinbruch vor.
Links stand ein Buchenaltholz mit Verjüngung, doch es gab viele freie Stellen, und man hatte guten Einblick. Rechts lag ein Steilhang. Auch mit Altholz bestockt, doch war darunter alles mit Haselnuß, Holunder und anderem Gebüsch so verwachsen, daß man nur ab und zu einmal ein paar Meter hineinsehen konnte. Deshalb konzentrierte ich mich ganz auf die linke Seite. Plötzlich deuchte mir, ich hätte etwas Auffallendes in der Verjüngung gesehen, machte deshalb vorsichtig zwei Schritt zurück und erstarrte, denn in diesem Augenblick wurde auf etwa siebzig Meter in der Verjüngung ein Bock hoch und äugte mich unverwandt an. Im Glas sehe ich zunächst zwischen den Lauschern alles zu, doch dann entdecke ich drei Stangen, in der Mitte ragt ein dicker Spieß auf. Behutsam die Büchse von der Schulter genommen. Freihändig muß ich schießen, anders geht es nicht. Auf den Schuß springt der Bock senkrecht in die Höhe, überschlägt sich und stürzt „kopfüber" zu Boden. Aber gleich darauf ist er wieder auf den Läufen und rollt, vorne tief, hinten hoch, auf mich zu. Auf dem Weg überschlägt er sich abermals, ist sofort wieder hoch und rechts in dem Zunder verschwunden. Ich höre ihn noch ein Stück die Halde hinunterflüchten. Bei bestem Willen konnte ich keine Kugel mehr loswerden. An der Stelle, wo er sich auf dem Weg überschlagen hatte, fand sich eine sehr gute Schweißfährte, doch ich dachte nicht daran, dieser ohne Hund zu folgen, denn

mir war klar, daß die Kugel etwas zu tief gefaßt hatte, der Bock noch lebte. Deshalb fuhr ich nach Münchhöf zu Jakob Brecht, in der Hoffnung, er wäre von der Frühpirsch schon zurück. Wie ich dort eintraf, waren sowohl er als auch sein Sohn Ludwig gerade zurückgekommen. Zuerst erzählte ich den ganzen Hergang und sprach die Vermutung aus, daß beide Vorderläufe ganz hoch abgeschossen seien. Ludwig meinte, „den werden wir gleich haben", holte den Jagdterrier, und mit Vater und Sohn Brecht ging es in Windeseile zurück zum Hochbuch.

Der Hund, zur Fährte gelegt, nahm diese stürmisch an, sprang vielleicht fünfzig Meter in die Halde hinab, und schon klagte der Bock. Wir rannten alle drei hin und sahen nun, daß der Bock mit dem Hinterteil in die Röhre eines großen Dachsbaues gerutscht war. Vorn an der Drossel zog der Terrier. So mußte dieser erst abgetragen werden, bevor Ludwig den Fangschuß anbringen und den Bock aus dem Dachsbau ziehen konnte.

Wir waren alle drei über diesen Ridinger-Bock aufs höchste erstaunt. Die rechte Stange ist 25 Zentimeter hoch, oben ganz zurückgebogen und deutet nur zwei Enden an, beide nach vorn. Die linke teilt sich, wahrscheinlich infolge einer Verletzung, vier Zentimeter über der Rose. Die eigentliche Stange besteht außen aus einem hohen, nach allen Seiten gewundenen, dicken Spieß, der andere Teil ist ein vierzehn Zentimeter hoher, ebenso starker Spieß in der Mitte. Unten sind die starken Rosen und Stangen vollkommen zusammengewachsen. Aus dem Rosenstock der linken Stange geht nach vorn heraus eine eigene Rose von drei Zentimeter Durchmesser. Sowohl Jakob als auch Ludwig Brecht kannten diesen Bock nicht. Er war schätzungsweise neun bis zehn Jahre alt und blieb für 1959 der beste in Langenstein.

Wieder beim Forsthaus angelangt, meinte Jakob, er habe heute früh auch etwas Besonderes gesehen. Auf meine Frage, was es wäre, erklärte er mir, es nicht sagen zu wollen, weil er sich noch nicht ganz sicher sei. Aber auf mein Drängen rückte er dann doch langsam damit heraus. Drei Stangen habe er ganz bestimmt gesehen, er glaube aber, der Bock hätte deren vier. Morgen früh wolle er sich nochmals ansetzen und mich dann anrufen.

In Langenstein wurde mein Bock zunächst bestaunt, dann entboten mir die Brüder Douglas mit ihrer ganzen Herzlichkeit ein Waidmannsheil. Als ich Jakobs Geschichte berichtete, meinte Wilhelm: „Wenn der Bock in der Tat vier Stangen hat, dann schieß ihn. Dir macht das Freude und mich interessieren abnorme Böcke nicht."

Als ich am nächsten Morgen von der Frühpirsch zurückkam, hatte Jakob bereits angerufen und mir sagen lassen, daß ich am Abend kommen solle. Also hatte der Bock doch vier Stangen!

Abends in Münchhöf, fuhren wir ins Guldenloh. Mitten im Wald mußte ich halten. Dann gingen wir einen schmalen, gewundenen Weg durch Buchenverjüngung auf ein Wasserloch zu. Auf einmal sagte Jakob: „Hier war es." Was, mitten in diesem Dschungel, auf einem zwei Meter breiten Weg, auf dem ich höchstens vierzig Schritt nach vorn und zwanzig Schritt nach hinten schauen konnte? Rechts und links stand alles so dicht wie eine Wand.

Ich setzte mich in einer schwachen Kurve auf meinen Jagdstuhl, drückte mich etwas auf die rechte Seite, damit der Bock mich nicht sofort eräugt, wenn er auf dem Weg erscheint. Denn Jakob hatte mir gesagt, er käme von rechts nach links.

Im Wasserloch quakten die Frösche, um mich herum sangen die Vögel, und zu meinen Füßen hauste eine Grille. Ein tolles Konzert. Ich stierte immerzu auf den Weg vor mir, mich nur selten umblickend. Plötzlich stand der Bock auf dreißig Schritt vor mir und hatte mich sofort weg. Von links gekommen, verschwand er mit einer einzigen Flucht nach rechts. Ich hatte mich nicht gerührt und dachte mir gerade, da haben wir den Salat, als der Bock, den ich mit freiem Auge als abnorm erkannt hatte, wieder auf meiner Seite austrat, mich eine Zeitlang entgeistert anstarrte, um dann im Stechschritt ganz langsam auf mich zuzuziehen. Ich hob ebenso langsam die Büchse, und als der Punkt des Absehens mitten auf dem Stich stand, zog ich ab. Der Bock machte eine hohe Flucht nach rechts in die Dickung und donnerte in dem dicken Zeug auf zwei Meter an mir vorbei in Richtung auf mein Auto, daß die Buchengipfel nur so umeinanderpeitschten. Ein merkwürdiges, mir unerklärliches Gepolter folgte. Dann herrschte Ruhe.

Am Anschuß sehr viel Schweiß. Der Bock mußte verendet sein. In dieses dichte Zeug einzudringen, ergab keinen Sinn. Darum ging ich zurück zum Fahrweg, wo das Auto stand, bog links herum, um auf dem Weg nach Schweiß zu suchen. Gleich links neben meinem Auto lag ein Berg von Fichtenlangholz – und obendrauf der verendete Bock! Wie er da hinaufkam? In seiner Todesflucht mußten wohl bereits alle Sinne ausgeschaltet gewesen sein. Er hatte, weiß Gott, vier Stangen, gleich ober den Rosen gabelten sie sich, vorn heraus gingen zwei gleich lange Spieße. Die Hauptstangen haben beide die hinteren Enden eines Sechsers.

Zur Blattzeit desselben Jahres bekam ich am letzten Tag die Großen und Kleinen Felsen zugewiesen. Vorher hatte ich Wilhelm erklärt, daß ich, wenn er mir springen sollte, den abnormen Bock vom Gattersträßle schießen möchte.

Wir setzten uns an eine Buche, weil der Blattstand wegen der geringen Aussicht nichts mehr taugte. Ich hatte einen kleinen Buben von Freunden aus Frankreich mitnehmen müssen, weil diesen lebhaften Knaben niemand dabei haben wollte. Er saß rechts von mir auf dem Boden, weithin sichtbar.

Auf unsere unwiderstehliche Musik stand von weither ein Bock zu, und als ich verstärkt weitermusizierte, wurde er noch schneller. Im Fernrohr erkannte ich in ihm den Abnormen vom Gatterstrāßle. Als ich ihn auf etwa fünfzig Schritt in voller Fahrt auf den Stich schießen wollte, merkte ich im Knall, wie der Bock wendete. Aber ich konnte die Kugel nicht mehr halten und sah, daß er ein Rad schlug. Jedoch stand er sofort wieder auf den Läufen und ging hochflüchtig ab, wobei er sich, so weit ich es sehen konnte, noch dreimal überschlug.

Was hatte sich ereignet? Das Büblein, das den Bock doch sicher auch schon von weitem bemerkt haben mußte, sah mich lange im Anschlag, ohne daß ich schoß. Ich meine, daß es annahm, ich würde den Bock nicht sehen. Im ungünstigsten Augenblick entfuhr ihm ganz laut ein „voilà" – sieh da! –, wobei es mit beiden Armen nach vorne zeigte. Da die Langensteiner Böcke infolge schlechter Erfahrungen aus der Besatzungszeit französisch nicht mögen, und dann noch in dieser aufdringlichen Art, wollte sich der Abnorme verständlicherweise empfehlen.

Förster Winter und ich suchten sofort nach. Soweit wir den Bock gesehen hatten, fanden wir auch Schweiß, allerdings wenig, und dreimal Knochensplitter. An der Kante zum Steinbruch hörte der Schweiß auf. Wir holten einen Hund, aber der raste nur umeinander und jagte auf alles andere, nur nicht auf diesen Bock. Mittags kamen wir erschöpft in Langenstein an, um nachmittags mit einem anderen Hund die Nachsuche erneut aufzunehmen. Es war sehr heiß. Wir suchten nochmals ganz genau. Da dieser Hund gleichfalls versagte, krochen wir auf dem Boden vom letzten Schweiß weg weiter. In stundenlanger Arbeit hatten wir endlich festgestellt, daß der Bock bis vor zur Biegung und von da senkrecht hinunter zum Gattertor geflüchtet war.

Links zwischen Großen und Kleinen Felsen am Gatterstrāßle lag ein riesiges Maisfeld, drüben im Kleinen Felsen eine große Dickung, und rechts gluckerte der Bach, der von Eigeltingen nach Orsingen an beiden Felsen entlangfließt. Wir suchten den Mais, dann die Kleinen Felsen und hernach den Bach auf unserer Seite ab. Am Abend vertrat ich die Ansicht, der Todwunde wäre sicher dem Wasser zugezogen. Winter wähnte ihn in den Kleinen Felsen, und Oberforstrat Fischer meinte, er könne eigentlich nur im Mais stecken, aber den hatten wir schon dreimal mit Hunden abgesucht.

Am nächsten Tag, einem Sonntag, zog ich mich nach dem Kirchgang um und

suchte nochmals den ganzen Tag allein. Dabei sah ich den rührenden Oberforstrat, wie er mit seinem Hund den Mais absuchte. Wären wir doch nur einmal über den Bach gegangen! Dort nämlich fand Winter acht Tage später den verstunkenen Bock in einem Abzugsgraben mit hohem Schilf und Binsen. Der vierjährige Abnorme hat auf der linken Stange, die nur dreizehn Zentimeter hoch ist, zwei lange Enden, drei Zentimeter voneinander parallel nach hinten, wovon das untere dreizehn, das obere acht Zentimeter lang ist. Die rechte Stange, eine normale Sechserstange, mißt zwanzig Zentimeter.
Interessant noch, daß Winter einige Wochen später zufällig die linke Abwurfstange von zwei Jahren vorher fand. Sie zeigt vorn einen Spieß von elf Zentimeter und nach hinten, tief angesetzt, dasselbe lange Ende mit zehn Zentimeter. Ein typisches Zeichen einer Rosenstockverletzung, die nie mehr eine normale Gehörnbildung ermöglicht hätte. Außerdem ist die Stirnnaht zwischen den Rosenstöcken geplatzt. Der Bock dürfte in seiner Jugend abgestürzt sein. Was das Wild doch aushält und auch ausheilt!

*

1960 ging ich mit Ludwig Brecht in die Mehlau, Wilhelm hatte dort zwei Tage zuvor einen sehr guten Bock mit dicken, knuffigen Stangen erlegt. Links und rechts des Weges liegen zwei große Buchendickungen. Ludwig wies mir den Platz an. Ich fragte ihn, was wir hier noch wollen. Er verriet mir, daß da noch ein ganz kapitaler Bock stehe, den niemand kenne. Er schreckt immer in der linken Dickung. In der rechten hauste Wilhelms Bock.
In der Not frißt der Teufel Fliegen, also erklärte ich Ludwig, in des Bockes Einstand zu wollen, was dieser sicher gar nicht gerne hätte. Wir suchten nun eine Lücke, um überhaupt eindringen zu können, und fanden innen eine Stelle, wo man in einem angehenden Stangenholz gerade zwanzig Meter weit zu sehen vermochte. Dort blieben wir fürs erste einmal eine Viertelstunde mäuschenstill sitzen. Nachdem Ludwig anschließend eine Zeitlang ganz leise und immer wieder absetzend geblattet hatte, stieß er mich an und deutete mit dem Kopf nach vorn. Ich sah nichts, fiepte aber sofort mit dem Mund. Daraufhin bemerkte ich ein Reh ganz vorsichtig, wie ein Fuchs, auf uns zuschleichen. Schon war ich im Anschlag, und als Ludwig, der das Stück mit dem Glas beobachtete, „Schießen!“ flüsterte, erhielt der Bock, als ich ihn fassen konnte, die Kugel. Sicher einer meiner ältesten Böcke, ich schätze ihn auf mindestens zwölf Jahre. Er hat nur noch zwei dicke Stumpen auf, der eine fünfzehn, der andere elf Zentimeter hoch, und am rechten Rosenstock auch wieder eine Extrarose nach vorn.

*

Zwei Jahre später begann die Brunft mit einer Katastrophe. Am ersten Tag ging ich morgens auf den Mägdeberg. Dort hatte man ganz in der Nähe der schon erwähnten drei Obstbäume an einem Nußbaum einen Hochsitz errichtet.
Auers Sohn begleitete mich. Oben auf dem Hochsitz erzählte er mir von einem ganz kapitalen Bock, der sich in der Nähe aufhalten sollte. Er hätte auffallend hoch auf und sehr starke Stangen. Sowohl Graf Wilhelm als auch Graf Ludwig wären schon auf ihn angesessen, aber nicht einmal in Anblick hätten sie ihn bekommen. Der Bock zeigte sich ganz selten, und wenn, dann stets auf große Entfernung.
Ich begann alsbald mit dem Blatten und konzentrierte mich hauptsächlich auf den Wald, die sogenannte Wanne. Nach einiger Zeit drehte ich mich einmal um, sah gegen die Felder, die, mit Obstgärten durchsetzt, den weiten Berg füllten. Da stand auf ungefähr hundertzwanzig Meter ein wirklich kapitaler Bock, der aus einem Weizenfeld herausgezogen sein mußte. Er hatte mich schon weg, sicherte zu mir herauf. Ganz langsam drehte ich mich mit dem Gewehr um, schaute mir durchs Fernrohr das Gehörn an. So wenig Zeit ich auch hatte, so genau kann ich das Gehörn beschreiben. Noch nie sah ich an einem lebenden Bock ein derartiges Gehörn! 27 bis 28 Zentimeter hoch, vielleicht sogar noch höher, die Stangen ganz gerade, grau, nicht übermäßig geperlt, aber mit unheimlich langen Enden und Spitzen, alle bestimmt zehn Zentimeter lang. Was mir besonders auffiel, waren die tiefen Rillen in den Stangen, die von oben nach unten verliefen und sich verbreiterten bis zu den merkwürdigen Dachrosen; vielmehr die Stangen verliefen ohne erkenntliche Rosenbildung sich zusehends verdickend in das Haupt hinein. Ich kam sehr gut ab. Der Bock sprang hoch in die Luft, stürzte „kopfüber" zu Boden, schlegelte, wurde plötzlich wieder hoch und flüchtete bergab, wobei ein Hinterlauf, hoch ab, sich im Kreise drehte. In einer mit dichten Binsen bewachsenen Mulde blieb der Bock hängen und bewegte sich wie ein schwimmender Mensch. Aber er arbeitete sich langsam durch, kletterte aus der Mulde, wobei ihn meine nachgesandte Kugel leider verfehlte, und verschwand in einer Hecke.
Am Anschuß wenig Schweiß, aber sehr viele Knochensplitter. Durch die Binsen bis hin zur Hecke ebenfalls wenig Schweiß. An der Hecke fand sich dann überhaupt keiner mehr. Da konnte bloß ein guter Hund weiterhelfen. Deshalb fuhren wir nach Volkertshausen und holten Auers Hühnerhund. Der aber blieb nicht auf der Fährte, führte in den vielen Weizenäckern umeinander und, ge-

schnallt, jagte er letzten Endes auf gesunde Rehe. Bis Mittag fanden wir nicht den geringsten Anhaltspunkt, wo der Bock stecken könnte.
Nachmittags gingen Jakob Brecht mit seinem Jagdterrier Sherry, Gruber und Auer jun. mit mir. Der Terrier nahm die Fährte sofort auf und suchte durch die ganze Dornenhecke, etwa dreihundert Meter. Dann führte er in ein Weizenfeld, wo er zwei Rehe hochmachte. Von einem Feld zum anderen arbeiteten wir den ganzen Berg durch, nirgends der Bock oder etwas Schweiß. Nach über zwei Stunden kehrte ich wieder an die Hecke zurück und kroch hinein. Und tatsächlich, dort fand ich Schweiß, immer nur ein kleines Tröpfchen. Wie konnte dieser schwergeschossene Bock mit seinem schlenkernden Hinterlauf die dichte Dornenhecke annehmen und in ihr fortziehen? Kein Wundbett, und am Ende der Hecke fanden wir überhaupt nichts mehr. Wir befanden uns jetzt unterhalb des Hofgutes Mägdeberg in Richtung Mühlhausen. Ober uns die neuen Obsteinlagen in Zaun, also kann der Bock nur noch abwärts sein. Aber da sind tiefe Rinnen und Gräben, zum Teil aufgeforstet, zum Teil mit dichtem Gebüsch bewachsen. Und ringsherum Getreidefelder. Aus solch einem Graben jagte der Hund ein Reh, aber, wie ich genau sehen konnte, eine Geiß.
Um sieben Uhr abends waren wir – bei dieser Hitze verständlich – so erledigt, daß wir schweren Herzens zwar, aber doch die Nachsuche aufgaben.
Zwei Tage später fuhr ich nach Donaueschingen, und als ich drei Tage danach wieder zurückkam, hörte ich folgende Geschichte: Oberforstrat Fischer traf zwei Tage nach der Nachsuche einen bekannten Tierarzt, der ihn fragte, ob wir den kapitalen Bock bei Mühlhausen bekommen hätten. Dieser habe sich an jenem Tag um sieben Uhr abends vor seinem Auto mühsam über die stark befahrene Bundesstraße Singen – Engen bei den ersten Häusern von Mühlhausen geschleppt. Der eine Hinterlauf sei total ab gewesen. Er mußte sich anscheinend doch in diesem Graben gebettet gehabt haben, wo der Hund die zugehörige Geiß hetzte, und ist nach unten, wohin ich nicht sehen konnte, in die Felder und von dort über die Straße, genau um die Zeit, als wir die Nachsuche abbrachen.
Oberforstrat Fischer verständigte den Nachbarn und bat um eine Nachsuchenerlaubnis, der Bock könne nicht weit sein. Doch das wurde brüsk abgelehnt und nach einigen Tagen mitgeteilt, es sei nichts gefunden worden.
Dabei hat ihn ein Bauer am Tag danach in einem Weizen hochgemacht, und der Bock tat sich gleich im nächsten Weizen wieder nieder. Vielleicht helfen diese Zeilen, den Verbleib des Bockes zu klären, denn den vielfachen Bemühungen von Oberforstrat Fischer ist es bis heute nicht gelungen, die Trophäe

ausfindig zu machen. Ich zweifle keinen Augenblick daran, daß der Bock gefunden und seine Kapitaltrophäe versteckt wurde. Heute ziert sie sicher eine Wand, an die sie nicht gehört; aber ein so kapitales Gehörn muß auffallen.
Als ich von Donaueschingen zurück war, ging ich wieder einmal mit Ludwig Brecht in die Mehlau. Da war aber in diesem Jahr nichts los. Am Waldrand blatteten wir von einem Hochsitz gegen das Feld. Der Weizen stand noch. Wir sahen auch bald ein paar Rehe sehr weit entfernt.
Am letzten Abend fragte mich Wilhelm, wo ich hingehen wolle. Natürlich in die Mehlau, mit Ludwig Brecht. Dort hatte ich einen älteren Bock mit marschierenden Stangen gesehen. Sie waren so verbogen, daß sie direkt hintereinander standen. Von vorn meinte man, der Bock trage nur eine Stange. Dabei waren die Stangen hoch, hatten aber lediglich Gabeln. Diesen Bock wollte ich haben. Drei Abende saß ich auf ihn an, sah ihn dauernd in den Weizenfeldern treiben. Meist auf vier-, fünfhundert Meter. Kam er aber einmal auf hundertfünfzig Meter heran, hatte ich nur noch Haupt und Träger frei. Heute wollte ich auch einen weiten Schuß auf ihn wagen. Deshalb nahm ich meinen Bergstock, den ich beim Pirschen immer dabei habe, und meine Autodecke mit, um über eine todsichere Auflage zu verfügen. Nichts ist wichtiger, als beide Arme auflegen zu können, und keine harte Unterlage, damit es den Schuß nicht verschlägt.
Wir saßen schon eine ganze Stunde, meine Büchse fest eingebaut. Immer wieder visierte ich im Fernrohr eine im Weizen auftauchende Geiß an, um mich zu vergewissern, daß ein sicherer Schuß möglich wäre. Vom Bock aber keine Spur. Instinktiv schaute ich einmal nach links, da trollte der Bock mit seiner Geiß auf siebzig Meter ganz gemächlich aus dem Wald und wurde mir zur leichten Beute.

*

Zwei Jahre vorher traf ich von diesem Hochsitz gegenüber im Kreuzbühl im Juni morgens mit einem Bock zusammen, der nur eine, aber ganz kapitale Sechserstange mit langen Enden aufhatte. Ich fragte Wilhelm, ob ich ihn schießen dürfe. Er meinte, ich solle ihn leben lassen bis zur Brunft.
Zur Blattzeit dann bekam ich eines Tages dieses Revier zugewiesen. Ludwig Brecht begleitete mich. Ich fragte ihn sofort, ob er den beschriebenen Bock einmal gesehen hätte. Leider nein! Wir blatteten nun alles ab, aber der Gewünschte blieb verschollen. So schlug ich vor, auf die freistehende Kanzel mitten im Schlag zu gehen, wo ich ihn zuletzt gesehen hatte.

Ich blattete schon eine ganze Weile, da fängt hinter uns im Altholz ein Hühnerhabicht zu locken an. Meine Frage, ob sich dort ein Horst befände, bejahte Ludwig, doch seien dieses Jahr keine jungen Habichte drinnen. Je mehr ich blattete, um so mehr lockte der Habicht und kam von Baum zu Baum immer näher. Plötzlich strich er pfeilschnell auf uns zu, stieß auf uns bis auf fünf Meter herab und strich dann wieder ins Altholz zurück, wo er einen wahnsinnigen Radau machte.
Ich ärgerte mich gewaltig, denn da kommt kein Bock mehr, schon gar nicht ein alter. Als ich wieder blattete, wiederholte sich das Ganze noch einmal. So eine Unverschämtheit! Jetzt aber ärgerte ich dieses starke Habichtsweibchen, indem ich sein Locken nachahmte. So unterhaltsam das auch war, der Einstangler kam nicht und ward auch nie mehr gesehen.

*

Nach so vielen Erlebnissen mit den Langensteiner Rehböcken abschließend noch eines aus der Blattzeit des Jahres 1964.
Letzter Tag. Wieder fragte mich Wilhelm, wohin ich wolle. Ich sagte, einmal möchte ich wieder mit Jakob Brecht blatten. Gut, ich darf nach Münchhöf, aber ich möge Jakob schonen. Er erlitt vor zwei Jahren einen Schlaganfall, erholte sich zwar wieder, mußte sich aber sehr halten und hatte oft schlechte Tage.
Also gingen wir in das Herz des Reviers und blatteten zuerst von einem Hochsitz aus. Ein alter Bock, so ein richtiger Schlaumeier, zog klammheimlich bis unter unseren Hochsitz, ohne daß wir ihn freibekamen. Dann sprang ein Bock, bekam uns in den Wind und verschwand in einer Halde. Ich pirschte ihm nach, sah ihn auch nochmals auf dreihundert Meter, dann aber blieb er endgültig verschwunden. So pirschte ich im Altholz wieder zu Jakob zurück. Da nahm ich auf abermals dreihundert Meter ein Reh wahr, das unverwandt zu mir heräugte. Im Glas erkannte ich enorm hohe Stangen, und wenn der Bock das Haupt drehte, auffallend lange, schneeweiße Enden. Doch über die Stärke der Stangen wurde ich mir nicht klar. Es konnte sein, daß er noch zu jung ist. Dem Bock wurde es inzwischen zu dumm, er drehte um und verschwand.
Jakob, nach diesem Bock befragt, hatte ihn, genau wie ich, auch nur einmal gesehen. Wenn es ein Blender ist, wäre es schade. Jakob machte den Vorschlag, ich solle dort hineinpirschen und mich hinsetzen, das sei ein sehr guter Brunftplatz. Er wolle die ganze Abteilung langsam umgehen. Wenn der Bock ihn eräugt oder in den Wind bekommt, kehrt er vielleicht wieder dorthin zurück.

Mit gutem Wind pirschte ich ganz vorsichtig bis fast dorthin, wo ich den Bock gesehen hatte. Dort war alles verschlagen. Ich saß vielleicht schon zwanzig Minuten, da warf mein Hund den Kopf herum. Von rechts kamen zwei Rehe hochflüchtig daher. Sofort erkannte ich, schon mit freiem Auge, den hoch aufhabenden Bock wieder. Er flüchtete laut keuchend mit seiner Geiß auf fünfzig Meter an mir vorbei, auch durch Pfeifen und Rufen nicht aufzuhalten. Wieder konnte ich die Stangenstärke nicht erkennen, nur die enorm langen Enden sah ich deutlich.

Eine Minute später fuhr der Hund abermals herum. Aus der gleichen Richtung kamen wieder zwei Rehe. Hochflüchtig. Diesmal mußte ich den Bock ansprechen können! Doch plötzlich drehte die Geiß direkt auf mich zu, der Bock überholte sie. Da standen sie auf dreißig Meter, der Bock mit böse gesenktem Haupt und rollenden Lichtern. Ich hatte ihn schon im Zielfernrohr, denn da bleibt keine Zeit zum Ansprechen mit dem Glas. Ich sah nun ein niedriges, gedrungenes Gehörn. Und zwischen den Lauschern war alles zu! Schuß! Als Jakob kam, erkannte er einen alten Bekannten, den er schon Jahre nicht mehr gesehen hatte, wohl aber seine starken Fegestellen. Ein uralter Bock mit dicken, gut geperlten Spießen und Dachrosen lag vor uns.

Puchhof und Au in der Hallertau

Puchhof war einmal jagdlich ein Begriff mit seinen hervorragenden Fasanenstrecken sowie den guten Hühner- und Hasenjagden in den zwanziger Jahren. Daß ich diesen Jagden zu ihrem Ruf mitverhelfen konnte, erfüllt mich heute noch mit großer Freude.

1927 lernte ich an einem sehr unterhaltsamen Abend in München den lebenslustigen Baron Karl von Lang-Puchhof kennen. Bei unserer Begegnung kamen wir, wie sollte es auch anders sein, sehr bald auf die Jagd zu sprechen. Wir beide waren nicht nur passionierte Jäger, sondern auch von Kindesbeinen an mit der Jagd aufgewachsen. Er erzählte mir, daß mein Vater viele Jahre zu seinem Vater nach Puchhof zu den Fasanen- und Hühnerjagden gekommen ist und war noch tief beeindruckt von der Schießkunst meines Vaters. So lud er mich ein, nach Puchhof zu kommen.

Wir schrieben Ende Juni, in Niederstetten waren die Rehböcke bereits heimlicher geworden, und ich hatte wieder einmal in München zu tun. Da fiel mir die Einladung ein. Ich verabredete telefonisch einen Besuch und fuhr über Landshut – Straubing nach Puchhof.

Schloß Puchhof mit seinem Hofgut und Vorwerk liegt etwas abseits der heutigen Bundesstraße Regensburg – Passau, etwa fünfzehn Kilometer von Straubing in Richtung Regensburg.

Fünfunddreißig Jahre später kam ich erstmals wieder dort vorbei und fand eine neue Einfahrt vor mit einem großen Schild „Puchhof“, verziert mit einem Jägersmann samt Hund. Früher mußte man als Neuling die Einfahrt erst suchen. Ein ganz schmales Straßerl führte ohne jeglichen Hinweis gegenüber dem Schloß Rain in einen Dschungelwald. Dann lichtete sich dieser urplötzlich, man fuhr über eine kleine Brücke – wie ich später erfuhr, bildete der Bach darunter die Jagdgrenze zwischen Puchhof und der Herrschaft Rain des Fürsten von Thurn und Taxis –, überquerte einen schmalen Wiesenstreifen und landete wieder im Dschungel, in dem es von Fasanen nur so wimmelte. Ich war mit diesem Wild noch nie in Berührung gekommen. Plötzlich aus dem Dschungel heraus, befand man sich einem riesigen englischen Park gegenüber, mit prachtvollen alten Bäumen, vielen Eichen, in Gruppen und einzeln stehend, umgeben mit Gebüsch, herrlichen Rasenflächen, auf denen überall Fasanhähne umherstolzierten, dazwischen ein schmaler Bach und kleine Teiche.

Bald sah man auch das Schloß in rotem Backstein durch die Bäume leuchten, ein im englischen Stil erbautes, langgezogenes einstöckiges Landhaus.
Am Haupteingang erwartete mich bereits Karlchen Lang, wie er allgemein genannt wurde, mit seiner jungen zweiten Frau.
Beim Tee zeigte er mir zwei knuffige, starke Rehgehörne, die er gerade einige Tage vorher erbeutet hatte. Beide schienen gleich stark und ähnelten einander sehr. Die beiden Rehböcke waren abends auf der Grenzwiese, die ich gerade erst überquert hatte, im selben Augenblick ausgetreten, einer aus dem Puchhofer, der andere aus dem Taxisschen Dschungel. Die Existenz dieser beiden Kapitalen war auf Puchhofer Seite unbekannt. Deshalb ist die Aufregung Karlchens verständlich. Welchen sollte er schießen? Beide zu erlegen, dürfte ja kaum gelingen. Wie so oft, nimmt einem der Zufall die Entscheidung ab. Die beiden Böcke stürzten gleichzeitig aufeinander los und trafen einander in der Mitte der Wiese genau vor seinem Hochsitz zum Kampf auf Leben und Tod, den der lachende Dritte beiden bescherte.
Nach der Besichtigung des Hauses und einem kurzen Antrittsbesuch bei der Mama, die mich besonders herzlich empfing, wurde ich mit Revierförster Rebiger auf den Rehbock geschickt. Von dem Anblick der vielen Fasanen und dem ohrenbetäubenden Lärm beim Aufbaumen, besonders im Park, war ich sehr beeindruckt, aber auch vom Anblick der vielen Rehe. Während man bei uns um diese Jahreszeit selten noch Rehe austreten sieht, leerte hier der Wald seinen gesamten Rehstand abends zum Anblick aus. Das einzig Unerfreuliche waren die Gelsen.
Rehbock schoß ich keinen, auch während der vielen Jahre nicht, die ich in Puchhof jagte. Ich wollte sie Karlchen lassen. Aber in den drei Tagen meines Besuches habe ich von Rebiger sehr viel über das Revier und sein Wild im jetzigen Zustand und zu Zeiten von Karlchens Vater erfahren: Diese drei Tage legten den Grundstein für die späteren Puchhofer Jagden.
Wir verabredeten ein Wiedersehen in München, und ich fuhr mit einer Einladung zu den Herbstjagden ab.
Voll Spannung kam ich zu der Zwei-Tage-Fasanenjagd. Als Neuling und meines Standes wegen wurde ich leider zur Persona grata erklärt und bekam

Mitten in der Bodenbalz sprang der Auerhahn urplötzlich etwa zwei Meter in die Luft und schlug mit seiner linken Schwinge nach einem starken Habichtsweibchen, das wie ein Pfeil auf ihn niedergestoßen war (Foto: Koller)

den besten Stand. Ich hatte noch nie mit Büchsenspanner geschossen, aber diese waren alle erfahrene, aber leider auch manchmal leichtsinnige Männer.
Die meisten Flinten hatten noch keine automatische Sicherung. So mußte ich mich erst einmal auf dieses Novum einstellen; aber das geht ja schnell – wenn man am Leben bleibt!
Die Fasanen kamen sehr hoch, höher geht's nicht mehr. Dann das nervenbelastende Bewußtsein, daß alle erreichbaren Augen auf den Neuen gerichtet sind, um ihn einzuschätzen. Meine beiden Nachbarn benahmen sich sehr höflich, es wurde auf keinen mich anstreichenden Fasan geschossen. Was dann über und hinter mir geschah, kann ich nicht beurteilen, weil mein Auge sich nur nach vorwärts auf die nicht enden wollenden „Angreifer" richtete. Aber nach dem ersten Trieb schloß ich aus der hinter mir gesammelten Menge an Wild, daß man mit meiner Kunst sehr zufrieden war. Die Blamage war groß, meine Wut auf die Vögel aber noch größer. Ich hatte keinen Fasan! Das einzig Beruhigende blieben die Worte des Büchsenspanners: „Nur die Ruhe bewahren, es wird schon noch!" Wie dankbar war ich ihm, denn er sollte recht behalten.
Im zweiten Trieb standen neben mir Graves und Newton, beide selbst in England als sehr gute Schützen anerkannt. Sie sollten mir helfen, und sie haben mir geholfen, indem sie meine gefehlten Fasanen schossen. Auch sie waren sicher befriedigt, aber zu höflich, um es merken zu lassen. Ich gab mich damit zufrieden, wenn einer aus Turmeshöhe herab mich kurz durch Wippen des Stoßes wissen ließ, daß meine Schrote immerhin eine Beleidigung für ihn bedeutet hatten. Auch dieser Trieb blieb außer einem Hasen für mich vernichtend.
Nun bat ich den Jagdherrn, mir einen Stand zu geben, bei dem ich einem wirklich guten Schützen zuschauen kann. Den bekam ich, und das Schauspiel wird mir unvergessen bleiben. Zwar habe ich gar nichts abschauen und lernen können, denn das, was ich zu sehen bekam, war so phänomenal, daß selbst alle guten Schützen es als unerreichbar bezeichneten.
Getrieben wurde ein Waldstück, vielmehr nur eine Fichtenkultur, die keilförmig ins Feld hinausragte, und zwar gegen das Feld. An der Front durfte nur auf Hähne geschossen werden, die ins Feld abstrichen. Aufstehende und rückwärtsstreichende zu schießen, war verboten. Hinter der Kultur stand ein achtzigjähriges Fichtenaltholz. Nach hundert Metern führte eine Schneise parallel zur Kultur durch das Altholz. Auf ihr befanden sich fünf Stände; dorthin kamen

Kenner ihres Wildes und mit ihren Schweißhunden ein verläßliches Team durch dick und dünn, über Stock und Stein sind unsere hervorragenden Bergjäger allemal (Foto: Eisl)

die besten vier Schützen und ich auf den äußersten Stand rechts. Neben mir stand Graf Lerchenfeld. Die Hähne kamen in voller Fahrt retour über die Wipfel der hohen Fichten. Bei dem kurzen Wischer über die Schneise war es mir unmöglich zu sagen, ob Hahn oder Henne. Lerchenfeld schoß jeden Hahn, aber nicht eine Henne. Die anderen hatten kaum ein Viertel der beschossenen Fasanen, aber nicht alles Hähne. Ich habe es erst gar nicht versucht. Dafür schoß ich auf meinem Stand sieben Hasen, keinen gefehlt. Wenigstens eine kleine Befriedigung.

Der nächste Trieb war eine Feldstreife auf Hasen und Hühner, aber auch, um die Fasanen in den Wald zu drücken. Ich stand wieder neben Lerchenfeld. Und jetzt fühlte ich mich zu Hause, wußte, wie schnell und sicher Lerchenfeld schießt, war aber – durch unser schwieriges Schießen in den Weinbergen – meist noch schneller. So hatte ich, zum allgemeinen Erstaunen, in diesem Trieb mit einer schönen Zahl von Hasen und Hühnern die beste Strecke. Nun wußte man, daß ich es auch kann, bloß nicht auf hohe Fasanen. Mein Büchsenspanner triumphierte: „Habe ich nicht gesagt, daß es doch geht!“ Ich dämpfte ihn gleich mit der Bemerkung, daß Hasen noch lange keine hohen Fasanen wären. Mir graute vor dem nächsten Trieb.

So faßte ich mir ein Herz und ging zu dem mir das meiste Vertrauen einflößenden Mister Newton, um mir Rat zu holen. Er hörte sich meine Fragen an und erwiderte ruhig – und das habe ich mein Leben lang nicht vergessen –: „Sie machen einen Fehler, Sie müssen dem Fasan ins Auge schauen.“ Damit war mir keineswegs geholfen, und ich fragte ihn, wie er das meine. „Sie müssen den Fasan anschauen, Sie müssen sich auf ihn konzentrieren, auf ihn zielen und den Schuß im Vorschwingen so weit vorwerfen, wie Sie die Höhe und Geschwindigkeit einschätzen. Das ist nur eine Sache der Übung. Sie schießen doch sehr gut Hasen. Der Fasan ist das gleiche wie der Hase, nur in der Luft und wesentlich schneller.“

Tief nachsinnend über die eben empfangene Lehre und mit nicht gerade viel Selbstvertrauen ging ich in die nächste Runde. Und was soll ich sagen: Die Fasanen kamen herunter, zwar noch lange nicht alle, aber mehrere, und im letzten Trieb ging es noch besser. Ich hatte mich zum mittelmäßigen Schützen vorgearbeitet. Am nächsten Tag ging es abermals besser, und ich dünkte mich berechtigt, mich zu den besseren Schützen zählen zu dürfen. Befriedigt und dankbaren Herzens fuhr ich heim. Ich hatte gelernt, Fasanen zu schießen. Achthundert Hähne, etwa tausend Stück Wild hatten wir in zwei Tagen geschossen.

Ich muß noch einmal auf Graf Lerchenfeld zurückkommen. Für Jahrzehnte blieb er für mich der beste Flugschütze, den ich gesehen habe. Wie gut aber die Klasse auch der anderen Schützen war, beweist die Wette, die Herr von Schmieder mit uns einging, er werde bei fünfzig Rebhühnern nur Hähne schießen. Er hatte fünfzig Hähne und eine Henne geschossen, die Henne war zusammen mit einem Hahn gefallen. Er hatte die Wette gewonnen.
Im nächsten Jahr durfte ich wiederkommen und konnte mich wesentlich verbessern. Jetzt fühlte ich mich nicht nur ebenbürtig, sondern war richtiggehend glücklich, weil jeder Schuß mir Freude machte und ich mich an den guten Jagden endlich freuen konnte.
Diesmal kam ich schon zur Hühnerjagd. Es gab so viele Rebhühner, daß man hier die Suche mit dem Hund gar nicht kannte. Streifen wurden gemacht, mit sechs bis sieben Schützen und vielleicht zwanzig Treibern. In ein paar Stunden hatte man dreihundert bis vierhundert Hühner geschossen und ging befriedigt nach Hause. So jagten wir drei Tage, dann hatten die Hühner bis zu den Fasanen- oder Hasenjagden Ruhe.
Auch zur Hasenjagd im Dezember war ich da. Vier Kesseltriebe wurden gemacht, von denen jeder eine Stunde dauerte. Die Kessel waren so groß, daß man trotz der Ebene die andere Seite nicht mehr sah. Auf Anraten Langs schoß ich mit Büchsenspanner. Das hatte sich für mich gelohnt, denn mein Anlauf konnte sich sehen lassen. Wenn einen solche Massen auf einmal anlaufen, ist man mit einem Büchsenspanner doch sehr im Vorteil. Ich sah allein bei meinen Nachbarn so viele Hasen ausbrechen, nur weil sie mit einer Flinte nicht fertig werden konnten. Nach vier Stunden fuhren wir heim, um wieder zu essen, und hatten sechshundert Hasen.
Nach dieser Hasenjagd legte ich den Grundstein zu den später guten Jagden in Puchhof. Ich blieb noch einen Tag, um Karlchen Lang meinen Plan vorzulegen und ihn zum Mitmachen zu überreden, da Revierförster Rebiger mir verraten hatte, daß bei drei angrenzenden Gemeindejagden die Pachtperiode ausläuft.
Die Jagd in Puchhof bestand bis dahin aus der Eigenjagd der Herrschaft Puchhof mit etwa siebenhundert Hektar und einer angepachteten Gemeindejagd mit rund achthundert Hektar, zusammen also tausendfünfhundert Hektar. Ich schlug vor, zwei angrenzende Jagden zu pachten und bekam bald Nachricht, daß dies geschehen sei. Rebiger setzte die Fasanerie instand, zwei Jäger sorgten für entsprechende Raubzeugbekämpfung und Raubwildbejagung.
Im Sommer fuhr ich einmal hin, schaute mir die beiden Jagden und die beiden Jäger an und war mit ihnen sehr zufrieden. Auch mit der Fasanerie. So lud ich

ab nächstem Jahr immer drei Freunde als meine Gäste ein, dabei stets meinen Bruder Friedrich. Vier Jahre machte ich das mit, dann stieg ich aus.
Leider sind alle meine Aufzeichnungen über die Strecken während der Besetzung meines Hauses verschwunden. Aber die Jagden waren schon fabelhaft und die Strecken enorm. Achthundert bis neunhundert Hähne am Tag in guten Jahren bei nur acht Schützen.
Die Fasanerie funktionierte unter Rebiger ausgezeichnet. Alle paar Tage gingen er und die Jäger mit einer Schar Buben die Felder ab, und jedes verlassene Gelege wurde eingesammelt und die Eier Hühnern und Puten untergelegt. Strich eine Henne vom Gelege ab, durfte nichts angerührt werden.
Mit den Füchsen brachten die Engländer die braven Jäger zur Verzweiflung, weil sie prinzipiell auf keinen Fuchs schossen, und da sie stets an der Front standen, entkamen diese immer. Nur wenn uns einer kam, lag er meist auf der Strecke.
Ganz selten gab es Schnee. Als endlich einmal eine Neue lag, stießen beide Jäger bei einem Reviergang auf die Spur eines starken Fuchses. Sie führte in einen kleinen Bauernwald mitten im Feld und endete bei einer großen Fichte, die der Sturm entwurzelt hatte und die nun in einer anderen riesigen Fichte hing. Auf dem schrägen Stamm ließ sich deutlich die Spur ausnehmen. Die Jäger umkreisten mehrmals die stehende Fichte, bis einer ganz oben in den vielen Ästen den Fuchs erblickte. Auf diese merkwürdige Weise kam dieser zur Strecke.
Im Winter gab es auf den Saaten massenhaft Gänse, aber es war äußerst schwierig, an sie auf Schußdistanz heranzukommen. Wir versuchten alles. Auch mit Pferden. Umsonst. So schoß man höchstens die eine oder andere mit der Kugel. Deckung gab es keine, und Löcher zu graben, wie am Neusiedler See oder in Ungarn, war sinnlos, weil es keinen Strich wie dort gab. Manchmal hatten wir Hunderte von Gänsen bei den Hasenjagden im Kessel. Sie hielten bis auf hundertfünfzig Meter aus, dann standen sie auf, schraubten sich so geschickt hoch und verließen den Trieb in solcher Höhe, daß man im besten Falle die Schrote an ihrem Gefieder kraftlos aufschlagen hören konnte.
Schweren Herzens schied ich von der hervorragenden Jagd und der Gegend, die im Herbst ihren ganz besonderen Reiz hat. Erst vor einigen Jahren, als mich Graf Arco nach Schloß Moos zu seinen guten Niederwildjagden einlud, sah ich sie wieder.
Da mich mit den beiden Brüdern Beck, Wolfi und Bützi, eine sehr enge Freundschaft verband, kam ich zu dieser Zeit auch viel nach Schloß Au in der

Hallertau und nach Schloß Hohenberg am Starnberger See. Dort verlebten wir viele schöne Stunden bei guten Treibjagden oder im Sommer auf den Rehbock.
Vater Beck, der in Au im Hauptteil des Schlosses wohnte, machte man seinen Anstandsbesuch. Ganz selten war man einmal bei ihm zum Essen oder nach dem Essen eingeladen, sonst sah man einander kaum. Auch nicht bei den Jagden. Die Brüder wohnten im Seitenflügel, übten überall die Jagd aus, außer im Tannet, das der Vater als sein Leibrevier behalten hatte. Dorthin wurde ich von ihm einmal auf einen Rehbock eingeladen.
In Au gab es einen Förster und zwei Jäger, die alle Spring hießen. Der Förster war der Casimir, die Jäger, seine Vettern, Adolf und Ludwig Spring. Casimir war der feinere, auch der Liebling und Lehrmeister der Söhne Beck.
An diesem Tag, an dem ich von Vater Beck eingeladen worden war, sollte der Versuch unternommen werden, in einem Nachbarort einer Brauerei von Mainburg eine Wirtschaft zu entreißen und der Beck'schen Brauerei in Au zuzuführen. Deshalb hatte man in diesem Gasthof ein Essen für zehn Personen bestellt. Alle Gäste in Au fuhren dorthin; wir nahmen auch Casimir Spring mit, weil den stets großer Durst plagte. Es wurde viel gegessen und noch mehr getrunken. Um halb sieben sollte ich in Au sein, wo Jäger Ludwig Spring auf mich wartete. Ich war auch pünktlich da und fuhr mit ihm hinaus. Man konnte mir nicht schwer anmerken, daß ich etwas geladen hatte. Am Hochsitz angekommen, stellte ich einen Klee fest, höchstens siebzig Meter im Quadrat, auf den anderen drei Seiten von Hopfengärten umgeben. In dem auf der gegenüberliegenden Seite arbeiteten noch Leute. Ludwig sagte mir, er wolle die Leute nach Hause schicken, der Bock käme frühestens um acht Uhr, aber ich solle vorsichtig sein.
Mein Gewehr hatte ich vorsichtshalber an den Hochsitz gehängt. Während Spring in dem Hopfen verschwand, zog ich – was ich sonst nie tue – meine Joppe aus, weil es so schwül war. Ich muß sofort eingeschlafen sein und wachte urplötzlich mit einem Ruck auf, denn ich wäre fast vom Hochsitz gefallen. Zuerst glaubte ich, wirklich zu träumen, blinzelte ein paarmal mit den Augen, aber als ich Ludwig mit den Leuten im Hopfengarten sprechen hörte, war es doch Wirklichkeit. Vor mir, auf keine dreißig Schritt, äste der Bock ganz friedlich im Klee, und es bedurfte auch in diesem Zustand keiner großen Kunst, ihm eine saubere Kugel anzutragen.
Auf den Schuß kam Ludwig „hochflüchtig" aus dem Hopfen, rannte zu mir her und fragte ganz entsetzt, ob etwas passiert wäre. Als ich meinte, mir wäre nichts passiert, nur dem Bock, der da vor ihm im Klee liege, hielt er mich

anscheinend wirklich für betrunken, denn er schaute mich ganz entgeistert an. Erst meine Aufforderung, den Bock doch zu holen, überzeugte ihn von der Tatsache, und er war sichtlich erleichtert. Trotzdem bin ich ganz vorsichtig die Leiter hinuntergekrochen.
Abends mußte ich bei Vater Beck dinieren und viel Wein trinken. Das war ein harter Tag für mich.
In Hohenberg bei Seeshaupt am Starnberger See fuhr ich mit den Brüdern Beck umher, die Rehe anzusehen. Wir fuhren an einem Wald entlang, auf der anderen Seite stand ein Hof auf einem Hügel, und auf dieser Seite sprang eine Wiese neben der Straße in den Wald ein. Auf der Wiese stand ein recht guter Bock. Die beiden Brüder sagten nur: „Schnell, schieß ihn!" Rasch aus dem Auto und an einem Obstbaum am Straßenrand angestrichen. Der Bock blieb im Feuer. Kaum war der Schuß draußen, sprang Bützi aus dem Auto, rannte zum Bock hin und schleifte ihn im Eiltempo zurück. Zufällig fiel mein Blick hinauf zum Hof, da stand der Bauer vor der Türe und schaute uns zu. Der Bock kam ins Auto, und ab ging's wie die Feuerwehr. Ich fragte die beiden, warum diese Eile, und bekam eine ausweichende Antwort.
Drei Wochen später erhielt ich vom Amtsgericht Starnberg einen Strafbefehl über fünf Mark, weil ich von dem Weg der Staatsforstverwaltung aus geschossen hätte. Ich hatte keine Ahnung, daß der Wald links und der Weg, auf dem wir fuhren, staatlich waren. Die beiden Brüder hatten mich Ahnungslosen als Missetäter angegeben, damit der Fall ihren Vater nicht erreichte.

Hahnen und Schnepfen

Nach Puchhof bemühte ich mich um eine andere Jagdmöglichkeit auf Fasanen, und zwar in der Nähe Münchens. Mein Bruder Carl hatte schon mehrere Jahre die Jagd Günzenhausen bei Neufahrn. Ich war einige Male dort auf Rehböcke, leider recht schlechte. Im Vergleich zu Puchhof gab es nur wenige Fasanen, aber recht viele Hasen. Neufahrn, in Händen einer großen, netten Jagdgesellschaft aus München, war ja für Hasen berühmt.

Eines Tages sagte mir mein alter Freund Max Kolb, in der Nähe von Günzenhausen würde eine sehr gute Jagd frei, Giggenhausen, allerdings kein Vergleich mit Günzenhausen. Dort gäbe es einmal Birkwild, dann sehr viele Hühner und Hasen, viel mehr Fasanen und auch Enten.

So fuhr ich mit Kolb und dem Maler von der Heide, einem ganz wilden Jäger, der diese Gegend und ihre Leute gut kannte, hinaus, um mir die Jagd anzusehen. Sie begeisterte mich sehr, besonders das Birkwild so nahe vor den Toren Münchens.

Das Revier war sehr interessant. Wald hatten wir sehr wenig. Zwischen Massenhausen und Giggenhausen liegt ein kleiner, bewaldeter Rücken. Dort waren eigentlich die Haupttriebe auf Fasanen, denn der Rücken gehörte ganz zu meiner Jagd. Während Massenhausen viel Wild hatte, war bei mir die Hälfte der Jagd Moos, also Moorboden, mit nur einzelnen wenigen umgebrochenen Flächen, die als Äcker bestellt wurden. Südlich lagen Wiesen bis zu einer Bahnlinie, welche die Reviergrenze bildete. Durch das Moos rann ein schöner Bach, an dem zwei große Forellenzuchten lagen, die einzigen Ansiedlungen im ganzen Moos. Zwischen dem Moos und Giggenhausen gab es nur zwei kleinere Höfe, an der östlichen Reviergrenze einige Birkenwäldchen. Dort hausten die Kleinen Hahnen. Nur in der Umgebung von Dachau gab es noch Birkwild.

Heute führt die Autobahn München–Nürnberg mitten durch das Revier, das Moos und die Birkenwäldchen sind zum größten Teil verschwunden, und alles ist landwirtschaftlich besiedelt.

Jäger Rupert Schweiger machte sich recht gut, war sehr fleißig, bestätigte die Birkhahnen und Rehböcke richtig, baute tadellose Schirme und Hochsitze, fütterte das Wild, hegte die Fasanen und Hühner, kurzum, er zeigte sich in allem sehr willig, und eine Grundehrlichkeit kennzeichnete ihn.

Die Kleinen Hahnen waren dort nicht besonders gut, aber das ganze Drum und

Dran fand ich so schön und amüsant, daß ich heute noch mit Wehmut oft daran zurückdenke. Schon wenn man bei Dunkelheit den Schirm bezog, dann die Brachvögel und Kiebitze mit ihrem Konzert begannen und man gespannt ins Dunkle starrte, ob man nicht bald das Weiß eines Birkhahnstoßes sieht oder des Hahnes Blasen hört, entflammte die ganze Jagdleidenschaft.
Dann fiel plötzlich der erste laut schwingenschlagend ein, blies ein paarmal sein Tschu-hui, benahm sich aber sonst höchst vorsichtig. Gleich darauf fiel der zweite, dritte und vierte ein, und erst dann begann die Sache Leben zu bekommen. Oft hatte man bis zu sieben Hahnen vor sich. Dazwischen hoppelten die Hasen umher, Rebhühner riefen in der Nähe, Enten strichen klingelnd über einen hinweg; allerhand Leben erfüllte das Moos. Solange die Balz dauerte, war ich jeden Morgen draußen; ich liebte diese Stimmung.
Zu komisch sah es aus, wenn zwei oder drei Hahnen dicht nebeneinander ihren Balzgesang, das Rodeln, flach am Boden vollführten. Nur hie und da hoben sie den Kopf zu einem Tschu-hui, dann rodelten sie wieder weiter, um sich plötzlich mit einem Luftsprung und dem dazugehörigen Tsch-hu-hu-hu-hui wie Helden aufzuführen, ohne daß einer sich auch nur getraute, dem anderen etwas zu tun. Anders, wenn der Platzhahn erschien, dem sie sofort auswichen, oder wenn ein richtiger Raufer daherkam, der von Balzplatz zu Balzplatz strich und dazwischenfuhr, daß die Federn flogen. Diese Raufer versuchte man zu bekommen. Pro Jahr schossen wir sechs Hähne.
Zur Sonnenbalz strichen die Hahnen in die Birkenwäldchen. Dort standen sie in der Sonne in ihrer ganzen Pracht und drehten sich auf den Birkengipfeln unter andauerndem Konzert.
Zu den Hühner-, Fasanen- und Hasenjagden lud ich nie viele Schützen, allerhöchstens zehn. Das war viel netter, und alle kamen gut zu Schuß.
Sechs Jahre hatte ich die Jagd, dann gab ich sie auf, weil in den letzten Jahren einige Höfe ins Moos gebaut und die Birkenwäldchen geschlägert worden waren. Das Birkwild ging dadurch so rapid zurück, daß ich die Freude an dieser Jagd verlor.
Auf Kleine Hahnen fuhren wir deshalb nach Roding bei Cham, auf die Großen nach Ruhmannsfelden im Bayerischen Wald.
In Roding ging es immer sehr lustig zu. Wir wohnten zu viert oder fünft in einem reizenden Wirtshaus mit großem Holzbalkon und blieben meist eine Woche. Dort schoß ich meinen besten Kleinen Hahn, pechschwarz und mit je vier breiten Sicheln, wie ich ihn selbst im Hochgebirge niemals sah.
Ich saß in meinem Schirm und beobachtete gerade zwei gute Hahnen. Plötzlich

rauscht es, und vor mir steht der Hahn, fängt sofort zu balzen an und läuft von mir weg. Das Glas zeigt mir seine Stärke. Als sich der Hahn endlich breit drehte, hatte er den Schrotschußbereich längst verlassen. Ich schoß daher mit der Kugel. Der Hahn überschlug sich mehrere Male, kam auf die Schwingen und strich in den Wald, wo er in einem großen Schlag verschwand. Eineinhalb Stunden suchte ich dort, dann gab ich es auf, denn der Schlag bestand aus kniehohem Heidekraut und Heidelbeeren, durchwachsen mit Birken und Fichten.

Zum Frühstück zurückgekehrt, berichtete ich mein Mißgeschick. Wolfi Beck versuchte mich zu trösten und riet mir, erst einmal zu schlafen. Gegen halb zwölf weckte er mich, hielt einen ganz kapitalen Hahn in der Hand und fragte, ob das mein Hahn wäre.

Was hatte sich ereignet? Ein Beerenweib, wie man dort so schön sagt, hatte beim Holzsammeln in meinem Schlag diesen Hahn durch Zufall gefunden, und da sich durch unsere muntere Weise herumgesprochen hatte, wer hier zur Hahnenjagd weilte, brachte sie ihn sofort in unser Wirtshaus. Das Geschoß hatte den Hahn glatt durchschlagen.

Einmal schoß ich einen Spielhahn mit der Kugel, als er sichernd breit zu mir auf einer abfallenden Wiese stand. Auf den Schuß kam er wie eine hüpfende Kugel den Hang heruntergerollt. Dabei flogen ununterbrochen Federn aller Größen und Farbe von ihm weg. Ich rannte hinzu, und als ich ihn erreicht hatte, blieb er gerade liegen, um nach einigen schwachen Schwingenschlägen zu verenden. Sein Spiel, das vom Geschoß nicht berührt worden war, da dieses den Hahn breitseits durchschlagen hatte, sah trostlos aus. Eine einzige Krumme hatte er noch, und auch sämtliche längeren Federn des Unterstoßes waren verschwunden. Auf dem federgestreuten Weg aufwärts sammelte ich das notwendige Zubehör zusammen.

Auf Große Hahnen war ich schon über Jahre mit Wolfi von Beck nach Ruhmannsfelden gefahren. Dort wohnten wir zuerst zwei Jahre in einem Bauernhaus und in den folgenden Jahren in einer sehr guten Wirtschaft und schossen jeder einen bis zwei Große Hähne, Beck auch einmal einen Rackelhahn.

In Ruhmannsfelden habe ich einmal einen Hahn verschossen. Wir waren unter diesem Hahn, der in einer großen Fichte, deren Gipfel abgebrochen war, oben in der Bruchstelle stand, oftmals um den Baum herumgesprungen, bis der Förster seinen Kopf entdeckte, der jedesmal beim Hauptschlag einen Augenblick lang erschien. Wir arbeiteten uns etwas zurück, bis wir langsam immer mehr sahen. Als ich endlich vom Schild etwas ausmachen konnte, drückte ich ab.

Der Hahn fiel herunter, blieb aber mit weit ausgebreiteten Schwingen mit dem Rücken auf dem untersten Ast liegen, so hoch nur, daß man ihn mit dem Bergstock herunterholen hätte können. Der Förster rief schon vor Freude „Waidmannsheil!", da rutschte der Hahn langsam vom Ast ab, kam ungefähr einen halben Meter über dem Boden vor unseren Füßen auf die Schwingen, strich in einer Lücke weit hinaus und fiel nach einigen hundert Metern tief unter uns wie ein Stein in eine große Kultur. Wir haben ihn den ganzen Tag mit Hunden gesucht und nicht gefunden.
Später einmal, in der Nähe von Marquartstein beim Chiemsee, hatte ich mehr Glück. Ein Großer Hahn balzte sehr gut in einer Gruppe hoher Fichten am Rande eines Schlages. Ich konnte ihn nicht ausmachen und entschloß mich in meiner verzweifelten Lage endlich, hangaufwärts vom Hahn weg auf den freien Schlag hinauszuspringen. Ohne mich umzudrehen, sprang ich immer höher bis zu einem Baumstumpf und ließ mich vor diesem fallen. An den Stumpf gelehnt, suchte ich mit dem Glas die Fichten ab. Da sah ich den Hahn. Er stand zwischen zwei Fichten wie eine Flasche und rührte selbst beim Hauptschlag keine Feder, nickte bloß etwas mit dem Kopf. Mit der Kugel schoß ich hinüber. Den Hahn hob es hoch, er machte kehrt und segelte mit ausgebreiteten Schwingen durch die Fichten talwärts. Fort war er. Ich horchte und meinte, weit unten einen Aufschlag gehört zu haben.
Dem Jäger zeigte ich die Richtung und dieser sagte, wenn wir Glück hätten, wäre er über eine kleine eingeschlossene Wiese gestrichen, auf deren unterer Seite noch ein breites Band Schnee liegt. Vielleicht fänden wir Schweiß. Wir kamen an die Wiese, suchten vorsichtig den Schnee ab, und tatsächlich, fast am Ende fanden wir ein paar Tropfen. Achtzig Meter weiter unten lag der Hahn im Altholz, ungefähr vierhundert Meter vom Anschuß weg.
Eines Abends stand ich in meinem Revier Heften zum Schnepfenstrich. Vor mir riesige Fichtenkulturen, hinter mir Laubholz, hauptsächlich aus uralten Eichen und Rauhbuchen bestehend, dazwischen Linde, Esche und einige riesige Fichten. Ein herrlicher Abend! Voll Hoffnung wartete ich auf die Schnepfen, denn dort war einer meiner besten Plätze.
Zu meinem Erstaunen sah ich über die Kulturen weg einen kapitalen Auerhahn streichen, ein Wild, das bei uns nicht heimisch war. Ich kann mich nur erinnern, daß auf einer bäuerlichen Fünfzig-Morgen-Jagd – heute unvorstellbar, daß man auf fünfzig Morgen, also etwa siebzehn Hektar, das Jagdausübungsrecht besitzen kann – in meiner Jugendzeit einmal eine Auerhenne erlegt worden ist. Der Hahn schwang sich auf einer hohen Fichte ein, die weit über den

Bestand hinausragte. Dort stand er auf dem Gipfel, an die zweihundertfünfzig Meter von mir entfernt, und sicherte nach allen Seiten. Zehn Minuten später strich er ins Altholz hinein, und gleich darauf hörte ich ihn mit lautem Gepolter sich einschwingen. Später stellte er sich auf einen anderen Baum um. Augenblicklich beschloß ich, am nächsten Morgen festzustellen, ob dieser Hahn sich nur verirrt hatte oder tatsächlich hier zu balzen gedenkt. Deshalb schoß ich nicht auf Schnepfen, die an diesem Abend hervorragend strichen.

Noch bei stockdunkler Nacht schlich ich in die Nähe des Schlafbaumes. Ein klarer, windstiller Morgen, im Osten begann es zu dämmern. Da hörte ich den Hahn deutlich knappen. Er war erwacht, aber es dauerte noch eine Weile, bis er zu balzen anfing. Ganz langsam begann er und setzte immer wieder aus. Endlich glaubte ich, er würde sich einspielen, er ließ es bis zum Triller kommen, aber der Hauptschlag blieb aus. Typisch für einen mißtrauischen alten Hahn. Die Schnepfen strichen quorrend über mich hinweg, der Hahn jedoch blieb bei seiner Methode. Endlich kam der Hauptschlag und nun spielte er sich tadellos ein. Nach einigen Hauptschlägen sprang ich los, beim siebenten oder achten Mal streifte ich mit der Schulter eine unterständige schwache Fichte und stand wie ein Stein. Da rieselten die dürren Nadeln herunter, und der Hahn verschwieg augenblicklich. Zum Glück stand ich zufällig so in Deckung, daß er mich nicht eräugen konnte, denn ich war höchstens vierzig Schritt von ihm weg. Geschlagene zehn Minuten ließ er mich stehen, dann begann er genauso zaghaft wie am Anfang, und es dauerte lange, bis er wieder voll balzte. Nun sprang ich ihn bis auf zwanzig Schritt an und blieb hinter einer Fichte gedeckt stehen. Ein ausnehmend starker Hahn stand da ziemlich tief auf einem Buchenast, hatte den Stoß weit gefächert, die Schwingen halb herabhängen und balzte mit hochgerecktem Kragen und weit abstehendem Bart, wobei er beim Triller vor dem Hauptschlag einige Schritte vorwärts trippelte, nach dem Schleifen sich wie ein Pfau drehte und wieder zurückmarschierte. Dann senkte er den Stoß halb nach unten, wobei dieser nur noch zur Hälfte geöffnet war, blieb auf einer Stelle stehen und balzte senkrecht nach oben. So änderte er dauernd seine Stellungen. Dabei konnte ich beim Schleifen die merkwürdigen Würgebewegungen mit dem Kopf zum ersten Mal deutlich beobachten. Nachdem es hell geworden war, bot er ein prachtvolles Bild, die leuchtend roten Balzrosen, der kräftige Brocker, der starke Stingel mit den seitwärts stehenden Federn, der in allen Farben prachtvoll schillernde Schild und der schneeweiß leuchtende Fleck am Schwingenansatz, der Haltepunkt für den Schuß auf den Großen Hahn, ob mit Kugel oder Schrot.

Nachdem ich ihn genügend lang betrachtet hatte, sprang ich weg. Hennen befanden sich nicht in der Nähe. Eine Woche lang beobachtete ich den Hahn, er balzte jeden Morgen voll, ging auch zur Bodenbalz, aber anderes Auerwild ließ sich weder sehen noch hören. Im Herbst kam er bei der Treibjagd vor, und ich hoffte nur, er würde nicht ein Opfer des ziemlich fuchsreichen Reviers.

Im nächsten Frühjahr sah ich mich sofort nach dem Hahn um, aber ich sah und hörte nichts von ihm, bis er sich eines Abends etwas tiefer im Altholz an einem kleinen Windbruchloch einstellte. Morgens balzte er gut, und nun entdeckte ich auch zwei Hennen. Meine Freude kannte keine Grenzen: Auerwild als Standwild im eigenen Revier!

Das nächste Auerwildvorkommen lag im Odenwald, achtzig Kilometer weg von uns. Im Herbst kamen drei Hahnen und drei Hennen bei der Treibjagd vor. Nun ließ ich die Füchse intensiv bejagen. So freute ich mich schon auf das nächste Frühjahr, und siehe da, drei Hahnen balzten um das kleine Sturmloch, und eines Morgens sah ich fünf Hennen. Der alte Hahn fiel schon durch seine Stärke auf.

Eines Abends wollte ich wissen, woher die Hahnen zum Balzplatz streichen. Ich setzte mich am Rande eines Weges, der aus den Fichtenkulturen in das Altholz führte, vollkommen gedeckt so hin, daß ich das Altholz vor mir hatte. Zwischen der Kultur und dem Altholz lag ein dreißig Meter breiter Schlag, in dem die Fichten vielleicht fünfzig Zentimeter hoch waren. Hund und Flinte hatte ich fünfzig Meter hinter mir am Weg abgelegt.

Noch war es taghell, da erschien der starke Hahn vierzig Schritt rechts von mir aus der Kultur. Stolz schritt er in seinem prachtvoll variierenden Federkleid durch die niederen Fichten und nadelte einmal rechts, einmal links, wobei er ganze Triebe abhieb. Da geschah etwas, das man wohl nur einmal im Leben zu sehen bekommt.

Plötzlich sprang er etwa zwei Meter in die Luft und schlug mit seiner linken Schwinge nach einem Habicht, der wie ein Pfeil von oben kam, im Sturz aber geschickt dem Hieb des Hahnes auswich und auf einer Rauhbuche direkt vor mir aufhakte. Der Hahn blieb stolz auf der Stelle stehen und ließ den Habicht nicht aus den Augen. Das Habichtsweibchen war offensichtlich verärgert, daß aus dem gewaltigen Braten nichts wurde. Und ich saß da ohne Gewehr, sonst hätte ich bestimmt den Habicht geschossen. Da ich einen zweiten Angriff nicht zulassen wollte, machte ich eine Bewegung, die nur der Habicht eräugen konnte. Der Erfolg war derart, daß ich laut gelacht hätte, wäre der Hahn nicht so nahe gewesen. Vor Schreck fand der Habicht zuerst nicht das Loch aus dem

Baum und pfluderte in den Ästen umeinander. Dann ließ er sich bis knapp über den Boden fallen und schoß im Zickzack davon. Sicher war ihm für die Zukunft der Appetit auf Auerwild vergangen. Allerdings glaube ich nicht, daß es einem Habicht gelingt, einen Großen Hahn zu schlagen. Außerdem, was könnte er mit einem solchen Riesentier anfangen? Immer wird behauptet, Greifvögel würden stets bloß das schlagen, was sie zum Kröpfen nötig hätten, vor allem nur solche Tiere, die sie tragen könnten. Hier erlebte ich, daß sie manchmal aus der Rolle fallen. Ich nehme an, daß erst bei der Beizjagd der Wanderfalke vom Menschen angeleitet wurde, den Fischreiher zu bannen.
Als ich im nächsten Frühjahr fünf balzende Hahnen bestätigen konnte, entschloß ich mich, den ersten heimatlichen Großen Hahn zu schießen, und zwar wollte ich diesen alten, starken. Nachdem ich den dritten angesprungen hatte, der frei auf einem Buchenast stand, war ich mir sicher, daß dieser es sein müsse. Der Schuß ist ja nur der erlösende Schlußpunkt in der Nervenanspannung des jagenden Menschen, und wenn man dann mit gewisser Befriedigung den Hahn in der Hand hält und sich jedesmal wieder daran freut, ist man stets aufs neue ergriffen von der Pracht dieses urigen und majestätischen Vogels. Nach längerer Beobachtung schoß ich ihn.
Dieser Hahn war der stärkste, den ich je gesehen habe. Er wog über sieben Kilo und hatte zwanzig Schaufeln im Stoß. Seitdem hängt er, herrlich präpariert, in meinem Schreibzimmer und wird sorgfältig mit einem Besen aus Gazellenhaar vom Staub freigehalten.
Seit fünfundzwanzig Jahren hatte ich weder einen Großen noch einen Kleinen Hahn gesehen, als mich im Jahre 1956 Prinz Lobkowitz in die Steiermark auf Hahnen einlud.
Das wurde allerdings eine unglückliche Balz, denn noch lagen bis zu zwei Meter Schnee, und es war völlig unmöglich, an einen Hahn heranzukommen. Schon der Anstieg vom Tal zur Axleshütte artete zu einer Strapaz ersten Grades aus. Nach zweieinhalb Stunden erreichten wir schweißgebadet die Hütte. Doch was bedeutete das gegen den Aufstieg zum Balzplatz am nächsten Morgen! Zwei Schritte vor, einen zurück, jeden dritten Schritt bis zum Bauch im Schnee eingebrochen, ohne daß mir jemand heraushalf. Die Jäger machten es sich leicht, sie stiegen mit Schneereifen voraus. Als wir oben ankamen, hörte ich schon einen Hahn balzen, dann wieder Stille, und dann hörte ich ihn ganz woanders. Wieso dieses? Die Hahnen waren schon zu Boden gegangen, obwohl noch Dunkelheit herrschte, und liefen in dem kupierten Gelände umher. Als es heller wurde, sah man überall im Schnee die frischen Fährten, aber ich konnte den

Hahnen bei dem knirschenden und nicht tragenden Schnee doch nicht nachlaufen! Drei Tage quälte ich mich vergebens ab, ohne auch nur einmal eine Feder von einem Hahn gesehen zu haben, dann gab ich dieses nutzlose Unternehmen auf.

Zwei Jahre später nahm mich Fürst Ysenburg in die Ingering mit, seiner schönen Jagd in der Steiermark. Zwei Jahre hintereinander kam ich dorthin und schoß zwei Große und einen Kleinen Hahn.

Im ersten Jahr hatte ich einen sehr guten alten Hahn geschossen, der uns keine Schwierigkeiten bereitete. Doch im zweiten ging es nicht so leicht. Morgens war es etwas windig, und wir konnten lange nichts hören. Zwei Hahnen hatte der Jäger abends dort verhört und bestätigt. Einer sollte rechts an einem großen Schlag, der andere links an einem Almboden mit einer Reihe großer, alter Fichten und Lärchen stehen. Lange konnten wir uns nicht entscheiden, was wir tun sollen. Die größeren Chancen, ungesehen vorwärts zu kommen, um den Hahn hören zu können, bestanden links. Also pirschten wir ganz, ganz langsam unter den alten Fichten von Baum zu Baum. Endlich hörten wir den Hahn, und als wir ihn ansprangen, stellte er sich um, ausgerechnet auf eine ganz allein stehende Fichte mitten auf dem Almboden, und zwar so, daß ich ihn für einen Kugelschuß nicht freibekommen konnte. Ich mußte also über den freien Almboden zu ihm hin. Dazu war es außerdem schon taghell und ich ohne Deckung. Zweimal mußte ich lange stehenbleiben und unbeweglich wie ein alter Baumstrunk ausharren. Da ich ihm weder Gesicht noch Hände zeigte, an deren leuchtender Farbe er sofort den Menschen erkannt hätte, schwand nach einer gewissen Zeit jedesmal wieder sein berechtigtes Mißtrauen und er spielte sich erneut ein – bis es für ihn zu spät war. Ein recht alter Hahn mit viel Weiß im Stoß lag vor mir.

Da ich im Vorjahr hier auf 1400 Meter Höhe einen See entdeckt hatte, fand sich diesmal im Gepäck mein Angelgerät. Erst versuchte ich es in Ufernähe und konnte auch einige Saiblinge landen. Doch das hatte die anderen vergrämt, denn das Wasser war glasklar und der See höchstens einen Meter tief. Die Saiblinge sprangen trotz Kälte und Schnee wie im Hochsommer. Deshalb nahm ich jetzt meine Wurfangel und einen braunen Devonspinner, womit ich viele Meter weit werfen kann, und landete einen nach dem anderen, bis es für ein festliches Mahl reichte.

Am nächsten Morgen ging ich auf den Kleinen Hahn. Da waren zwei hübsche Mädchen, die Tochter meines Freundes, die ich seit ihrer Geburt mit Freude heranwachsen sah, und eine seiner Nichten, die noch nie einen Kleinen Hahn gesehen hatte und nun mitgehen wollte. Nach mühsamem Aufstieg bei stockdunkler Nacht vergrub ich mich mit meiner Begleiterin und dem Jäger unter einer tiefbeasteten Schirmfichte hinter einem alten, verfallenen Weidezaun. Noch bei Dunkelheit hörte der Jäger den Hahn am gegenüberliegenden Hang. Er meinte, jetzt käme er bald, doch ich vernahm nichts. Dann lange Zeit Ruhe. Als es heller wurde, glaubte ich, den Hahn überriegelt auf unserer Seite zu hören. Auch der Jäger meinte, er wäre „im Anmarsch“. Als ich ihn endlich einigermaßen hören konnte, blies ich ihn an. Im nächsten Augenblick kam er wie der Teufel angeritten und fiel dreißig Meter vor uns ein. Erst sicherte er, dann ließ ich ihn einige herausfordernde Luftsprünge machen, damit meine junge Begleiterin etwas davon sieht, und schoß ihn. Leider mußte es so rasch gehen, denn Berghahnen lassen nicht lange mit sich spaßen.

Dieser Hahn hat übrigens noch eine Nachgeschichte. Fürst Ysenburg riet mir, den Großen und den Kleinen Hahn zu einem Präparator in der Gegend zu geben. Was heißt Gegend! Mit seinem Fahrer suchten wir uns durch alle möglichen, fast unzugänglichen Seitentäler über achtzig Kilometer dorthin durch. Ich sagte dem Meister des Präparierens gleich, ich käme erst nach einem Jahr wieder, um mir sein Kunstwerk zu holen. Den Großen Hahn hatte ich Kopf und Stoß, den Kleinen ganz, an einem Ständer hängend, in Auftrag gegeben.

Genau nach einem Jahr erschien ich wieder bei ihm. Den Großen Hahn brachte er stolz auf einem unglaublich plumpen Schild, den Kleinen gestand er mir, an einen Förster verkauft zu haben. Ich ließ mir von ihm eine Bestätigung geben, daß besagter Hahn mein Eigentum ist. Dann starteten wir zu einer dramatischen Fahrt über etwa hundert Kilometer in engsten und unbekannten Tälern des steirischen Gebirges zu dem einsam gelegenen Forsthaus. Die arme Förstersfrau erschrak beim Anblick eines Mercedes und zweier unbekannter Männer fürs erste einmal sehr, zumal ihr Mann nicht zu Hause war, doch aufgrund der Bestätigung kam ich dann doch noch zu meinem Hahn.

Eines Tages erhielt ich die Einladung nach Donaueschingen auf Große Hahnen, die mich besonders freute, und ich habe eine ganze Reihe von Jahren dort meinen Großen Hahn geschossen. Es klappte zwar nicht immer gleich, aber das macht ja mit den Reiz der Jagd aus.

Nachdem ich schon ein paar Jahre dort gewesen war, wurde ich auf einen besonders guten Balzplatz geschickt, ohne dessen Eigenart zu kennen. Abends hatte ich mit dem Verhörer den Hahn bestätigt. Als er morgens zu balzen anfing, sprang ich ihn an. Dabei kam ich in einen miserablen, etwa zwei Hektar großen Kiefernbestand, in dem die Bäume höchstens acht Meter hoch waren und nur ganz schütter standen. Ich sprang tapfer auf den anhaltend balzenden Hahn zu und versuchte, ihn in den oberen Teilen dieser Bäume zu sehen, bis ich versteinert verhielt, denn er stand mir plötzlich auf fünfzehn Meter in Kopfhöhe gegenüber. Aber er hatte mein leuchtendes Gesicht, das nach seiner Erinnerung gar nicht in diese Gegend paßte, sofort eräugt und ritt eiligst ab. Als ich zu Hause diese Geschichte erzählte, folgte allgemeines Gelächter. Dadurch konnte ich feststellen, daß schon mancher Gast mit diesem Balzplatz reingelegt worden war.

Ich wollte mich jedoch rächen, verhörte den Hahn abends wieder und stellte zu meiner Befriedigung fest, daß er diesmal außerhalb des niederen Bestandes stand. Am Morgen sprang ich ihn von der anderen Seite her an, wo ich ihn ganz manierlich auf einer hohen Kiefer in einem Altholz balzend vorfand und die Niederlage vom Tage zuvor ausgleichen konnte.

In ein weit entlegenes Revier des tiefsten Schwarzwaldes auf einen Großen Hahn eingeladen, trug sich folgendes zu: Den ersten Hahn haben wir beim Aufstieg vertreten. Er stand direkt am Weg, wie ich vermutet hatte, und da ich die Gegend nicht kannte und mein Begleiter behauptete, der Hahn stünde viel weiter oben, ließ es sich nicht verhindern, daß er plötzlich über uns polternd abritt. Durch diesen Fehler gewitzigt, pirschten wir vorsichtig höher, immer wieder verhaltend, bis ich endlich den zweiten Hahn hörte. Ich sprang ihn an. Als ich unter dem vermeintlichen Balzbaum stand, konnte ich vom Hahn nichts sehen, und es klang so, als ob er noch etwas unterhalb stünde. So sprang ich unter dem Baum durch ein Stück abwärts, doch jetzt balzte er hinter mir. Ich sprang abermals unter dem Baum durch nach aufwärts – da balzte er wieder hinter mir. Der Hahn muß sich ständig gedreht haben, dadurch die Täuschung. Nun fuhr auch noch eine Drossel zeternd aus einem Busch, und damit war erst einmal Ruhe. Doch nach einigen Minuten hatte sich der Hahn beruhigt und spielte sich wieder ein. Jetzt ging ich Schritt für Schritt nach rückwärts bergauf. Endlich sah ich in der dichten Weißtanne einen Ast wippen und entdeckte kurz danach mit Hilfe des Glases einen Teil des gefächerten Stoßes. Dann war er wieder weg, dann sah ich ihn wieder. Es war schon verdächtig hell. Aber er wird sich bestimmt wieder einmal drehen. Tatsächlich sah ich nach einiger Zeit beim Hauptschlag plötzlich den Kopf mit den roten Balzrosen und einen Teil vom Schild. Da ich mir geschworen habe, nie wieder einen Hahn von vorn auf

Jetzt „hat er uns"! Oder nicht? Wie dem auch sei: Sekunden werden da zur Ewigkeit (Foto: Reichl)

den Schild zu schießen, schoß ich beim nächsten Hauptschlag auf den erscheinenden Kopf. Der Hahn fiel wie ein Stein vom Baum in die Heidelbeeren, schlug aber im Todeskampf so stark mit den Schwingen und schnellte immer wieder in die Luft, daß ich in Erinnerung an den Spielhahn in Roding zu ihm eilte, die Schwingen und den Körper auf dem Boden festhielt, bis die so vehementen Lebenskräfte endgültig versiegt waren.
Einmal wurde ich in ein Revier nicht weit von Donaueschingen auf einen Großen Hahn eingeladen. Der zuständige Revierförster und Jäger Lepting begleiteten mich. Letzterer konnte die Auerhennen hervorragend nachahmen und rettete mir an diesem Morgen den Hahn, der in einem Altholz an einem Hang balzte. Als ich an seinem Balzbaum, einer riesigen Weißtanne, ankam, war vom Hahn nichts zu sehen. Ich sprang eine ganze Weile kreuz und quer unter dem Baum herum, suchte von unten mit dem Glas in den vielen Ästen der gewaltigen Krone. Nichts! Deshalb winkte ich meine Begleiter heran, die von weitem mein verzweifeltes Unternehmen beobachtet hatten. Nun sprangen wir zu dritt herum, keiner konnte etwas entdecken. Da der Hahn Anstalten machte, mit seinem Balzen auszusetzen, ahmte Lepting das Locken der Henne so täuschend ähnlich nach, daß der Hahn immer wieder von neuem in Schwung kam. Endlich wurde es mir zu dumm. Ich gab den beiden Zeichen, stehenzubleiben, sprang vom Baum weg bergauf, bis ich fast die Höhe der Krone erreicht hatte und suchte sie nun von hier aus ab, was eine viel bessere Einsicht ergab. Da stand doch der Hahn fast am Stamm und balzte wie eine Flasche senkrecht nach oben, ohne sich zu bewegen. Nach meinem Schuß fiel er Lepting fast auf den Kopf!
Zwei Jahre später war ich im selben Revier. Nur der Revierförster begleitete mich. Als wir einen Hahn hangabwärts auf einem schrägen Abfuhrweg ansprangen, kam uns ein zweiter auf dem Weg als Infantrist entgegen. Wir mußten stehenbleiben, bis er sich bequemte, in das Altholz hineinzuspazieren, wo er sich dann auf einem Baum einschwang. Nun sprangen wir weiter und erreichten einen eingezäunten kleinen Schlag, in dessen Mitte eine einzige Buche stand, und darauf weithin sichtbar der Hahn. Als wir die näheste Distanz erreicht hatten, sagte ich, es wäre noch zu weit mit Schrot, doch der Förster meinte, daß es leicht lange. Da der Hahn ganz breit stand, schoß ich beim nächsten Hauptschlag. Der Hahn plumpste regelrecht vom Baum, aber ich

Als wir an die Kante heranpirschen, um das Tal voll einzusehen, wird irgendwo vor uns ein Gamsbock hoch und macht sich's gar nicht eilig (Foto: Eisl)

hörte nicht das beim Verenden so typische Schwingenschlagen, und das machte mich sehr mißtrauisch. Da es keinen Überstieg gab, bohrten wir ein Loch in den Zaun, und der Förster schlüpfte durch. Als er zur Buche kam, war kein Hahn da. Also war er geflügelt und fortgelaufen. Aus der Einzäunung konnte er aber nicht heraus. So suchten wir den Zaun entlang, der Förster drinnen, ich außerhalb. Als wir schon fast herum waren, kamen wir an das letzte, mit Brombeeren verwachsene Eck. Als der Förster vorsichtig auf die Brombeerranken trat, schoß der Hahn daraus hervor, und ich muß dem Forstmann bestätigen, daß er einen hervorragenden Torwart für die Bundesliga abgegeben hätte, denn er warf sich im Hechtsprung nach dem Hahn und hatte ihn weiß Gott in den Armen. Es war tatsächlich nur die rechte Schwinge ab. Wie gut, daß es diesen Zaun gab!

In den Bergen der Steiermark lagen noch bis zu zwei Meter Schnee auf den Balzplätzen. Die anormale frühe Hitzewelle im April hatte die Hahnen schon sehr bald in die Balz treten lassen, und als ich am 29. April dort eintraf, wollte ich der Anstrengung wegen eigentlich sofort wieder umdrehen. Nur das Zureden des Oberjägers brachte mich dazu, das Wagnis auf mich zu nehmen. Ich habe es später nicht bereut.

Im Tal herrschte Frühling, die Wiesen standen in voller Blüte, die Lärchen an den Hängen grünten, und die Knospen der Buchen waren am Aufbrechen, was den Wäldern eine eigenartige Färbung gab. Auf der Sonnseite lag bis 1500 Meter hinauf kein Schnee mehr. Darüber aber herrschte noch tiefster Winter, ein Meter Schnee weit und breit, dazu weich, daß man nur mit Gamaschen gehen konnte, weil man bei jedem Schritt einbrach und die Stiefel dauernd mit Schnee gefüllt hätte. Nachts verharschte der Schnee wieder, aber an all jenen Stellen, wo der Frost nicht genügend hingelangte, brach man dauernd durch.

Am Morgen um zwei Uhr ging es los auf den Großen Hahn. Der Aufstieg wäre ganz bequem gewesen, aber dieser verdammte Schnee machte ihn zur Strapaze. Nach eineinhalb Stunden hatten wir endlich die Balzplätze erreicht – sonst geht man's bequem in der halben Zeit. Ein herrlicher Morgen, sternenklarer Himmel, windstill und auch nicht zu kalt. Und schon hörten wir zwei Hahnen balzen, obwohl es noch stockdunkel war.

Sobald wir ein bißchen etwas sahen, gingen wir den einen Hahn an. Höchstens noch fünfzig Schritt von ihm entfernt, reitet ein anderer Hahn, der frei auf einer Lärche stumm gestanden war, polternd ab. Unserer verstummte augenblicklich. Sofort machte mein Pirschführer kehrt, ohne abzuwarten, ob sich der Hahn nicht wieder einspielt, und wir gingen dorthin, wo er einige Tage zuvor einen Hahn bestätigt hatte. Dieser balzte, wenn auch nicht mehr gut, da er dauernd Pausen einlegte. Das Gelände war hier recht schwierig, wir mußten ihn von oben herunter anspringen, unter Fichten durchschlüpfen und über kleine Wände hinunterklettern oder -springen, weil sie sich nicht umgehen ließen.

Schon auf Schußnähe, arbeiteten wir uns vorsichtig an die letzte Deckung heran. Durch die Äste spähend, sahen wir den Hahn unter uns frei auf einem Lärchenast über dem Abgrund mit weit gefächertem Stoß schräg von uns wegbalzend. Ich hielt auf den Kopf und zog beim Hauptschlag ab. Statt zu stürzen ließ er sich, Kopf voraus, mit zusammengelegten Schwingen schräg nach unten fallen und schoß so ohne Schwingenschlag wie eine Rakete unter uns um einen Felsen. Kein Aufschlag, kein Anstreichen an einen Ast, kein Einfallen auf einem anderen Baum. Nur Totenstille. Entweder ist der Hahn hinter den Felsen gefallen, oder er muß weit unter uns in die große Dickung abgestürzt sein. Oder aber er ist weithin abgestrichen.

Zur Nachsuche fehlte noch das Licht, also pirschten wir wieder höher, und nun erlebte ich eine Hahnenbalz, wie ich sie seit vierzig Jahren nicht mehr sah. Rechts von uns balzten zwei Hahnen, links unter uns einer und vor uns drei, davon einer auf einem Baum, zwei auf dem Boden. Der eine davon schien direkt auf uns zuzukommen und mußte gleich vor uns erscheinen. Da tauchten auch schon, fünf Meter von uns, Kopf und Stingel auf. Eine Zeitlang sicherte der Hahn diese unbekannten Figuren an, verschwand und hielt es für ratsamer, nach zwei Minuten abzureiten, obwohl wir uns nicht gerührt hatten.

Infolge des sehr kupierten Geländes konnten wir den zweiten Hahn erst sehen, als wir ein Stück vorgepirscht waren. Er lief mit weit gefächertem Stoß und auf dem Boden schleifenden Schwingen umher und vollführte mit lautem Schwingenschlagen verwegene Luftsprünge, dabei dauernd balzend. Nachdem wir uns richtig sattgesehen hatten, zogen wir uns zurück, um unseren Hahn zu suchen. Wir fanden gar nichts und gingen zum Jagdhaus. Dort ließ ich auf hundert Meter eine Scheibe aufstellen und schoß mit der Kugel drauf. Einen Meter zu tief und etwa vierzig Zentimeter zu weit links saß der Schuß. Das Gewehr hatte ich ein Jahr vorher von einer Waffenfirma einschießen lassen. Seitdem hatte es niemand mehr angerührt, es stand verschlossen im Waffenschrank, und das Fernrohr lag auch dort im Futteral. Ich schoß nun das Gewehr ein und war nach drei Schuß im Schwarzen. Das genügte mir. Gleich darauf gingen die Jäger noch einmal suchen, fanden aber nichts, nicht einmal eine Feder. Der Hahn hatte zweifellos nur einige Randschrote abbekommen, die ihn sicher nicht

lebensgefährlich verletzten, denn der Hauptschuß muß links unter ihm durchgegangen sein.
Am nächsten Morgen marschierten wir schon um halb zwei los. Auf einen Kleinen Hahn. Die Bäume waren dick eingezuckert, wir hatten fast zehn Zentimeter Neuschnee. Eine Stunde lang ging es bei prachtvollem Wetter verhältnismäßig gut, doch dann mußte ich immer öfter stehenbleiben. Der Schnee trug nicht, jeder Schritt brach bis zur Wade ein, und sehr oft saß man bis zum Bauch drinnen. Ganz oben lagen fast noch zwei Meter Schnee, und der Weg wurde immer steiler. Endlich, nach zwei Stunden Aufstieg, hatten wir es geschafft. Ich sank erschöpft und ausgepumpt hinter einen dürren Baum, der auf einem kleinen Kopf stand, von wo aus man nach allen Seiten freies Schußfeld hatte. Der Jäger schritt vierzig Gänge nach links, wo der Hahn immer einfiel, und steckte einen Ast in den Schnee, damit wir wußten, wie weit die Schrote langen. Kaum war er wieder bei mir, hörten wir den Hahn schon in weiter Ferne. Er kam in Etappen näher, dann herrschte eine Zeitlang Stille. Plötzlich ein Rauschen, ein Blasen und Schwingenschlagen: Der Hahn stand wie eine Flasche auf dem freien Schneehang und sicherte. Dann lief er rodelnd in eine Mulde auf uns zu, was mich veranlaßte, sofort in Anschlag zu gehen, denn wir saßen ja ganz frei da. Als er neben unserem Ast herauskam, sicherte er mit vollem Recht, denn diese zwei verdächtigen Klumpen auf dem freien Schnee gab's gestern noch nicht. Im Schuß sackte er zusammen und rutschte langsam auf der steilen Schneefläche immer weiter abwärts, bis er endlich liegenblieb. Während der Jäger einen Latschenbruch holte, ging ich zum Hahn und hob ihn auf. Es war erst halb vier Uhr, und die Konturen der Berge nahmen langsam Formen an. Ich hob den stolzen Bergritter in seinem stahlblau schillernden Kleid und den leuchtenden Balzrosen hoch und fragte mich, ob sich das gelohnt hat. Ich glaube schon, denn die Gefühle des Jägers werden immer die gleichen bleiben, wenn auch mit zunehmendem Alter am gestreckten Wild manche Gedanken aufkommen, die man früher nicht kannte. Aber das ganze Erleben mit dem Erwachen der Natur fasziniert den Jäger immer wieder.
Wer könnte sich auf das Frühjahr und damit auf den März und April mehr freuen als der Jäger, der darin das Wiedererwachen der Natur und den damit verbundenen eigentlichen Beginn der Jagd im neuen Jahr sieht, das ihm als erstes den Schnepfenstrich beschert. Stimmungsmäßig gibt es außer der Hahnenbalz nichts Schöneres. Diese Zeit zu versäumen wäre bedauerlich, und würde das Wetter noch so verrückt spielen!
Nicht alle Gebiete liegen so glücklich im Bereich des Vogelzuges wie meine

Heimat, die Hohenlohesche Ebene. Der Schnepfenstrich ist bei uns meist sehr gut, wenn auch nicht annähernd mehr so wie vor vierzig und mehr Jahren. Naht der 1. März, dann hält mich nichts zurück, jeden Abend und Morgen – trotz Kälte, Schnee, Regen und Sturm – draußen im Wald auf die Schnepfen zu warten. Die ersten, und das sind meiner Ansicht nach die, welche im Süden Europas überwintern, kommen um den 6. März, der Hauptteil erst um den 20., der Rest endlich Anfang April. Aber das hängt alles vom Wetter ab.
Die Schnepfe zieht nachts, und zwar nur bei Südwestwind und Regen. Deshalb wird ihr Aufenthalt – denn ihre Reise ist weit, von Afrika bis Skandinavien und Rußland – rein vom Wetter bestimmt.
Kommt sie über Nacht und wird es dann schön, bleibt sie bis zum nächsten Regen; regnet es aber weiter bei günstigem Wind, dann ist sie am nächsten Tag schon wieder fort. Man wartet dann auf die nächsten Tage. Die Hauptzeit ihres Durchzuges ist, wenn sie zwischen 19 Uhr und 19.15 Uhr streicht, also ungefähr um den 20. März. Ihr Streichen erfolgt sehr verschieden, von Raketengeschwindigkeit bis zum Stehenbleiben in der Luft, von zwei Meter über dem Boden bis hoch über die Althölzer. Alles wetterbedingt, bei Kälte schnell, stumm und niedrig, bei Wärme langsam, hoch und laut. Am besten streichen die Schnepfen bei Schneefall und kurz vor einem Gewitter, aber, wie gesagt, zur genauen Strichzeit. Meine frühesten Schnepfen schoß ich am 6. März. Nach meinen langjährigen Beobachtungen streichen die ersten Schnepfen sehr spät, erst bei völliger Dunkelheit, und je später die Jahreszeit, um so früher. Man sagt, daß man, wenn der Schnepfenstern, die Venus, am Himmel zu sehen ist, mit dem Strich rechnen muß, und die Schnepfe erst streicht, wenn die letzten Vögel verstummen. Das sind keine festen Normen, sondern lediglich Anhaltspunkte. Manchmal kommen sie so früh, daß man sie vor lauter Lärm und Konzert der Vögel zu spät hört und völlig überrascht ist. Morgens streichen sie bei viel größerer Dunkelheit als abends, auch gewöhnlich schneller und meist stumm. Im Mai, bei der Hahnenbalz, streichen sie oft am hellen Tag.
Die Schnepfen streichen alle Jahre dieselben Strecken. Verändern sich die Bestände, ändert sich auch der Strich. Tritt aber nach Jahrzehnten die gleiche Waldstruktur ein, so streichen sie wieder an denselben Stellen. Woran das liegt, weiß niemand.
Der Strich dauert, sowohl morgens wie abends, höchstens eine Viertelstunde, meist nur zehn Minuten. In dieser Zeit streicht die Schnepfe weite Strecken, fällt aber einmal ein, wo sie ungefähr drei Minuten bleibt, um dann meist dieselbe Route wieder zurückzustreichen, selbst wenn man sie fehlte.

Wie oft habe ich das gehört und gesehen, und wie oft habe ich eingefallene Schnepfen gleich wieder hochgemacht, indem ich sie angegangen bin. Aber nur ein einziges Mal habe ich auf einen Meter Entfernung balzende Schnepfen auf dem Boden beobachten können. Im Revier Heften stand ich am Ende einer riesigen Fichtenkultur von drei Abteilungen in einem kleinen Schlag, genau an jener Stelle, wo der Habicht den Auerhahn schlagen wollte. Da kamen drei Schnepfen ganz niedrig über diese Fichten, direkt auf mich zu und fielen zehn Schritt vor mir ein. Sofort begann ein sehr aufgeregtes Gepiepe. Die drei rannten vor meinen Füßen umher, zwei Hähne mit steil aufgestelltem und gefächertem Stoß und auf dem Boden schleifenden Schwingen, während sie den Stecher fest auf die Brust gedrückt hielten. So rannten sie dauernd durcheinander, unter den Fichten umher, in die Kultur hinein und wieder heraus, etwa drei Minuten lang. Hernach standen sie vor mir auf und strichen ab. Es wäre nicht schwer gewesen, eine Dublette zu schießen. Ich schoß aber nicht, denn ich hatte eine solche Freude an den dreien gehabt.
Ein schöner, warmer Abend ist natürlich ideal, allein schon stimmungsmäßig. Aber ebenso gut ist es, wenn es ohne Wind ganz ruhig schneit. Dann balzen sie ununterbrochen und bleiben in der Luft fast stehen. Das habe ich zweimal erlebt, zuerst im Alter von ungefähr vierzehn Jahren. Ich war mit Leibjäger Adolf im Revier Stockholz. Mit einem Male fing es zu schneien an. Die Schnepfen strichen herrlich, ich schoß meine ersten zwei. Eine hatte der Hund gefunden, die zweite blieb verschwunden. Da der Schnee immer dichter fiel, band Adolf ungefähr an der Stelle, wo er glaubte, sie sei gefallen, sein Taschentuch an einen Ast. Am nächsten Morgen fanden wir die Schnepfe, fast genau unter dem Taschentuch ragte die Spitze einer Schwinge aus dem Schnee.
Beim zweiten Mal fuhr ich mit meinem Bruder Carl in mein Revier Heften. Das Wetter war recht günstig, zwar bedeckt, aber windstill und warm. Kaum standen wir auf unseren Ständen, fing es zu schneien an. Wir schossen zusammen zwölf Schnepfen und haben sie alle gefunden. Aber bis wir den Wagen erreichten, lag schon fünf Zentimeter Schnee.
Viele Jahre vorher fuhr ich mit meinem Motorrad zum Strich in das Revier Mönchswald, das Lieblingsrevier meines Vaters, aber auch meines Bruders Carl. An der Mönchswaldhütte ließ ich das Motorrad stehen und ging an die vierhundert Meter zu den Eichenkulturen, dem besten Schnepfenstand. Im Westen war der Himmel pechschwarz, und es blitzte und donnerte ununterbrochen. Da es sehr plötzlich dunkelte, begann der Strich überraschend schnell. Überall waren mit einem Male Schnepfen, die ganz langsam und laut balzend

strichen. Ich schoß acht, fand aber in der Eile nur sechs. Da brach das Gewitter mit aller Macht los, es blitzte und krachte um mich herum und es goß wie aus Kübeln. Was meine Beine hergaben, rannte ich zur Hütte. Statt dort abzuwarten, schwang ich mich aufs Motorrad. In jeder Tasche meiner Windjacke hatte ich drei Schnepfen verstaut, dadurch konnte ich die Taschen nicht mehr zuknöpfen. Als ich mich glücklich durch Pfützen auf die Kaiserstraße durchgearbeitet hatte, gab ich Gas, und schon einige hundert Meter später, an der Abzweigung nach Adolzhausen, stürzte ich. Mühsam stemmte ich die schwere Maschine wieder hoch und kämpfte mich durch den Wasserfall nach Bartenstein durch. Selig, zu Hause angekommen zu sein, wollte ich stolz meine Beute unserem Diener Jakob zeigen, der mich schon erwartete. Aber da waren nur noch vier Schnepfen in den Taschen. Also zurück durch das Sauwetter bis zur Sturzstelle. Da lagen die beiden mitten auf der Straße. Das waren noch Zeiten! Die siebente und auch die achte Schnepfe fand ich anderntags.

Die meisten Schnepfen, die ich auf einmal zusammen sah, waren einundzwanzig. Ich stand morgens im Revier Heften, der Himmel wurde nach einer Regennacht klar und versprach einen schönen Tag. Da hörte ich lautes Gezwitscher, über ein Buchenaltholz kamen einundzwanzig Schnepfen gestrichen, ließen sich gleich nach den Buchen fallen und strichen laut balzend ganz tief um mich herum, ohne daß ich auch nur eine sehen konnte. Endlich strich eine an den Buchen in die Höhe und fiel auf meinen Schuß. Bald hörte die Musik auf, und als das Schußlicht kam und die ersten Vögel sich rührten, war von Schnepfen nichts mehr zu sehen. Ich rief meinen Bruder Carl an, und wir verabredeten uns voll Hoffnung für den Abend. Am Abend aber – keine Schnepfe weit und breit!

Die Schnepfe steht im Frühjahr unbedingt auf den Locker zu, nur muß er laut genug sein. Die in Deutschland im Handel erhältlichen Schnepfenlocker sind allesamt ungenügend. Da gab es aber einen runden, ganz flachen Locker, der eigentlich für Rebhühner gedacht war. Er hieß „Hühner-Hubertus“ und wirkte auf Schnepfen verblüffend. Mit ihm habe ich schon manchen Langschnabel auf große Entfernung veranlaßt, vom Kurs abzudrehen und zuzustehen.

Im April 1966 trug sich eine mir unerklärliche Geschichte zu. Ich stand am 5. April in Dörleinswasen auf dem Schnepfenstrich. Schon um sieben Uhr abends, bei hellichtem Tag, sah ich eine Schnepfe sehr hoch, aber stumm streichen, obwohl es sehr warm war. Kurz vor halb acht stand ich ganz versunken in dem Anblick des blutrot aufgehenden Mondes, als mein Hund aufsprang. Im selben Augenblick sauste höchstens drei Meter von mir entfernt eine Schnepfe wie ein

Pfeil ganz niedrig von hinten kommend an mir vorbei. Erst konnte ich wegen einiger Fichten nicht schießen, doch mein dann in eine Lücke geworfener Schuß brachte sie zu Boden. Ich hörte den Hund umhersuchen und ging hin, weil ich mich überzeugen wollte, ob er am richtigen Platz war. Er suchte an einer höheren Fichtengruppe umher, genau dort, wo ich die Schnepfe fallen gesehen hatte. Endlich windete er in die Fichten und brachte sie heraus. Er war sehr stolz, und ich ließ ihn sie bis zu meinem Stand apportieren. Dort nahm ich sie ihm ab – und hielt einen Rebhahn in der Hand! Mitten im Wald, allein und zum spätesten Zeitpunkt des Schnepfenstrichs. Dabei hatte ich trotz der Nähe den für das Rebhuhn typischen Schwingenschlag nicht gehört.
Mir ist schon alles mögliche beim Schnepfenstrich gekommen, fast jeden Abend Eulen aller Art, aber auch Enten, Tauben, Habichte, Sperber, Auerwild, Reiher. Doch niemals ein Rebhuhn! Und wenn ich im Wald Rebhühner angetroffen habe, was mehrmals der Fall gewesen ist, dann immer nur in Ketten.
Die Schnepfen sind in der Bundesrepublik Deutschland nun im Frühjahr geschont. Das löst das Problem ihres Rückganges ganz bestimmt nicht und macht uns Jäger wieder um eine ganz reizvolle Jagdart ärmer. Solange man in den Ländern des Vogelmordes keinen gesetzlichen Schutz erreichen kann, sollte man nicht beim kleinsten aller Übel anfangen wollen, dem Schnepfenstrich. Denn hier wird sicher nur der geringste Bruchteil aller Schnepfen zur Strecke gebracht, während in Südfrankreich heute noch im Jahr um die hunderttausend Schnepfen geschossen werden.

Geliebte Steiermark

Meinen ersten Hirsch schoß ich am 25. Oktober 1932. Mein Bruder Carl und ich weilten in Castolowitz bei Onkel Leopold Graf Sternberg zur Entenjagd. Drei seiner Söhne waren auch da: Leopold, Jaroslaw und Franz. Nach den fabelhaften Entenjagden fuhr ich mit dem ältesten der Sternberg-Söhne, Leopold, nach Zasmuk, wo er wohnte. Dort fragte er mich, ob ich schon einen Hirsch geschossen habe. Als ich verneinte, meinte er, ich solle den Platzhirsch seines Rotwildgatters schießen.

In diesem völlig unbekannten Territorium pirschte ich, nur auf den Wind achtend, schon eine halbe Stunde umher, bis ich in einem Buchenaltholz ein Rudel von bestimmt vierzig Stück Rotwild entdeckte. Unter mehreren Hirschen ließ sich der Platzhirsch leicht herausfinden, weil er dauernd um das Rudel in Bewegung war. Ich mußte lange warten, bis er endlich einmal für mich frei und allein stand. Dafür wurde ich belohnt, denn er lag im Feuer. Das war mein erster Hirsch, ein sehr guter Vierzehnender, über den ich mich nicht nur damals freute, sondern in gleicher Weise auch heute noch.

1937 erhielten mein Bruder Carl und ich von Alexander Graf Hochberg die Einladung nach Schloß Pleß im damaligen Polnisch-Oberschlesien zur Hirschbrunft. Leider wohnten wir im Schloß selbst und nicht in dem hübschen Jagdschloß Promnitz.

Schloß Pleß war angefüllt mit den kapitalsten Hirschgeweihen, unter ihnen auch die Nachbildungen der stärksten Kaiserhirsche, erlegt von Kaiser Wilhelm II. Das Schloß selbst war meinem Geschmack nach weder außen noch innen schön. Gefallen hat mir nur das Schreibzimmer des Herzogs, das in seiner Einfachheit und mit seinen kapitalen Trophäen den großen Jäger kennzeichnete. Dort stand auf einem Gestell sein stärkstes Hirschgeweih mit vierundzwanzig Enden. Am meisten in Pleß gefiel mir die mit Stroh gedeckte Kapelle vor dem Schloß.

Den ersten Hirsch, auf den ich schon drei Tage pirschte, fehlte ich, weil die Pferde unruhig wurden und im Augenblick des Schusses den Wagen zurückschoben. Es war ein sehr starker Sechzehnender mit doppelten Augsprossen, ein interessanter Hirsch. Ich fühlte mich todunglücklich. Aber ein paar Tage später schoß ich einen sehr guten Vierzehnender mit unheimlich langen Enden. Allein das Eisende der rechten Stange mißt zweiundfünfzig Zentimeter, das der linken neunundvierzig. Unter den Hunderten im Schloß Pleß hängenden Hirschgeweihen habe ich keines gefunden, das auch nur annähernd solche Eisenden aufweisen kann. Bei einem Gewicht von einhundertsiebzig Kilo aufgebrochen darf er schon einiges auf dem Haupt tragen!

Anfang August 1939, in der Feistzeit also, bekam ich ganz unerwartet von meinem Vetter Carl Fürst Leiningen nach Waldleiningen die Einladung auf einen Hirsch. Ich wurde mit einem Förster losgeschickt, und wir trafen nach stundenlanger Pirsch mit einem guten Hirsch zusammen. Der Förster sagte, ich solle schießen. Da ich die Odenwälder Hirsche nicht kannte, verließ ich mich ganz auf den Forstmann und erlegte den Hirsch.

Als wir nach Waldleiningen zurückkamen, meinte mein Vetter, der Hirsch wäre nicht gut genug, ich solle am Nachmittag unbedingt versuchen, einen besseren zu schießen. Ich erzählte ihm, daß ich drei ganz „komischen Viechern" begegnet sei, weißen Schafen mit guten Schnecken und zottiger Wolle, die, als sie uns in Wind bekommen hatten, hochflüchtig abgegangen sind. Es waren Heidschnucken, die sein Vater ausgesetzt hatte. Wenn es mir Spaß mache, solle ich doch eine schießen.

Um vier Uhr nachmittags kamen wir dorthin, wo wir die Heidschnucken gesehen hatten. Da saßen die drei Widder friedlich im dichtesten Stangenholz auf einer Kuppe. Wir schauten sie uns genau an, der mittlere war weitaus der stärkste. Gleich darauf hatten diese verwilderten Schafe, die anscheinend hervorragend witterten, schon wieder Wind von uns und wurden alle drei hoch. Da der mittlere mit dem Blatt frei stand, schoß ich ihn. Ein kapitaler Widder, einer der stärksten, die je dort gestreckt worden sind, lag vor uns.

Dann ging es auf den Hirsch. Sehr bald flüchtete einer im steilen Buchenhang davon. Wir pirschten ihm vorsichtig nach, da wir der Meinung waren, er sei wirklich sehr gut. So waren wir schon zwanzig Minuten unterwegs und um viele Windungen herum, als wir plötzlich bergab auf hundertsiebzig Meter einen starken Hirsch sahen, der zu uns heraufäugte. Der Förster ergriff das Glas, ich die Büchse. Ich fragte: „Ist er es?" „Ja!" Schon hatte der Hirsch die Kugel, zeichnete gut und lag sechzig Meter vom Anschuß. Er war für Odenwalder Verhältnisse ein wirklich sehr guter Vierzehnender, bis in die Spitzen vollkommen geperlt.

Erst lange nach dem Krieg, im Jahre 1955, war es Ferdinand Prinz Lobkowitz, der mich wieder auf einen Hirsch einlud, und zwar nach Mitterndorf in die Steiermark, in seine Revierteile Farnerin und Rassel. Wir wohnten hoch oben in der bequemen Hütte Farnerin. Mich führte der reizende alte Jäger Schlemiger.

Der hohe Jagdherr gab mir einen guten Hirsch frei und Abschußhirsche, soviel ich wollte. Sehr großzügig und dankenswert.
Am dritten Morgen schossen wir ein erbärmliches Hirschl. Bessere Hirsche bekamen wir in den acht Tagen meines Dortseins nicht in Anblick, sosehr wir uns auch bemühten. Nur ein fatales Erlebnis möchte ich erwähnen.
Wir waren nachmittags um drei bei gutem Wetter wieder losgepirscht. Da sich aber die Hirsche stiller verhielten, setzten wir uns in dem schwierigen Bergwaldrevier auf ein Bankerl unter drei Fichten, das Schlemiger zum Verhören der Hirsche errichtet hatte. Nichts rührte sich, Schlemiger und ich erzählten einander Jagderlebnisse. Plötzlich sagte er zu mir: „Rühren S' sich nicht, hinter Ihna kommt a Tier.“ Vorsichtig drehte ich mich doch um und sah ein Tier unter den Fichten durchschlüpfend direkt auf uns zukommen. Dahinter ein Schmaltier, und dann folgte ein sehr alter Hirsch mit einem engen und hohen Achtergeweih. Er zog nach links um eine starke Fichte herum und trat frei und breit auf ein von zwei starken Fichten eingerahmtes Steinpodest. Dort stand er wie auf einer Bühne. Ich hielt ihm aufs Blatt und stach ein. Doch der Stecher hielt nicht. So repetierte ich eine Patrone nach der anderen heraus, und jedesmal hielt der Stecher nicht. Hätte ich den Abzug durchgezogen, bestimmt hätte ich den Schuß verrissen: Als ich die Büchse leer hatte, wurde es dem Hirsch auch zuviel, und er trat von der Bühne ab, indem er nach hinten verschwand. So ein Pech! Schlemiger traf das besonders arg. Es war sein gemeinster Hirsch, der alle anderen bei der Fütterung abschlug.
Jeden Abend, wenn wir zur Hütte zurückkehrten, verfolgte uns eine gewaltige Stimme, wahrscheinlich unser gesuchter Kapitaler. Dann röhrte er bis zur völligen Nacht gegenüber der Hütte im Wald, um anschließend auf dem Almboden vor unseren Fenstern sein Konzert die ganze Nacht hindurch fortzusetzen. Mehrmals beobachteten wir ihn auf kaum vierzig Schritt im Schein des Vollmondes. Aber morgens, wenn der Tag graute, hörte man ihn schon weit weg wieder einziehen.
In der Nacht hatte es geschneit, und der Schnee war morgens in Regen übergegangen, dazu dicker Nebel. Ein richtiges Sauwetter. Der Schnee fiel einem von den Bäumen in nassen Klumpen ins Genick. Ferdinand ging mit mir bis vor an den Steig. Dort verabschiedeten wir uns, er pirschte nach links, Schlemiger und ich stiegen nach rechts ab. Als wir ungefähr die Hälfte des Weges hinter uns hatten, knörte eine gute Stimme rechts vom Steig in einem Fichtenstangenholz. Schlemiger meinte: „Geben S' mir Ihren Stock, gehn S' hinein und spielen S' Indianer.“ Ich befolgte den Rat und verschwand im Fichtenholz. Außer der

fürchterlichen „Schweinerei von oben“ fand ich da drinnen tolle Steinmauern. Mit dem Nebel war es dort, Gott sei Dank, besser. Als ich einige Mauern überklettert hatte, kam ich an eine große Mulde, blieb stehen und suchte alles mit dem Glas ab. Da schien mir, als hätte ich eine Bewegung gesehen. Angestrengt starrte ich auf diese Stelle und meinte endlich, eine Geweihstange zu sehen, aber es dauerte lange, bis sich diese bewegte. Der zugehörige Hirsch stand vollkommen verdeckt. Doch nun drehte er sich aus seiner Deckung heraus und zog langsam bergauf. Ein alter, zurückgesetzter Hirsch. Ich hielt in eine Lücke, und als er diese passierte, zog ich ab. Er sprang mit angezogenen Vorderläufen in die Luft, drehte um, raste bergab und brach bald zusammen.

Gleich darauf erschien Schlemiger, fragte, ob der Hirsch liege und wie er wäre. Er hoffe nur, daß es nicht der einzige unter allen sei, den Prinz Lobkowitz selbst schießen wolle. Ich beruhigte ihn, ich kenne zwar den Hirsch nicht und wüßte von dem Verbot nichts, aber es muß ein sehr alter und guter Hirsch sein. Als wir hinkamen, lag da natürlich der Lobkowitz-Hirsch. Doch er hatte sehr stark zurückgesetzt.

Schon im nächsten Jahr erhielt ich eine Einladung des Fürsten Emich Leiningen. Er hatte die Jagd des Prinzen Heinrich Reuß in Mautern in der Steiermark gepachtet und dazu die Jagd im Freudental. Durch seine Freundschaft und großzügige Gastlichkeit genoß ich jahrelang hohe jagdliche Freuden, für die ich ihm immer dankbar sein werde.

Sehr oft übernachtete ich im Jagdhaus Dankler-Hube, wo der Fürst mit seiner Familie wohnte. Im Revier gab es drei sehr bequeme Hütten. Am meisten hauste ich in der Alpsteigerhütte, zu der man in halsbrecherischer Fahrt im Jeep vom Jagdherrn hinaufgebracht wurde. Sie liegt eine halbe Stunde unterhalb der Dankler-Alm. Am schlimmsten war die steile Abfahrt, bei der man am besten nicht nach rechts ins Tal, sondern nur zur Bergseite schaute. Denn sonst hätte man vor Haarsträuben mindestens den Hut verloren.

Auf gleicher Höhe mit der Dankler-Alm, eine halbe Stunde ostwärts, lag die Dankler-Hütte, und im östlichen Teil des Reviers, wesentlich tiefer, die Kornriedlhütte. Sie war die kleinste, aber reizend zwischen großen Bäumen auf einem Hügel gelegen.

Meist war ich mit Oberjäger Gerold, einem hilfsbereiten, untadeligen Mann und hervorragenden Jäger und Kenner des Wildes, unterwegs. Ich verstand mich mit allen Jägern gut, warum jedoch gerade mit Gerold besonders gut, mag seinen Grund darin haben, daß wir beide schon älter waren.

Im ersten Jahr bezog ich die Dankler-Hütte, Emich Leiningen gab mir einen guten Hirsch, den „Ungar“, frei, und Abschußhirsche, soviel ich wollte. Mit Jäger Gilbert rannte ich vierzehn Tage vom ersten Morgengrauen bis zur stockdunklen Nacht dem „Ungar“ nach, den man den ganzen Tag mit seiner Bärenstimme orgeln hörte. Zu sehen bekam ich ihn nur zweimal. Das erste Mal auf seinem Brunftplatz, einem dichtbewaldeten Kopf, in einer kleinen Lücke auf fünfhundert Meter nachmittags um vier Uhr. Das weitausladende Achtergeweih mit den armdicken Stangen wirkte ausgesprochen imponierend. Weil wir ihn schon zehn Tage dort schreien gehört hatten, machten wir den entscheidenden Fehler! Wir beschlossen, den Hirsch am nächsten Morgen dort anzugehen. Doch wir hörten den Hirsch nicht. Nach Sonnenaufgang schrie er genau an jener Stelle, wo wir immer saßen, frei auf einer Lehne. Die Strafe für die nicht genügende Ausdauer!

Da die Brunft dem Ende zuging, meinte Emich, ich solle es doch auf einen anderen Hirsch versuchen. Deshalb pirschte ich in die entgegengesetzte Richtung in das Kar bei der Dankler-Alm, einem sehr guten Brunftplatz. Dort sah ich erstmals den Hirsch „Hubert“, der noch zu jung war, aber versprach, ganz kapital zu werden. Emich schoß ihn sechs Jahre später als seinen besten Hirsch.

Im folgenden Jahr hatte ich vier Einladungen, und die Zeiten waren unter den Jagdherren abgesprochen. Es sollte alles schiefgehen. Zuerst fuhr ich nach Mautern zu Fürst Leiningen und bezog die Alpsteigerhütte. Von dort machte ich mit Oberjäger Gerold herrliche Pirschen, aber der Erfolg blieb außer zwei geringen Hirschen aus.

Nach einer Woche siedelte ich nach Kalwang über zu Alois Prinz Liechtenstein. Darauf hatte ich mich besonders gefreut.

Am Nachmittag fuhren wir zu einem Jäger, dessen sechzehnjährige Tochter meinen Rucksack zur Hütte tragen sollte. Ich protestierte, aber es war so bestimmt, und das hübsche Mädel wollte es auch unbedingt. Wir fuhren auf einem neu gebauten Weg ziemlich hoch hinauf und stiegen die letzte Strecke auf. Oben angekommen, packten wir alles aus und wollten noch zur Abendpirsch. Der Jäger wollte seine Tochter den weiten Weg allein nach Hause schikken. Da fragte ich sie, ob sie nicht heroben bleiben wolle. Sie war einfach selig. Ich sagte ihr, was sie alles kochen solle, dann ging ich mit ihrem Vater auf die Abendpirsch.

Wir setzten uns auf einem großen Almboden an einen Stadel. Ein herrlicher Platz, das Wetter prachtvoll, und die Hirsche röhrten überall, nur nicht in unserer näheren Umgebung. Einen stärkeren Hirsch sahen wir kurz an einem gegenüberliegenden Hang ziehen, dann ging der Tag zu Ende. Aber ich hatte ja vier Tage Zeit, und da wird ganz gewiß noch etwas gehen, zumal die Brunft im vollen Gange war. Dachte ich.

Prachtvoll der nächste Morgen. Zuerst hörten wir uns das vielstimmige Konzert an. Aus einem Seitental kam eine Bärenstimme. Der tiefe Baß hatte es mir angetan, und der Jäger meinte, es sei ein sehr starker I a-Hirsch. Die Tochter nahmen wir mit. Sie war darüber sehr glücklich und versicherte mir, sie habe sich das schon so oft gewünscht, aber ihr Vater hätte sie nie mitgenommen.

Beim Tagwerden pirschten wir langsam das Tal hinauf. Drei Hirsche meldeten auf der drüberen Seite. Der mit der guten Stimme stand am tiefsten. Am Ausgang des Tales ließen wir uns nieder, in der Hoffnung, daß der starke Hirsch heraufzieht. Doch er tat uns den Gefallen nicht und blieb immer auf demselben Platz. Der Jäger meinte, es sei unmöglich, ihn dort anzugehen.

Nach drei Stunden, wir waren schon ganz steif, pirschten wir weiter. Und hier hatte ich einen merkwürdigen Anblick. Über der Baumgrenze zog ein Scharl Gams von elf Stück aufwärts. Und mittendrin ein jüngerer Zwölfer-Kronenhirsch. Sobald ihm ein Gams zu nahe kam, schlug er mit dem Geweih nach ihm. Trotzdem zog die ganze Gesellschaft friedlich miteinander weiter. Wir konnten sie eine halbe Stunde beobachten, dann verschwand sie in den Latschen.

Mittags ging's zur Hütte. Nach dem Essen verließ uns das nette Mädel. Wir sollten sehr bald folgen. Um drei stapften wir wieder los. Obwohl der Tag prachtvoll war und die Hirsche wie verrückt schrien, bekamen wir keinen besseren Hirsch in Anblick. Abends beim Sonnenuntergang überzog sich der Himmel ganz leicht und bekam merkwürdige Farben. Ich sagte dem Jäger, morgen bekämen wir Schnee. Das wollte er nicht glauben und meinte, es käme höchstens ein bisserl Föhn. Als wir am nächsten Morgen die Hüttentür aufmachen, liegen sechzig Zentimeter Schnee. Totenstille. Hie und da hörte man von tief unten eine faule Stimme. Der Temperatur und dem Himmel nach ließ sich im Laufe der nächsten vierundzwanzig Stunden nicht damit rechnen, daß der Schnee schmilzt. Außerdem war das ganze Rotwild hinuntergezogen. So machten wir uns an den Abstieg. Das Auto, welches fünfhundert Meter tiefer stand, mußten wir erst ausschaufeln.

Von Kalwang schied ich leider als Schneider. Und so gerne hätte ich von dort einen Hirsch und eine schöne Erinnerung mitgenommen. Aber noch einmal aufzusteigen, hätte keinen Sinn gehabt, denn ich sollte, wie vereinbart, am übernächsten Tag in der Löscherhube sein. Nach Kalwang bin ich übrigens nie wieder gekommen.

Nun ging's zur Löscherhube zu Franz Baron von Mayr-Melnhof, einem bedeutenden Mann, Landesjägermeister der Steiermark, jagdlich ein hervorragender Könner und Kenner des Wildes – besonders des Rotwildes – und einer der verdienstvollsten Jäger Österreichs.
Nach dem Essen wurde ein Haflinger vorgeführt, der mich den steilen Hang gleich hinter der Löscherhube hinauftrug. Ich empfand diese Erleichterung mit Dankbarkeit und entließ auf der Höhe das brave Pferd mit einigen Stückchen Zucker. Der Oberjäger und ein Jäger begleiteten mich; sie hatten Auftrag, mich auf einen alten Hirsch und einen guten Gams zu Schuß zu bringen.
Eine ganze Stunde pirschten wir den Einstand des Gams ab, ohne ihn in Anblick zu bekommen. Dann gingen wir weiter und kamen in ein prachtvolles langes, enges Tal, das der Raiting abschließt. Dieses Tal, Linz genannt, ist das Herz des achtzehntausend Hektar großen Raitingmassivs.
Hie und da meldete noch ein Hirsch. Wir waren schon ziemlich hoch oben und konnten die Hochflächen der drüberen Talseite gut übersehen. Als wir mit dem Spektiv einen guten Hirsch beobachteten, der dort umhertobte, entdeckten wir den englischen Botschafter aus Wien, der diesen Hirsch anging und auch erlegte.
Auf den Schuß erlebte ich etwas, das ich nicht für möglich gehalten hätte. Am Ende des Tales, aus dem Kar unter dem Raiting, zogen auf einem Wechsel ganz gemütlich einhundertsiebzig Stück Rotwild auf meine Seite heraus. Darunter waren Sechzehn- und Achtzehnender jeder Güte, ganz kapitale Hirsche dabei, nur keiner, der für mich gepaßt hätte.
Ergebnislos kehrte ich heim, aß mit Franz Mayr-Melnhof und dem glücklichen Botschafter, der hernach abfuhr.
Nun war ich ganz allein mit dem gütigen Jagdherrn und erfahrenen Jäger. Dies war der erste der drei Abende, die wir zwei zusammen verbrachten und nur über Wild und Jagd diskutierten, und zwar hart, ohne daß der eine dem anderen was übelgenommen hätte. Das kann man nur unter wahren Freunden, und das ist er mir in diesen Tagen geworden, leider für viel zu kurze Zeit. Diese interessanten Gespräche werde ich nie vergessen und will einiges davon wiedergeben.
Am ersten Abend erzählte er mir von seinem Wild und seinen Hegemaßnahmen. Früher wäre der Zwölfender der kapitale Hirsch gewesen, und man hat jeden Zwölfer als erstrebenswert geschossen. Kein Mensch fragte danach, ob er jung oder alt wäre und ob solch ein Hirsch nicht noch besser werden würde. Um das Graffel hat sich niemand gekümmert, das blieb am Leben. Erst nach

dem Zweiten Weltkrieg habe er sich Gedanken gemacht, ob es nicht doch möglich wäre, stärkere Hirsche herauszuzüchten. Kapitale Trophäen seiner Vorfahren, die in seinen Schlössern hingen, hätten ihn auf diese Idee gebracht. Wenn diese früher existierten, warum sollte das heute nicht auch wieder erreichbar sein?
Zuerst verbot er den Abschuß jedes besser veranlagten Hirsches, ganz gleich, ob jung oder alt, und ließ alles Schlechte rigoros abschießen. Sehr bald war der Zwölfer der Durchschnittshirsch, und inzwischen sei es der Sechzehnender. Er habe heute einen Zweiundzwanzigender, drei Zwanzigender und viele Achtzehnender.
An diesem Abend blieb ich Zuhörer, stellte nur einige kurze Zwischenfragen. Bevor wir schlafen gingen, wurde vereinbart, gemeinsam auf die andere Seite des Raitings zu fahren, er wolle mir etwas zeigen. Bei Dunkelheit fuhren wir los, über Trofaiach, Mautern in ein wunderschönes Tal zum Raiting. In einem kleinen Dorf warteten zwei Jäger. Dort wurde ich mit dem einen losgeschickt. Mit der gemeinsamen Pirsch war nichts mehr, denn ich hatte meinen Gastgeber anscheinend schon auf der Hinfahrt schrecklich beleidigt. Unterwegs fragte ich ihn, was er mir zeigen wolle. Den Zweiundzwanzigender. Ich wollte ihn ein bißchen sticheln und meinte, ich ginge nur mit, wenn er den Hirsch schießen würde. Das war, glaube ich, das Schlimmste, was ich sagen konnte, und jegliche Unterhaltung verstummte augenblicklich.
Wir hatten bloß zwei schwache Hirsche gesehen. Als wir zu der verabredeten Zeit wieder eintrafen, sah ich den Baron oben auf einem Hügel. Ich fragte meinen Jäger, was er dort mache. Blumen verpflanzen, das sei sein Steckenpferd. Er hatte einen Spazierstock dabei, unten mit einem kleinen Spaten dran. Damit stach er die Pflanzen mit Ballen aus, und der Jäger versetzte sie dorthin, wohin er sie haben wollte.
Die Heimfahrt verlief ebenso wortkarg. Ich wagte auch nicht, ihn auf den Wildzaun hin anzusprechen, an dem wir auf der Straße Mautern–Leoben entlangfuhren. Nach dem Frühstück verzogen wir uns ins Bett.
Beim Mittagessen sprach ich über den Film „Der Förster vom Silberwald", der ja in seinen Revieren gedreht worden war und in Österreich unter dem wesentlich schöneren Titel „Das heilige Erbe" gelaufen ist. Mit der unvermeidlichen Aussprache wollte ich bis zum Abend Zeit gewinnen. Sein Zorn auf die Filmge-

Nach dem Gamsanblick sahen wir auch noch Schneehühner; nur kein Rotwild beschied uns die beschwerliche Pirsch (Foto: Eisl)

sellschaft und die Schnulzenhandlung dieses trostlosen Liebesförsters, die seine Idee von einem Lehr- und Naturfilm vollkommen zerstörte, ließ ihn den Ärger über mich vergessen, zumindest zurückstellen.
Die Pirsch am Nachmittag und Abend verlief wieder ergebnislos. Die Brunft war zu Ende, und alles deutete auf einen Wetterumschlag hin. Beim Abendessen stellte ich sofort die Frage, warum er sich über mich so ärgerte. Was ich mir eigentlich dabei gedacht habe, wollte er wissen, daß er das Produkt seiner langjährigen Arbeit totschießen soll. Ich fragte ihn, ob er bereit wäre, mir zuzuhören, wie ich es den ganzen gestrigen Abend getan hätte, um meine Meinung darzulegen. Da er dazu bereit war, sagte ich ihm unverblümt:
Er habe mir doch gestern erzählt, daß er durch alte Trophäen auf die Idee gekommen sei, die Geweihbildung wesentlich zu verbessern, was ihm ganz eindeutig gelang. Wer soll denn später wissen, was der Franz Mayr-Melnhof geleistet hat, wenn es nicht eine einzige Trophäe gibt, die das bezeugt. Er ließe doch nicht einen kapitalen Hirsch auf dessen bester Höhe schießen, sondern nur schlechte, und von denen, die seine angrenzenden Genossenschaftsjagden übriglassen, nur die überalterten Hirsche, die total zurückgesetzt haben und kurz vor dem Eingehen stehen. Das wäre doch ein Jammer, und deswegen hätte ich ihm gesagt, er solle den Zweiundzwanzigender schießen. Ich wundere mich, daß ein so verdienstvoller und erfahrener Jäger, der er nun einmal ist, nicht wissen soll, daß es auch hier Grenzen gäbe. Daß er sie erreicht habe, wisse er genauso gut wie ich, zumal ich nicht annähernd seine Erfahrungen habe und haben kann. Aber dumm wäre ich auch nicht.
Ich muß sagen, er hörte mir geduldig und aufmerksam zu und wurde sehr nachdenklich, ja er anerkannte, wenn auch schweren Herzens, meine Argumente. Wir unterhielten uns dann noch bis tief in die Nacht.
Da ich am letzten Tag eine ganze Tagespirsch unternehmen wollte, ging ich erst um sechs Uhr mit dem Oberjäger und einem Jäger los. Wieder kamen wir in das herrliche Tal Linz. Da Zeit genug war, wollten wir diesmal auf der rechten Seite gegen den Raiting pirschen und nachmittags auf der anderen zurück. Wir stiegen gemütlich, aber sehr steil an einer Stelle auf, wo ein guter Gamsbock seinen Einstand hatte. Schon fast oben, wurde der Bock im Walde

„Früher", sagte mir Franz Baron Mayr-Melnhof, der große Heger und Jäger der Steiermark, „sei der Zwölfer der kapitale Hirsch gewesen, der erstrebenswerte, heute ziehen ein Zweiundzwanzigender, drei Zwanzigender und viele Achtzehnender hier ihre Fährte" (Foto: Eisl)

auf zwanzig Meter vor uns hoch. Bis die Jäger ihn angesprochen hatten und ich schießen sollte, war er schon verschwunden. Schade. Wir pirschten weiter, kamen dort vorbei, wo der Botschafter den Hirsch erlegt hatte und ließen uns immer wieder einmal für eine halbe Stunde nieder, um zu beobachten. Wild sah man verhältnismäßig wenig. Ganz selten hörten wir einen müden Trenzer oder einen faulen Schrei. Die Brunft war vorbei, das Wetter trüb, nachts hatte es etwas geschneit, den Gipfel des Raiting verhüllte Nebel; alles in allem: ungemütlich.

Über uns kreisten drei Adler, ein alter und zwei junge. Einer davon trug etwas Großes in den Fängen. Da ließ er es fallen, stieß nach und fing es wieder auf, schraubte sich hoch zu den anderen, um das Spiel zu wiederholen. Im Spektiv erkannten wir, daß es eine ganze Hirschdecke war. So ging es immer mehr auf den Raiting zu. Endlich hatte er genug, ließ die Decke fallen, die in einem tiefen Graben landete.

Am frühen Nachmittag stiegen wir ab, um auf die andere Talseite zu gelangen. Als wir das Ende des Tales überqueren wollen, rumpelt es. Drei Stück Rotwild kommen flüchtig auf uns zu und drehen wieder ab. Zwei Hirsche und ein anscheinend noch brunftiges Tier. Die Jäger meinen, ich solle den einen schießen, er sei zwar eher alles denn gut, aber er ist vielleicht die letzte Chance. Endlich verhält er, so auf hundertfünfzig Meter. Zwischen Bäumen habe ich das Blatt frei. Im Abziehen sehe ich noch, daß er sich wieder auf den anderen stürzen will, kann aber die Kugel nicht mehr halten. Nun flüchtet er von uns bergauf und verhofft auf zweihundert Meter breit. Da hat er schon meine zweite Kugel, zeichnet gut, macht noch etliche Fluchten und stürzt. Ein richtiger Abschußhirsch.

Wir ließen uns Zeit, auch nachdem der Hirsch versorgt war, blieben wir noch sitzen. Das Wetter schien sich bessern zu wollen. Dann beschlossen wir, nicht mehr aufzusteigen, sondern im Tal zurückzugehen. Als wir so um halb fünf nachmittags unter der Stelle anlangten, wo wir während der Pirsch einen sehr guten Gams hochgemacht hatten, suchten die Jäger einen tiefen Graben ab. Da sagte der Oberjäger: „Ganz oben, unter der kleinen Wand, steht er jetzt. Wollen wir es versuchen? Es würde noch langen.“ Doch diese Geschichte will ich bei der Gamsjagd dann schildern.

Der Jagdherr war zufrieden, ich war zufrieden und auch die Jäger waren zufrieden. Nach einem köstlichen Abendessen unterhielten wir uns sehr herzlich und freundschaftlich bis tief in die Nacht. Er bat mich, im nächsten Jahr wiederzukommen. Ich sagte ihm, ich käme, wann immer er mich ruft, und ich beneidete

ihn um dieses herrliche Revier und sein Wild, von dem ich viele Aufnahmen gemacht habe.
Als ich am nächsten Morgen abfahren will, steht er mit seinem Schwiegersohn vor dem Haus. Auf der Wiese lag die Strecke der Brunft, außer meinem Hirsch alles ganz uralte, zurückgesetzte Hirsche, drei sehr starke Mufflons und mein Gamsbock. Einige sehr interessante Geweihe dabei. Die ganze Jägerei war angetreten zur Schlußbesprechung. Wir schieden als Freunde und er wiederholte noch einmal seine Einladung. Mit der Freude auf ein Wiederkommen schied ich von diesem herrlichen Erdenfleck. Ich konnte nicht ahnen, daß ich den lieben Freund, die Löscherhube und das schöne Revier nicht mehr sehen sollte.
Im nächsten Jahr rief er mich kurz vor der Brunft an. Es täte ihm so leid, daß er mich in diesem Jahr nicht zur Brunft bitten könne, es hätten sich so viele Gäste aus dem Ausland angesagt. Aber im Jahr darauf müsse ich bestimmt kommen. Das stimmte mich sehr traurig, aber noch viel trauriger war, daß Baron Mayr-Melnhof im nächsten Jahr nicht mehr unter uns weilte. Erst Wochen später habe ich ganz zufällig von seinem Tod erfahren. Ich konnte ihm nicht einmal die letzte Ehre erweisen.
Zwei interessante Dinge aus dem Revier um den Raiting möchte ich hier noch anfügen. Wie mir Graf Silva-Tarouca erzählte, würden alle Jahre vor der Brunft in dem Kar am Raiting, aus dem ich soviel Wild auswechseln sah, etwa hundertfünfzig Geweihte zusammenkommen und ungefähr zehn bis vierzehn Tage dort verbleiben. Sobald sie auseinandergehen, beginnt die Brunft; kein Mensch weiß, warum dies so ist.
Ein hochkapitaler Hirsch, der als Landessieger der Steiermark galt, wurde, wie das bei so schweren Hirschen oft der Fall ist, geforkelt gefunden. Ältere Hirsche weichen einem Kampf für gewöhnlich aus. Die wildesten und gefährlichsten Hirsche sind jene im Alter von sieben bis neun Jahren.
Diesen Hirsch hatte man in seiner frühesten Jugend zum Tode verurteilt, weil er ein ganz mickriges Geweihchen trug. Ein Jagdgast fehlte ihn, die Jäger sahen ihn nicht mehr. So blieb er am Leben. Im folgenden Jahr hatte er ein Zwölfergeweih auf, und fortan setzte er jährlich anormal zu. Als er viel zu früh den Tod fand, war er ein kapitaler Achtzehnender mit über acht Kilo Geweihgewicht. Der eklatanteste Beweis, welche furchtbaren Fehler wir mit unseren verschiedenen Ansichten begehen können.
Im folgenden Jahr pirschte ich mit Oberjäger Gerold. Der „Ungar“ lebte, war aber noch schwieriger geworden. Meist stand er jetzt über der Grenze und kam zu uns bloß auf Kurzbesuche. Dabei blieb er stets nur im Wald, zog nie ins

Freie. So verlegten wir unsere Pirschen mehr in das Kar oberhalb der Dankler-Alm und gegen die Grenze des Fürsten Liechtenstein ins Brehmsteinkar.

Dort gab's jeden Tag guten Anblick. „Hubert", bedeutend stärker geworden, begegnete ich alltäglich mindestens einmal. Eines Tages kamen wir sogar dreimal mit ihm zusammen. Morgens beim Tagwerden gingen wir eine gute Stimme an, die sich am Grat zum Freudental, bald herüben, bald wieder drüben, vernehmen ließ. Gerold meinte, der Stimme nach müßte es „Hubert" sein. Wir kletterten auf eine turmhohe Kanzel. Da stand auf den Ruf mit der Muschel „Hubert" sofort zu und zog direkt unter der Kanzel durch. Wir ärgerten ihn noch ein bißchen, er wollte sich nicht von uns trennen und konnte nicht verstehen, daß trotz der Musik kein Hirsch und kein Kahlwild zu finden wären. In diesem Jahr trug er sein bestes Geweih, gerade vierzehn, mit je vier kolossalen Enden in den Kronen. Aber er war erst acht oder neun Jahre alt, und man glaubte, aus ihm würde ein Rekordhirsch. Deshalb war er für alle gesperrt, wo immer er auch anläuft. Fürst Leiningen schoß ihn fünf Jahre später, da hatte er wohl etwas längere Stangen, aber nur noch zwölf Enden.

An diesem Nachmittag begegneten wir ihm auf halbem Berg, und als wir abends ins Tal kamen und uns einem Abschußhirsch widmen wollten, da donnerte uns der tiefe Baß eines Hirsches entgegen. Wie aus einem Munde erscholl von uns beiden der erstaunte Ausruf: „Hubert!" Auf die Muschel stand er sofort zu – und war am nächsten Morgen schon wieder ganz oben.

Eines Morgens begegneten wir drei sehr guten Muffelwiddern, die friedlich miteinander zogen. Einer war recht stark, mit sehr guter Schnecke. Die Brunft war in vollem Gange, wir sahen sehr viel Wild, doch nichts, was wir suchten.

Abends, im Jagdhaus Dankler-Hube, meinte Emich, ob wir es nicht einmal im Freudental versuchen wollten. Wir riefen Jäger Steffel an, und ich fuhr mit Gerold nachts noch ins Freudental. Das ist, meiner Ansicht nach, landschaftlich mit Abstand der schönste Teil des Reviers. Außer in einem riesigen Latschenfeld, das es dort gab, genoß man eine weite Aussicht.

Nachts hatte es geschneit, das machte das Gehen in dem sowieso schwierigen Gelände noch mühevoller. Wir begannen unsere Tagespirsch mit dem ungünstigsten Gebiet im Osten, einem grauenhaften Geröllfeld mit einer tiefen Schlucht, in die man nur spärlich Einblick hatte. Darin rumorte eine recht gute Stimme, aber wir konnten den dazugehörigen Hirsch nicht zu Gesicht bekommen. Nach einer Stunde mühsamer Arbeit wurden wir unruhig und glaubten, den Anblick mit einer schnellen Aktion erzwingen zu müssen. Der Erfolg war dementsprechend: Der Hirsch verschwieg, und dann hörte man Wild flüchtig abgehen. Es hatte Wind von uns bekommen. Wir versuchten zwar noch alles, um zu sehen, was für ein Hirsch es sei, aber er blieb unsichtbar. So stiegen wir immer höher, bis wir in ein großes Kar kamen, in dem ein spitzer Fels wie ein Turm allein stand, die sogenannte Kanzel. Links an der Kanzel vorbei sah ich auf etwa sechshundert Meter zwei Stück Rotwild auf einem großen Schneefeld von uns fortziehen. Schon im Glas erkannte ich einen sehr starken Hirsch. Im Spektiv begutachteten wir ihn zu dritt. Sechzehnender mit sehr starken Stangen. Unbekannt. Das war wahrscheinlich der Hirsch, der uns in der Schlucht abgefahren war. Ich setzte Emich Leiningen am nächsten Tag auf ihn an, aber er hat ihn weder gehört noch gesehen.

Als wir vorsichtig an die Kanzel pirschen, um das Kar ganz einzusehen, wird dahinter ein guter Gamsbock hoch, flüchtet an uns vorbei und macht frei auf zwanzig Meter ein Standerl, bei hellem Sonnenschein und prachtvollem Schnee. Und ich steh da und habe meinen Fotoapparat im Rucksack!

Weiter ging die beschwerliche Pirsch. Schneehühner sahen wir, aber kein Rotwild. Endlich kamen wir an ein wunderschönes großes Kar, wohl der schönste Teil des Freudentales. Dahinter zog sich auf Kilometer ein Latschenfeld hin, worin das meiste Rotwild steckte, wie wir tags zuvor vom Grat des anderen Reviers aus sehen konnten. Wir hatten Fürst Leinigen und Jäger Steffel bei aufgehender Sonne mit dem Spektiv auf einer Kanzel ausgemacht, aber nur deshalb, weil ihre Gesichter bei Sonnenaufgang wie zwei Monde leuchteten. Daran sieht man, warum das Wild den Menschen so schnell erkennt: an seiner Haut. Um die beiden Jäger herum sahen wir in den Latschen eine Menge Hirschgeweihe, deren Träger ein regelrechtes Konzert veranstalteten. Fürst Leiningen selbst sah nicht einen Hirsch, obwohl wir glaubten, daß sie für ihn zum Greifen nahe sein müßten.

Am Rande des Kars gab es eine zerklüftete Felsengruppe mit tiefen Rinnen, alles mit Latschen bewachsen. Da drinnen röhrte ein Hirsch. Vorsichtig pirschten wir von oben an die Kante und schauten hinunter. Nichts zu sehen. Da der Hirsch jetzt verschwieg, sicher hatte er Wind von uns, pirschte Jäger Steffl nach links, wo sich die Wand drehte. Oberjäger Gerold blieb bei mir. Da gibt er uns Zeichen, daß das Wild auf uns zuflüchtet. Tatsächlich erschien unter uns auf etwa einhundertfünfzig Meter flüchtiges Kahlwild, dahinter ein Hirsch. Ich erkannte nur, daß die Stangen oben wieder fast zusammengingen, da rief Gerold schon: „Schießen!“ Das Wild flüchtete über eine Kante in eine Rinne, dann über die nächste Kante in die nächste Rinne. Obenauf verhielt der Hirsch sichernd für einen Augenblick. Da hatte er auch schon meine Kugel und verschwand, gut zeichnend, in der nächsten Rinne. Daraus hervor kamen hochflüchtig jetzt vier Stück Kahlwild über die nächste Kante, dann ein Hirsch und noch ein Hirsch. Ich hatte den zweiten mit gestochener Büchse schon im Fernrohr, da erkannte ich, daß es der beschossene Hirsch nicht sein kann. Deshalb blieb die Kugel, Gott sei Dank, im Lauf; es war ein stärkerer Beihirsch. Mein Hirsch erschien nicht mehr. Als Steffel wieder bei uns war, meinte Gerold, das sei ein schneller und guter Schuß gewesen. Der Hirsch habe sehr gut gezeichnet, er liege bestimmt in der zweiten Rinne.

Steffel stieg sofort halsbrecherisch senkrecht ab, dann verschwand er. Tief unten erschien er auf der ersten Kante, dann auf der zweiten. Nach einer Weile erschien er, mit beiden Armen winkend, auf der dritten Kante. Also lag der Hirsch.

Gerold und ich nahmen einen bequemeren Weg und kamen etwas tiefer dort heraus, wo sich die beiden Jäger verabredet hatten. Da lag schon mein Hirsch, ohne Haupt, das an einem Felsen lehnte. Daneben stand Steffel mit dem Bruch. Über diesen Anblick war ich so deprimiert, zumal es ein sehr guter Hirsch war, dessen Stangen oben so zusammengingen, daß die Spitzen einander fast berührten. Aber ich sah ein, daß der Hirsch in diesem fürchterlich zerklüfteten Gebiet nicht anders geliefert werden konnte.

Im nächsten Jahr pirschte ich zuerst im Ranachgraben mit Jäger Gilbert. Emich Leiningen hatte sich den „Ungar" ausgewählt, dem ich zwei Jahre vergeblich nachstellte und der ganz plötzlich auf seine alten Tage ein hochjagdbarer Hirsch geworden war.

Am ersten Tag traf ich mit einem sehr guten Hirsch zusammen. Er stand am Rande eines Schlages senkrecht über uns auf etwa dreihundert Meter. Da er nicht zustehen wollte, aber auch nicht anzugehen war, versuchte ich den Schuß. Auf den Knall fuhr er herum und kam hochflüchtig auf uns zu. Auf hundertfünfzig Meter schoß ich dann ein zweites Mal, kam sehr gut ab, aber der Hirsch drehte scharf nach rechts ab und flüchtete über den Schlag, wo er auf etwa dreihundert Meter am Rande verhoffte. Auch meine dritte Kugel erreichte ihn nicht. Nachdem wir uns am letzten Platz vergewissert hatten, daß er gesund war, fuhren wir zur Dankler-Hube und gingen auf den Schießstand. Dort stellte sich heraus, die Büchse schoß zwanzig Zentimeter zu hoch.

Emich Leiningen gab mir einen Mannlicher-Repetierer im Kaliber 6,5 Millimeter, womit ich in dieser Brunft sieben II b-Hirsche und einen I b-Hirsch schoß. Er war noch am selben Tage nach Hause gefahren, da seine Frau in den nächsten Tagen der Geburt eines Kindes entgegensah. Er gab mir alles frei, außer

„Hubert“ und „Ungar“. Hin und wieder soll ich doch mit den Jägern nach dem „Ungarn“ fahnden, und falls wir ihn sehen, möchte ich ihn doch sofort in Amorbach anrufen.
Sein Jäger Nahrgang aus Amorbach und Jäger Kolland, der in dem Film „Der Förster vom Silberwald“ („Das heilige Erbe“) den Wilderer gespielt hatte, begleiteten mich. Am dritten Tage wollten wir nach dem „Ungarn“ sehen. Morgens stiegen wir von der Kornriedlhütte zum Grat auf, der die Grenze zur Jagd des Barons Thalheimer bildet. Der „Ungar“ hatte sich umgestellt und stand jetzt meist drüben, um nur gelegentlich herüberzuziehen.
Als wir nur noch vierhundert Meter unter dem Grat waren, donnerte uns eine gute Stimme von links her an. Sofort verkrochen wir uns am rechten Rand des Schlages hinter Bäumen. Gleich darauf erscheint aus dem Bestand heraus ein wirklich sehr starker Hirsch, ein ungerader Zwölfer. Er hatte sehr lange und starke Stangen und zog im Schlag bis auf achtzig Meter auf uns zu. Ich war schon im Anschlag und dachte mir gerade, der wird recht, da ertönte vom Grat her eine noch viel mächtigere Stimme. Wie aus einem Munde flüsterten wir: „der Ungar!“ Da stürzte er sich im Schlag bis auf einhundertfünfzig Meter herunter und tobte wütend umher, wobei der andere Hirsch ihm auch nichts schuldig blieb. Sie wollten anscheinend einander imponieren, aber nichts tun, und schrien einander zehn Minuten zornfunkelnd an. Dann zog der „Ungar“, der sich zu einem wirklich kapitalen Zwölfer ausgewachsen hatte, über den Grat, woher er gekommen war. Der andere machte auch wieder kehrt und zog ebenfalls ganz gemütlich weg. Er konnte sich beim „Ungarn“ bedanken, daß ich ihn nicht schoß, nur weil ich den „Ungar“ nicht vergrämen wollte. Doch der Teufel hatte seine Hand im Spiel, denn beide wurden nicht mehr gesehen.
Nun bezog ich mit Gerold die Alpsteigerhütte. Dort jagte ich noch eine volle Woche bei herrlichem Wetter und schoß ein paar miserable Abschußhirsche.
Wir saßen im Kar oberhalb der Dankler-Alm und hatten ziemlich viel Gamswild vor uns. Da kommt über den Grat zum Freudental ein Adler in toller Fahrt mit halb eingezogenen Schwingen, dahinter folgen, ebenso schnell, zwei Kolkraben. So fegten sie über das Kar, und auf dem drüberen Kopf schlug der Adler einen Birkhahn.
Daraufhin erzählte mir Gerold, er wäre im vergangenen Jahr mit seinem Sohn dort oben gesessen und sie hätten die Beine über die Felsen ins Freudental hinunterhängen lassen. Da kommt der Adler um die Ecke und will genau dort, wo sie saßen, über den Grat. Er sei so erschrocken, daß er sich mit weit ausgebreiteten Schwingen in der Luft senkrecht stellte und ihnen die Fänge entge-

genstreckte. Kurz vor ihnen hätte er sich wieder gefangen, sei umgeschlagen und wieder um die Ecke verschwunden.

Dieses war das letzte Mal, daß ich in der östlichen Steiermark auf Hirsche waidwerkte. Nun geschah nämlich etwas, mit dem ich am wenigsten gerechnet hätte: ich sollte das Mitterndorfer Revier wiedersehen. Mein ältester Sohn Alexander stieg bei der Jagdgesellschaft ein und übernahm den Revierteil „Wies" mit dem „Königreich", wo ich mich zehn Jahre vorher bei zwei Meter Schnee vergeblich auf Große Hahnen abgemüht hatte.

Im ersten Jahr meinte Alexander, ich solle einen besseren Hirsch schießen und meinen alten Freund Baron Beck mitbringen. Mit Jäger Eisenberger bezogen wir die Axleshütte. Dort erfuhr ich erst, daß mein Sohn außer II b-Hirschen überhaupt nur einen einzigen jagdbaren Hirsch schießen durfte, einen I b-Hirsch.

Da man im Jahr vorher auf der Gesamtjagd den Abschuß auf jagdbare Hirsche weit überzogen hatte, wurde in diesem Jahr vom Forstamt der Abschuß reduziert.

Am zweiten Tag kam uns ein regelrechter junger Abschußhirsch. Beck und ich komplimentierten uns diesen so lange gegenseitig zu, bis er endlich weg war. Kaum verschwunden, grinsten wir einander befriedigt an. Wir kannten uns zu gut und sind uns in den Ansichten zu ähnlich, als daß es Worte bedurft hätte, um auszudrücken, Alexander soll die paar Hirschln für das viele Geld selber schießen.

Eisenberger, auch nicht dumm, merkte, mit wem er es zu tun hatte. Außerdem wollten wir nicht dauernd im Wald umherkriechen, sondern etwas sehen und fotografieren. So zogen wir nach der Frühpirsch und dem Besuch des Jagdnachbarn auf die „Wies" um. Nach zweieinhalb Stunden Aufstieg erreichten wir die Hütte, von deren Lage sowie von dem Revierteil „Königreich" wir begeistert waren.

Unterwegs hatten wir ein nettes Erlebnis. Wir kamen an einen kleinen See, der, von Wald und Felsen umgeben, in einem tiefen Loch lag. Für eine kurze Rast bezogen wir einen Hochsitz. Kaum saßen wir am hellichten Nachmittag oben, da hörten wir Wild anwechseln. Uns gegenüber über einer Felswand erschienen zwei Sechser und ein junger Zehner-Kronenhirsch. Sie zogen auf unsere Seite herüber und von da hinunter ans Wasser. Zuerst schöpften sie, dann stellten sie sich ins Wasser und schlugen mit den Geweihen darin umher. Sie machten dabei einen merkwürdigen Lärm und „grunzten wie Schweine". Anscheinend fühlten sie sich sauwohl, wie man hier nicht zu Unrecht sagen kann. Bis zur

Hälfte im Wasser, zogen sie durch den See und verließen ihn nach etwa zehn Minuten.
Am nächsten Morgen erreichten wir nach einer bequemen, fast ebenen Pirsch von eineinhalb Stunden das „Königreich". Es trug seinen Namen nicht zu Unrecht! Unter uns ein großes Kar, fast schon ein Tal. Gegenüber, auf Kilometer ansteigend, ein wild zerklüftetes und unzugängliches Gebiet, nur mit Latschen bestanden. Das Ganze wird abgeschlossen durch das Dachsteinmassiv, auf dem man mit dem Spektiv die Skifahrer und Spaziergänger, das Unerwünschteste für uns Hochgebirgsjäger, auf den großen Schneefeldern ausnehmen konnte. Rechts lagen die Berge des Ausseer Landes.
Wild sahen wir nicht viel, da die Brunft erst begann. Dafür hatten wir lange Zeit einen wirklich guten Hirsch auf Schußnähe vor uns, einen alten Achter mit armdicken Stangen. Schade, daß mein Sohn nicht dabei war, aber sowohl Beck als auch ich hätten diesen Hirsch gern geschossen.
So verbrachten wir drei glückliche Tage in dieser herrlichen Landschaft. Es zog uns nur noch ins „Königreich", wo wir fast den ganzen Tag verbrachten. Am vierten Tag stiegen wir ab und fuhren nach Hause.
Im nächsten Jahr meinte mein Sohn, ich solle unbedingt zu meinem sechzigsten Geburtstag einen guten Hirsch bei ihm schießen. Dieses Jahr bekäme er einen I a-Hirsch frei, der für mich reserviert sei.
Als es soweit war, hatte mein Sohn nur zwei I b-Hirsche von zehn jagdbaren Hirschen frei. Die anderen acht, zwei I a- und sechs I b-Hirsche, hatten die beiden Teilhaber eingeheimst. Auf seine Vorstellungen, daß er jetzt eigentlich dran wäre und er mich zu meinem Sechziger auf einen I a-Hirsch eingeladen hätte, wurde ihm allen Ernstes zugemutet, wir sollten diesen I a-Hirsch über den Abschuß hinaus erlegen. Das lehnte ich natürlich ab und riet meinem Sohn, sich eine derartige Zurücksetzung nicht gefallen zu lassen. Dieses Jahr muß eben jener Herr zurückstehen, der im vergangenen Jahr den einzigen I a-Hirsch kassierte, und die beiden freien Hirsche gehören den beiden anderen Teilhabern.
Alexander fuhr eigens zu der Hütte desselben und trug ihm vor, daß er auf seinem I a-Hirsch dieses Jahr besteht und ich schon da sei und diesen Hirsch schießen werde. Wenn er unbedingt einen erlegen wolle, dann soll er diesen doch selbst über den Abschuß schießen. Aber nicht wir! Endlich gab er nach und verzichtete „großmütig" auf den I a-Hirsch.
Da Beck trotz Zusage leider nicht gekommen war, ging Alexander mit mir und Eisenberger. Als wir abends zur „Wies" kamen, zog gegenüber ein meldender

Hirsch. Alexander und Eisenberger hatten mir angeblich einen starken Zehner-Kronenhirsch ausgesucht. Das war er. Wir rannten über den großen Almboden, um ihm den Weg abzuschneiden, was auch hervorragend gelang. Aber er enttäuschte mich, er hatte lange Stangen, aber keine stärkeren, und beidseitig drei lange Enden in der Krone. Er war jung, darüber bestand kein Zweifel. Den schieß ich auf keinen Fall. Jetzt meinte auch Eisenberger, daß er zu jung sei.
Das Wetter war prachtvoll, tagsüber sehr warm, aber nachts sehr kühl mit Reif, und die Brunft in vollem Gange. Es dröhnte und orgelte von allen Seiten, sowohl nachts wie auch den ganzen Tag über. Wir müssen in einer klimatischen Oase gewesen sein, denn von überall her hörte ich später, die Brunft sei wegen des heißen Wetters schlecht und still gewesen und keine Spur von Reifnächten.
Am ersten Morgen gingen wir erst bei Morgengrauen los, weil überall Betrieb herrschte und wir eine so bequeme Pirsch zum „Königreich" hatten, wo schon unterwegs alles mögliche passieren konnte. Und es passierte auch sehr viel Unerwartetes.
Hinter der Hütte tobte schon die ganze Nacht eine gute Stimme. Eisenberger meinte, den Hirsch zu kennen, er sei aber nicht begehrenswert. Gegenüber röhrte der Zehner von gestern abend. Zwischen den beiden stiegen wir unbemerkt durch. Als wir auf die Höhe kamen, war es Tag. Wir setzten die Pirsch fort, durch ein landschaftlich sehr interessantes Gebiet mit weiter Sicht. Da meldet eine gute Stimme etwa dreihundert Meter links von uns an einem Rükken. Eisenberger hatte den Hirsch sofort und riet mir zum Schuß. Zu sehen waren auf mindestens dreihundert Meter nur Haupt, Träger und Blatt. Das Geweih nur dann, wenn es der Hirsch beim Röhren auf den Rücken legte. Der Figur nach war der Hirsch älter, aber das Geweih schien mir nicht so gut, wie Eisenberger es ansprach. Außerdem hing genau über das Blatt ein kleiner Zirbenast. So kann ich auf ihn nicht schießen. Da nahm mir der Hirsch zum Glück die Entscheidung ab und drehte sich so, daß ein Schuß unmöglich war. Aber er blieb dort und wäre anzugehen gewesen. Doch ich wollte nicht, denn ich meinte, ihn richtig angesprochen zu haben, was wiederum Eisenberger vergrämte. Doch dazu hatte er nicht lange Zeit, denn fünfhundert Meter weiter röhrte eine viel bessere Stimme an demselben Rücken. Gleich sahen wir einen starken Hirsch mit prachtvoller Auslage und langen Enden auf den Grat ziehen und in den Latschen schlagen. Da hilft bloß die Muschel, bevor er über dem Grat verschwindet. Eisenberger schmettert ihm einen Sprengruf nach, da wendet er und antwortet wütend. Weiß Gott, ist das ein Hirsch! Da wird selbst Eisenberger ganz narrisch. Aber es sind fast fünfhundert Meter. Schrei auf

Schrei, hüben wie drüben, veranlassen ihn doch zum Zustehen. Als er verschwindet, rennen wir zu dritt auf einen mit Latschen bewachsenen Steinkopf vor. Kommt der Hirsch jetzt auf dem nächsten Grat, dann ist er auf zweihundertfünfzig Meter leicht zu schießen. Aber das tut er nicht, weicht aus und zieht unsichtbar im nächsten Graben Richtung „Königreich".
Alexander bleibt mit dem Hund zurück; Eisenberger und ich rennen zum nächsten Grat. Als wir vorsichtig hinüberschauen, ist der Graben leer. Diesmal hat er gewonnen, er war schneller. Doch da dröhnt seine Stimme hinter einem hohen Kopf rechts von uns. Eisenberger, die Muschel! Ich werfe mich auf dem Grat in die Blau- und Preiselbeerstauden und visiere auf meinem zusammengerollten Mantel den Kopf an. Äugt der Hirsch rechts oder links hervor, dann gehört er mir, denn es sind höchstens achtzig Meter bis da hinauf. Auf jeden Ruf bekommen wir wütende Antwort, immer von derselben Stelle. Als wir uns schon einige Minuten duelliert hatten und er immer noch nicht erschien, meinte ich, er müsse sich niedergetan haben.
Da spürte ich ein Krabbeln und Beißen im Genick, unterm Hemd und in der Hose. Verdammt, ich lag mitten in einem Ameisenhaufen, den man in den Beeren nicht sah. Ameise auf Ameise verließ meine Joppe unter dem Kragen, und sobald sie mein Genick erreicht hatten, bissen sie sich sofort fest. Zuerst wälzte ich mich mit Gewehr und Mantel zweimal um meine Achse nach rechts, ohne den Kopf aus den Augen zu lassen. Dann rieb ich auf meinem Genick die anhaltend aufmarschierende Armee zu Kompott. Was unter meinem Hemd und in der Hose passierte, darauf zu reagieren, hatte ich jetzt wahrlich keine Zeit. Allmählich nahm mein Genick Formen wie bei einem Stier an und brannte wie Feuer. Die Biester waren so groß wie Schmeißfliegen und wollten nicht weniger werden. Ich mußte meine Konzentration zwischen ihnen und dem Hirsch teilen.
Eisenberger war inzwischen nach links gekrochen, um zu versuchen, den Hirsch in Anblick zu bekommen. Wie er später feststellte, hätte er ihn sehen müssen, wenn er nur noch zwanzig Meter weitergekrochen wäre. Aber man weiß nicht, wozu solches Zögern manchmal gut ist. Zwei Niederlagen habe ich heute schon hinnehmen müssen, und aller guten Dinge sind drei. Er war wenigstens noch da, denn auf jede Anfrage erhielten wir Antwort. Doch plötzlich Ruhe. Ich winkte eiligst Eisenberger herbei und sagte ihm, daß der Hirsch sicher hochgeworden ist. Jetzt muß es sich entscheiden. Tatsächlich, sein nächster Schrei kam schon von tiefer, er zog also fort. Im Sturmangriff nahmen wir den Kopf. Obenauf stand eine tiefbeastete Zirbel. Eisenberger war zuerst oben, schaute gebückt durch die Äste und winkte mir ab. Da donnerte der Schrei

ganz nahe. Eisenberger winkt mir. Im Sprung nach oben entreißt er mir das Gewehr und entsichert es, im selben Augenblick sehe ich durch die Äste den Hirsch frei und breit auf höchstens sechzig Schritt, das Geweih auf dem Rükken, und da schreit er schon wieder dröhnend. Ein herrliches Bild!

Gedanken und Reaktion eines erfahrenen Jägers sind blitzschnell. Macht der Hirsch nur zwei Schritte, ist er für immer verschwunden. Spring ich vor, so muß er mich erkennen, und ich kann wegen des Beerenkrautes wahrscheinlich nicht schießen. So bleibt bloß eines, Überraschung und Neugier auszunutzen, die ihn für einen Moment lähmen und über Leben und Tod entscheiden.

Ich sause unter den tiefhängenden Ästen der Zirbel durch. Verwundert dreht der Hirsch das Haupt nach dem vermeintlichen Rivalen – und hat auch schon die Kugel.

Sehr schnell, aber ganz ruhig und sicher hatte ich geschossen und das Herz getroffen. Mit zurückgelegtem Geweih und angezogenen Vorderläufen tat er nach links eine Flucht ins Leere und verschwand.

Im Repetieren sah ich noch einmal den Rücken unter einem tiefbeasteten Baum, und dann hörte ich den schweren Fall, das Brechen von Holz und den Ausruf Eisenbergers: „Bravo, er liegt!“ Schon stand er neben mir und zeigte in ein düsteres Loch. Dort hatte er ihn zusammenbrechen gesehen.

Wir setzten uns an Ort und Stelle nieder, und Eisenberger zündete sich die obligate Zigarette an. Bevor er sie zu Ende geraucht hatte, traf Alexander mit dem Hund ein. Nun suchten wir den Anschuß, der sich gleich finden ließ. Da sah Eisenberger den Hirsch auch schon liegen, er war in seiner Todesflucht keine dreißig Meter mehr gekommen. Verdreht wie ein Korkenzieher lag er, mit dem Haupt nach unten, in einem tiefen Loch. Wir hatten Mühe, ihn zu dritt herauszuschaffen.

Ein Zwölfer mit sehr starken Stangen, langen Enden und einer vorbildlichen Auslage. Der Neid, das Totschweigen und der provozierende rote Punkte für den mindestens dreizehnjährigen Hirsch bei der Trophäenschau in Altaussee – zwölf Abwürfe dieses Hirsches lagen auf dem Forstamt Mitterndorf – zeigten mir, daß er noch besser war, als ich geglaubt hatte. Er war der beste Hirsch dieser Schau. Erst als ich der Bewertungskommission während der Versammlung wissen ließ, ich werde jetzt dazu um das Wort bitten, bequemte man sich, den roten Punkt zu entfernen und das Geweih zu den Mitterndorfern zu hängen. Sämtliche Berufsjäger und alle anständigen Jäger des Ausseer Landes haben sich über diese Provozierung ehrlich entrüstet.

Zwei Tage blieb ich bei herrlichstem Wetter noch oben, ging allein in das „Kö-

nigreich", wo ich den ganzen Tag verbrachte. Dort sah ich enorm viel Wild und sehr starke Hirsche, und es herrschte toller Brunftbetrieb. Einmal sah ich etwa vierhundert Meter unter mir einen Sechzehnender mit langen Stangen und sehr guten Enden auf einer kleinen Blöße mitten in den Latschen sitzen. Erst zwei Stunden später nahm ich daneben das Hinterteil eines ruhenden Tieres wahr. Der Hirsch war so abgebrunftet, daß er trotz des Brunftbetriebes um ihn herum fest schlief. Zwischendurch wachte er auf und veränderte seine Stellung. Zuerst saß er in den Latschen. Dort hatte ich zufällig das Geweih entdeckt. Dann wurde er hoch, trat aus den Latschen und tat sich sofort auf der Blöße nieder, um gleich wieder einzuschlafen. Dann legte er nach einer Stunde plötzlich das Geweih nach rechts, bis es seitlich in den Latschen ruhte. In dieser Stellung verblieb er etwa zwanzig Minuten, dann saß er wieder gerade und schlief weiter. Plötzlich senkte sich das Geweih ganz langsam nach vorne. Das Haupt ruhte eine Weile auf dem Windfang, dann auf den Augenden, und dann lag das ganze Geweih flach auf dem Boden, der Hirsch mit dem Gesicht nach unten. In dieser Stellung schlief er eine Viertelstunde fest. Ich habe ihn in all diesen Stellungen fotografiert, aber trotz des Teleobjektivs ist das alles nicht so gut zu erkennen.
1967 hat mein Sohn nach dem Tod eines Teilhabers die Hälfte dessen Reviers übernommen, und zwar den Miesboden mit dem Kemmetgebirge. Dieses bequeme, aber nicht ganz leicht zu bejagende Revier stellte er mir zur Verfügung. Von Mitterndorf her ist es nur in einem Tagesmarsch zu Fuß zu erreichen. Man muß deshalb nach Gröbming ins Ennstal. In Gröbming-Winkel wohnten der Oberjäger Lengdorfer und sein Sohn Hubert, der dieses Revier betreut. Von dort aus gelangt man in halsbrecherischer Fahrt mit dem Puch-Haflinger durch die Öfen, einen engen und enorm steilen Paß, ins Revier. Da habe ich erst gesehen, was der Haflinger leistet.
Ist man endlich oben, liegt der Hauptteil des Reviers als großer, bewaldeter Kessel vor einem, umgeben von ebenfalls bewaldeten Hängen und dem Kemmetgebirge. Zwei größere freie Flächen befinden sich darin, der Almboden, eine große, rechteckige Almwiese, vollkommen umgeben von neun schönen, noch gut erhaltenen Almen, aber leider nur noch zwei davon in Betrieb, und der Miesboden, eine große Weidefläche, an deren Südseite ein großes, bequemes Jagdhaus und ein Haus für die Jäger stehen. Dahinter liegt ein versumpfter See.
Vom Jagdhaus aus kann man das ganze Kemmetgebirge nach Gams abspekulieren, deren Bestand während meiner Zeit die Räude wieder einmal völlig vernichtet hatte. Bei uns wurden in drei Jahren hundertvierzig Gams gefunden.

Alle zwanzig Jahre tritt die Räude dort auf und geht immer nur bis zu einer bestimmten Grenze. Sie ist die furchtbarste Wildkrankheit, die ich kenne, und der Anblick der befallenen Stücke erschüttert einen. Läuse und Flöhe kann man vernichten, aber gegen die Räudemilbe ist man machtlos, deren Befall die armen Stücke letzten Endes auch noch erblinden läßt. Nach Aussage des Oberjägers Lengdorfer konnte man früher bei einer Pirsch im Kemmetgebirge bis zu achtzehn jagdbaren Gamsböcken begegnen. Im letzten Jahr sah ich noch sieben Gams. Ich habe in Mitterndorf nicht einen Gamsbock geschossen.
Ende August 1967 war ich das erste Mal oben, um mir das Revier anzuschauen. Rotwild sah man, außer einigen Stücken Kahlwild am Kemmetgebirge, überhaupt nicht. Deshalb stieg ich eines Tages mit Jäger Hubert ins Kemmetgebirge auf, um von oben einen Eindruck vom Revier zu bekommen, denn alles ist bewaldet.
Von der Aussicht war ich tief beeindruckt. Rechts unter mir das Revier, dahinter das Mitterndorfer Tal und das ganze Steinerne Meer, vor mir das Dachsteinmassiv, links unter mir das Ennstal mit den mächtigen Bergketten bis hinauf zum Großglockner, und hinter mir der Grimming.
Aber wo soll man da unten im Wald einen Hirsch bekommen? Es muß schon reine Glückssache sein, wo und was für einen man antrifft, und das ist außerdem nur in der Brunft möglich. Ich glaube, daß es dort sehr schwierig ist, einen ganz bestimmten Hirsch zu schießen, höchstens an einigen Stellen an den Hängen, in die man nur geringen Einblick hat, und dorthin ist der näheste Schuß dreihundert Meter. Ich habe mir dann auch tatsächlich sehr schwer getan. Mit Pirschen ließ sich da überhaupt nichts machen, einen alten Hirsch kann man hier nur ersitzen, wenn man sein Revier nicht leerlaufen will. Beim Abstieg kamen wir an der Waldgrenze an prachtvolle alte Lärchen. Diese Tagespirsch hatte mich voll befriedigt.
Mein Sohn hatte einen Freund eingeladen. Deshalb fragte er mich, wann ich zur Brunft kommen wolle. „Nicht vor den letzten Tagen im September." Also fuhr der Freund eine Woche vorher hin, fehlte leider einen sehr guten ungeraden Zwölfer, schoß dann ein paar Tage später einen äußerst interessanten Hirsch mit einem langen, nach unten gebogenen Augsproß.
Die ersten drei Tage versuchte ich es auf den gefehlten Zwölfer. Baron Beck wollte einen uralten Sechser schießen, der aber in unmittelbarer Nähe meines Zwölfers stand. Deshalb saß er die ersten Tage drüben gegen das Kemmetgebirge zu, um mich nicht zu stören. Doch mein Zwölfer war noch so beleidigt, daß er etwas weiter nur im Wald meldete und erst nachts zu der kleinen Blöße

zog. Nach drei Tagen gab ich mein Unternehmen dort auf, weil doch auch Beck den Sechser schießen sollte. Wir wollten versuchen, etwas näher an den Zwölfer heranzukommen und ihn in einem Graben abzufangen.
Die Brunft war geradezu toll, die Hirsche schrien Tag und Nacht ununterbrochen, und das Konzert nahm jeden Tag an Heftigkeit zu. Der größte Lärm war in einem großen, geschlossenen Waldstück zwischen dem Jagdhaus und dem großen Almboden. Wir zählten sechs bis sieben wirklich gute Stimmen. Das Revier Miesboden kannte man ja als sehr guten Brunftplatz. Aber was hat die besseren Hirsche veranlaßt, hier zusammenzukommen? Des Rätsels Lösung erhielten wir erst später. Einer meiner Nachbarn war mit Beginn der Brunft kreuz und quer in seinem Revier umhergesaust und hatte noch keinen Schuß abgegeben, sondern alle Hirsche „hinausgerannt", und zwar zu mir! Bei ihm meldete kein einziger. Mein anderer Nachbar dagegen hatte zwei gute Hirsche geschossen, mein Sohn auch zwei. Wir saßen überall außen herum, aber keiner tauchte auf. Hie und da ein abgesprengter Beihirsch.
Ich wollte unbedingt den gefehlten Zwölfer sehen, der sich nicht auf dem großen Rummelplatz einfand, sondern, durch den großen Almboden getrennt, in einem wild zerklüfteten Gebiet oberhalb des Hanges stand, auf welchem er beschossen worden war. Wir wußten, daß wir keine Chance hatten, denn der Zwölfer verließ seine Deckung nicht.
Nun kamen wir an den großen Graben, wo wir hofften, ihn dort einmal in Anblick zu bekommen. Tatsächlich kam er immer wieder uns gegenüber bis an den Rand, zeigte uns aber nicht einmal ein Haar. Endlich kam noch eine ganze Schafherde den Graben herunter und blieb blökend eine Stunde lang zwischen uns und dem Hirsch. Obwohl die Schafe das Rotwild überhaupt nicht stören, ist der Jäger gar nicht erfreut, wenn er im Hochgebirge in der Nähe von Rotwild auf sie stößt.
Am Abend wollte ich mir das Platzkonzert einmal etwas näher anhören. Der Hirsch mit der besten Stimme zog nach unserer Beobachtung jeden Morgen sehr früh aus der Richtung Kemmetgebirge ein. Mit größter Wahrscheinlichkeit querte er dabei einen Abfuhrweg. Also mußten wir ebenfalls bei Tagwerden hineinpirschen, um nicht zu spät dran zu sein.
Wie meist, kommt etwas dazwischen. Als wir schon halb drinnen sind, meldet eine gute Stimme rechts von uns ganz nahe. Da wir am Rande einer Dickung etwas Einblick haben, pirschen wir am Bestandesrand hinein. Vor uns ein riesiger Felsblock in der Dickung, darauf wachsen ein paar Bäume. Dahinter arbeitet der Hirsch herum. Plötzlich erscheint er oben auf dem Felsblock und steht frei wie eine Scheibe. Ein sehr guter Vierzehnender, aber noch nicht alt genug.

Diese zehn Minuten haben genügt, unseren Hirsch zu verpassen. Er war schon über den Weg und rechts von uns im Bestand, in den man etwas, aber nicht weit, Einblick hatte. Deshalb darf man nicht gleich aufgeben, wir ließen uns am Weg nieder und konnten ungefähr hundert Meter weit den Weg überblikken. Nachdem die Hirsche den ganzen Tag da drinnen umhergetobt hatten, mußten wir ja im Laufe des Tages etwas zu sehen bekommen.

Inzwischen war es heller geworden, dafür heute etwas ruhiger. Schließlich schrieben wir den 30. September, und man konnte nach einer Woche Hochbrunft nicht erwarten, dies ginge noch länger so weiter. Die tiefe Stimme des scheinbaren Platzhirsches ließ sich jetzt hie und da ziemlich weit rechts vernehmen.

Fast eine Stunde saßen wir schon auf unserem Platz, ohne etwas entdeckt zu haben. Meine Tritonmuschel lag griffbereit zwischen uns. Ausgemacht war, beim Erscheinen eines Hirsches schaut ihn sich Hubert mit dem Glas an, während ich die Büchse schon in Anschlag bringe. Die Entscheidung liegt bei Hubert. Das erfordert der nur dreieinhalb Meter breite Weg.

Da stößt mich Hubert an und deutet mit dem Kopf auf meiner Seite in den Bestand. Ich höre leises Anstreichen und sehe für kurze Zeit die Läufe eines Stückes, das von uns weg schräg zum Weg zieht und bin schon im Anschlag, als sich von rechts erst ein Geweih, dann der Hirsch herausschiebt und auf dem Weg von uns fortzieht. Im Fernrohr glaubte ich, auf der einen Stange eine Dreierkrone und auf der anderen deutlich eine lange Gabel gesehen zu haben. Hubert ruft: „Schießen!“ „Zum Teufel, wohin?“ „Auf den Träger!“ „Ich werde mich hüten, von hinten auf den Träger zu schießen!“ „Schreien Sie ihn an!“ Hubert schreit dem suchenden Hirsch nach. Das ignoriert er vollkommen und zieht weiter. „Noch einmal!“ Diesmal kommt der Sprengruf. Daraufhin verhält der Hirsch und dreht ganz langsam das Haupt zu uns her. Dadurch bekomme ich die Möglichkeit, ihn tödlich zu treffen. Im Knall bricht er zusammen und rührt sich nicht mehr.

Wir hatten genau angesprochen. Nur erwiesen sich die Stangen länger und stärker. Ein mindestens zwölf- bis dreizehnjähriger Hirsch, ein wirklich braver Berghirsch. Im Wildbret auffallend stark, sicherlich der Platzhirsch.

Nun war Baron Beck, den der frühere Waldarbeiter und jetzige Hilfsjäger Griesser geführt hatte, an der Reihe. Hubert sollte ihn unbedingt auf den alten

Wer meint, es wäre ein leichtes, einen bestimmten Damschaufler in einem geschlossenen, großen Waldgebiet ohne Wiesen und Felder zu erlegen, ist gewaltig auf dem Holzweg! (Foto: Nagel)

Sechser zu Schuß bringen. Gesehen hatte er ihn vor unserer Ankunft täglich, der Hirsch müßte also eigentlich todsicher sein. Aber Beck saß Tag und Nacht, und der Sechser kam nicht ein einziges Mal. Nun gab es dort zwei Hochsitze, von denen aus man auf ihn schießen konnte. Der eine stand dreihundert bis vierhundert Meter von der kleinen Blöße entfernt, auf der er zu erscheinen pflegte, der andere in unmittelbarer Nähe. Wegen des Vergrämens bezogen sie immer den weiteren. Am letzten Abend beschlossen sie nun, einmal den nahen zu besteigen. Huberts Hund wurde die ganzen letzten Tage vom Jägerlehrling Erwin mitgenommen, damit nichts vergrämt wird. Ausgerechnet an diesem Abend nahm Hubert den Hund mit und legte ihn unter dem Hochsitz ab. Doch dort wurde es diesem zu langweilig. Er widmete sich den rundum wachsenden Blaubeeren. Mitten in seiner für einen Schweißhund ungewöhnlichen Tätigkeit erschien der langgesuchte Hirsch unter dem Hochsitz und trat fast auf den Hund. Der kurze Anblick genügte dem alten Hirsch, seinen Bruftplatz polternd zu verlassen – und Baron Beck war um ihn gekommen.

Diesen alten Sechser erlegte im Jahr darauf Baron Kapherr als starken, ungeraden Zwölfer. Ich habe die miserablen Abwürfe vom selben Jahr danebengestellt. Kaum faßbar, daß dieser Hirsch im Alter von dreizehn Jahren plötzlich ein solch starkes Geweih geschoben hat! Aber nach bestimmten Merkmalen der Stangen handelte es sich unzweifelhaft um denselben Hirsch. Und was noch merkwürdiger ist, er hatte nach Aussagen der Jäger als jüngerer Hirsch zwei Jahre lang auf einer Seite nur eine Platte, die er ebenfalls abwarf und nach zwei Jahren wieder eine Stange schob. Er war eigentlich immer abschußnotwendig, niemals vielversprechend. Das miserable Geweih des vorletzten Jahres jedoch führt man auf den erstmalig in einem Gatter verbrachten Winter zurück.

Während der Brunft kämpfen Damhirsche sehr häufig, wobei es auch zum Todforkeln kommt, in der Bastzeit aber werden Meinungsverschiedenheiten mit den Vorderläufen ausgetragen (Foto: Czimmeck)

Damschaufler und Mufflons

Schon lange ist es her – ich glaube, gute fünfzig Jahre –, als ich das erste Mal nach Schloß Wächtersbach kam, um einen Schaufler zu schießen. Ich war so aufgeregt, daß ich meine Patronen einzustecken vergessen hatte, was mir nur dieses einzige Mal in meinem langen Jägerleben passierte.
Die Schaufler waren damals nicht gut, weil es zu viel Wild gab. In der Brunft hatte jeder mindestens acht bis zehn Stück Kahlwild bei sich. Pirschte man hinter einem solchen Rudel her, eräugte einen todsicher eines der vielen Tiere. Setzte ich mich an, kamen alle möglichen anderen Hirsche, mit und ohne Harem, nur nicht der erwünschte.
Mufflons hatte man damals eben ausgesetzt. Sie vermehrten sich enorm schnell, und die Widder zeigten eine sehr gute Veranlagung. Sie verhielten sich unglaublich standorttreu und blieben in ganz bestimmten Revierteilen von Wächtersbach. Das ist auch heute noch so. Die Vermehrung erfolgte so rasch, daß wir in extra dafür gebauten Fängen eine ganze Anzahl Widder und Schafe fingen und verkauften. Mehrere gingen nach Laubach zum Grafen Solms-Laubach; ihre Nachkommen wurden die stärksten Widder Deutschlands.
Gegen Abend pirschte ich mit Förster Siebenlist gegen eine kleine Wiese, die mitten im Wald liegt und auf der einige Apfelbäume stehen. Von weitem sahen wir dort Damwild äsen. Als wir näher kamen, entdeckten wir einen gut veranlagten jüngeren Schaufler, der auf den Hinterläufen stand und die Äpfel vom Baum pflückte. Wurde ihm das zu langweilig oder zu anstrengend, schlug er mit dem Geweih in die Äste, daß es Äpfel nur so regnete. Sofort kam das Kahlwild angetrollt und half ihm, das gefallene Obst fein säuberlich aufzulesen.
Einmal kamen wir von oben her an einen großen Hang mit Buchenaltholz. Ich meinte, Waldarbeiter bei der Arbeit zu vernehmen und wollte mit dem Bemerken kehrtmachen, daß eine Pirsch in diese Richtung wohl keinen Wert hätte. Doch mein Begleiter bat mich, schnell bis zur Kante vorzugehen, denn sicherlich wären das zwei kämpfende Widder.
Da standen in sechzig Meter Entfernung tatsächlich zwei recht gute Widder einander gegenüber. Langsam gingen sie Schritt für Schritt etwa zwanzig Meter zurück, um dann aufeinander loszusausen. Mit lautem Knall prallten sie mit ihren Schnecken zusammen, daß es sie einen halben Meter zurückwarf. Das geschieht mit solcher Wucht, daß manchmal ganze Stücke aus den Schnecken

herausbrechen. Wütend, mit verdrehten Lichtern, stierten sie einander an und begannen dann, das Unternehmen zu wiederholen, und zwar so oft, bis einer beim Zusammenprall vorn in die Knie ging. Das sah wie eine Kniebeuge aus, denn er stand sofort wieder voll da. Doch dann machte er plötzlich kehrt und eilte mit dem Mufflons eigenen federnden Troll von dannen, ohne daß ihn der Sieger verfolgte. Dieser äugte ihm eher verwundert nach.
Viele Jahre später quartierten Fürst Ysenburg und ich uns für einige Tage in einem kleinen Jagdhaus mitten im Revier ein, von wo aus wir unsere Pirschgänge unternahmen. Mittags und abends kamen wir wieder dort zusammen. Beim Essen sagte Pucky zu mir: „Herrgott, jetzt fällt mir erst ein, du wolltest doch einmal einen Muffelwidder schießen. Aber da du ja leider nur noch heute nachmittag Zeit hast, kann ich für nichts garantieren. Aber versuchen kannst du es jedenfalls. Die einzige Chance ist bei Förster Leo, ich rufe ihn sofort an, bringe dich rauf und hole dich abends wieder ab. Dort steht ein kapitaler Widder. Es würde mich ganz besonders freuen, wenn du ihn bekämst."
Aber Förster Leo machte mir alles eher denn Hoffnungen. Er steuerte sofort auf einen Revierteil zu, in dem er sich die einzigen Aussichten versprach, wenn es überhaupt welche gab.
Wir erreichten ein ziemlich dichtes Buchenstangenholz in leichter Hanglage. Überall lagen Steine aller Kaliber umher, und dazwischen rieselte Wasser zu Tal. Offenbar ein idealer Sommereinstand für das Muffelwild. Schritt für Schritt auf einem Weg ganz langsam dahinpirschend, waren wir schon ziemlich weit vorwärtsgekommen und hatten noch nichts entdeckt. Plötzlich hörte ich hinter mir ein leises „Pst!" Wie angewurzelt blieb ich stehen und drehte mich ganz langsam zu Leo um. Der winkte mich mit dem Kopf zu sich und zeigte mir dann im dicksten Zeug auf etwa achtzig Meter in einer Lücke einen Widder. Der wäre leicht zu schießen gewesen. Vorsichtig schoben wir uns vor. In der nächsten Lücke bekamen wir das Haupt frei. Jung, aber bereits eine sehr gute Schnecke, und die Spitzen kamen vorn schon hoch. Wir suchten weiter. Ein Schaf, noch eines, drei, vier. Die zogen dauernd hin und her. Lautlos schoben wir uns weiter. Da, der Spiegel eines Widders. Im Wildbret sehr stark, das Haupt leider verdeckt, weil er vor sich hindöste. Endlich hob er das Haupt. Der Kapitale!
Ich hatte noch nie einen Mufflon geschossen. Bei meinem ersten und einem so starken wollte ich todsicher gehen. Vom Weg aus aber war das unmöglich, ich mußte hinein, und das erschien sehr riskant. Deshalb zog ich meine Schuhe aus, pirschte vorsichtig auf den Widder zu und behielt stets die Schafe und den

anderen Widder im Auge. Zogen die Schafe auf mich zu, blieb ich stehen, zogen sie wieder weg, pirschte ich weiter. Endlich war ich auf vierzig Schritt dran. Der andere stand vollkommen frei. Mit gestochener Büchse stand ich, an einer Buche angestrichen, fast eine halbe Stunde und wartete, daß er sich einmal breit stellt. Aber er rührte sich nicht, zeigte mir weiterhin nur den Spiegel, und ich konnte das Gewehr kaum noch halten.

Da kommen die Schafe äsend direkt auf mich zu, und als das erste mir fast auf den Fuß tritt, bekommt es Wind. Ein Pfiff, und weg sind sie alle.

Auf der Heimfahrt sahen wir kurz vor dem Verlassen des Waldes an einem Zaun zwei Stück Muffelwild. Ein Schrei des Jagdherrn: „Der Eingewachsene, schieß ihn!“ Mit einem Satz sprang ich aus dem Wagen, das Wild ging jedoch schon flüchtig ab. Ich rannte die Straße bergauf, in der Hoffnung, den eben um einen Kopf verschwindenden Widder noch einmal zu sehen. Da flüchten die beiden gerade durch eine Senke und den nächsten Kopf hinauf. In meiner Verzweiflung rannte ich weiter. Nun erscheinen sie um den Kopf herum und flüchten auf etwa hundertdreißig Meter im rechten Winkel zum Waldweg. Jetzt oder nie! Zuerst überfällt das Schaf den Weg. Als der Widder folgt, ist die Kugel draußen. Er stürzt mitten auf den Weg, schlegelt noch einmal, ist dann verendet.

Mein erster Widder. Mit starker Schnecke, in der ganze Brocken, beim Kämpfen ausgebrochen, fehlten. Die Spitzen waren bereits hinten im Träger eingewachsen, was ihn im nächsten Jahr ohne Zweifel hätte eingehen lassen.

Erst 1964 kam ich wieder auf Schaufler nach Büdingen. Hier darf ich einfügen, daß Fürst Ysenburg von seinem verstorbenen Onkel im Jahre 1941 Büdingen geerbt hatte, ein herrlicher Besitz von über zehntausend Hektar sich nun in einer Hand befand. Freilich traf ich ganz andere Wildverhältnisse wie ehedem an. Kein Wunder, denn einmal hatten nur ganz geringe Restbestände die Besatzungszeit überstanden, zum anderen wollte man keine solche Wildmengen mehr, um die Geweihbildung zu verbessern. Und das ist absolut gelungen. Die Spitzenschaufler der letzten Jahre ragen doch weit über alles hinaus, was je in Büdingen und Wächtersbach zur Strecke kam.

Zunächst mußte das große Revier wieder einigermaßen bevölkert und gleichzeitig mit einem intensiven Hegeabschuß alles schlecht Veranlagte ausgemerzt werden. Ein guter Schaufler braucht nun einmal mindestens acht bis zehn Jahre, bis er schußbar ist, und man soll sich ja nicht einbilden, es wäre so leicht, in einem geschlossenen, großen Waldgebiet ohne Wiesen und Felder einen bestimmten Schaufler zu erlegen.

In der Brunft besteht eigentlich die einzige Möglichkeit dazu. Nicht die ersten Brunftschreie, ein für solches Wild eigentlich lächerliches Gerülpse, zeigen den Beginn der wirklichen Brunft an, sondern das Wandern der stärkeren Hirsche zu den Brunftplätzen. Dies beginnt, wie bei Rothirschen, jedes Jahr fast auf denselben Tag Ende Oktober. Wird einer der starken Schaufler, von denen die bekannten ihren eigenen Namen haben, von einem der Forstbeamten, die um diese Zeit Tag und Nacht unterwegs sind, gesichtet, dann gibt es Großalarm. Die benachbarten Revierbeamten werden ständig unterrichtet und erstatten ihrerseits Rapport über gemachte Beobachtungen. Die Gäste werden auf den Weg gebracht, und nun beginnt die Jagd nach dem Glück, denn anders kann man das wohl nicht ausdrücken.

Bei Tagesanbruch fährt man los. Nachts haben die Revierbeamten und der Leibjäger Heinz auf Brunftplätzen gute Stimmen gehört. Sicher ist das der „Schwarze“, den Revierförster Guntrum gestern nachmittag bei sich auf einem Weg allein suchend in diese Richtung ziehen sah. Wahrhaftig, dort meldet eine gute Stimme. Sobald man genügend sehen kann, pirscht man hin. Da saust tatsächlich der Hirsch mit zwei oder drei Stück Kahlwild im Bestand hin und her. Der Liebeskoller hat ihn all seiner Sinne beraubt, aber die verdammten Tiere passen für ihn umso mehr auf und haben „auf jedem Haar ein Auge“. Endlich kann man ihn ansprechen. Tiefste Enttäuschung, ein junger Zukunftshirsch.

Weiter pirscht man, die ganze nähere und weitere Umgebung ab, in der Meinung, man müßte den „Schwarzen“ unbedingt finden, weil er doch sicher diesen Brunftplatz nicht ausgelassen hat. Dabei ist er bereits durch zwei weitere Reviere durchgewechselt und bei Wenk in Gettenbach auf dem Brunftplatz.

Eilt man dann, durch diese Nachricht alarmiert, hin, ist dort ein Riesenkrach, zwei oder drei Hirsche melden ununterbrochen. Man schleicht sich hoffnungsvoll an die Kanzel, bekommt zwei von dort aus zu sehen, pirscht den dritten an, denn er muß es ja sein. Alle drei zu jung! Der „Schwarze“ ist bereits über alle Berge, wurde von niemandem gesehen und hat wieder einmal seine Decke über die Brunft und somit für ein weiteres Jahr gerettet.

Dennoch sind diese Pirschen sehr unterhaltend, und man erlebt eine Menge, sieht Muffelwild und Sauen, schießt hie und da einen Abschußhirsch und hofft bis zur letzten Minute auf das besondere Waidmannsheil.

So traf ich mich nach vergeblicher Morgenpirsch um die Mittagszeit auf einer Höhe mit den drei Förstern, deren Reviere hier zusammenstießen. Es regnete, was vom Himmel ging. Wir verkrochen uns in meinen Wagen. Zuerst wurden die Erlebnisse ausgetauscht, dann aßen wir unsere Brote und rauchten, wobei die neuesten Witze die Runde machten. Die Fenster liefen so an, daß man dauernd wischen mußte. Als nun Seifried, der neben mir saß und gerade einen neuen seiner berühmt saftigen Witze erzählt hatte, wieder einmal an seinem Fenster wischte, entfuhr es ihm: „Da kommt ein Hirsch!“ Er kurbelte das Fenster herunter, da trollte wahrhaftig ein Stück Damwild bei strömendem Regen, auf dem Boden suchend, bis auf fünf Meter ans Auto her, ohne davon Notiz zu nehmen, drehte wieder ab, zurück Richtung Hang, wo es hergekommen sein mußte. Auf dem Haupt war nichts zu sehen. Seifried, der das Stück auf diese geringe Entfernung mit dem Glas angeschaut hatte, flüsterte mir zu: „Schießen, ein Mönch!“

Ich saß aber leider auf der falschen Seite, ergriff mein Gewehr, stürzte aus dem Auto und rannte hinter dem Mönch her. Als ich die Kante erreichte und den ganzen gut übersichtlichen Hang absuchte, war er wie vom Erdboden verschluckt. Seifried sah ihn später noch einmal auf einem Weg. Er wurde nie geschossen, auch nie mehr gesehen, weiß Gott, was aus diesem interessanten Hirsch geworden ist, der nur zwei große flache Platten auf dem Schädel trug. Heute vermute ich, nach meinem Erlebnis mit einem Rothirschmönch, daß vielleicht auch er wieder ein Geweih schob.

Im nächsten Jahr hatte ich nicht nur den meisten, sondern auch den besten Anblick. Jeden Morgen sah ich viel Sauen und Muffelwild, aber wieder keinen von den guten Schauflern. Außerdem hatte ich einen guten Widder frei.

Die Besatzungszeit hatte auch unter den Mufflons schwer aufgeräumt, nur ein ganz kleiner Stamm konnte sich im Wächtersbacher Teil retten. Da der Jagdherr dieses Wild wieder vermehren wollte, setzte er auf Anraten seines Schwagers Prinz Reuß Muffelwild aus Österreich ein, mit vernichtendem Erfolg! Diese Mufflons schälten schlimmer als das Rotwild, und nach Jahren wurde über diesen Stamm, der sich sehr stark vermehrt hatte, aus forstlichen Gründen das Todesurteil verhängt und vollstreckt.

Am ersten Morgen flüchtete ein guter Widder beim Tagwerden vor meinem Auto vorbei und wie der Satan unter alten Eichen davon, so daß ich keine Kugel loswerden konnte.

Eine Stunde später begegneten wir in einem lichten Buchenbestand einem starken Schaufler. Ich stand bereits im Anschlag, da ertönte der beruhigende Ausspruch: „Den dürfen wir nicht schießen, das ist der Hirsch des Fürsten!“

Am nächsten Morgen pirschte ich von einem Brunftplatz zu einem anderen durch ein Fichtenstangenholz, das vor Schälschäden weiß schimmerte. Also ein

Lieblingsaufenthalt des Muffelwildes. Jäger Heinz war bei mir. Eine Bewegung ließ uns verhalten. Ein sehr starker Widder steuerte auf uns zu, so daß ich das Gewehr von der Schulter nahm und entsicherte. Da bekam ich wiederum die Beruhigungsspritze: „Das ist der gute Widder unseres Fürsten!" Auf vierzig Schritt stolzierte er ganz gemütlich an uns vorbei.

Nachmittags setzte ich mich auf dem Brunftplatz am Steinhäuschen an. Wir saßen auf Jagdstühlen frei an einer alten Buche. Plötzlich flüsterte mein Begleiter: „Da vorn kommt ein Widder." Im Glas erkannte ich, daß die Schnecke nur links stark entwickelt war, rechts hingegen lediglich stummelförmig. Eine interessante Trophäe! Ich griff nach der Büchse, die auf meinen Knien lag. Da erhielt ich die nächste Spritze: „Das ist der Einschneckige unseres Fürsten!" Der Widder zog ganz langsam direkt auf uns zu, verhielt keine zehn Schritt von uns auf einem Abfuhrweg. Zuerst äugte er uns an, fand es anscheinend absolut in Ordnung, daß wir dorthin gehören, sicherte dann an uns vorbei den Hang hinauf, zog ganz friedlich dorthin und verschwand. Noch nie konnte ich einem Widder so nah und genau in das alte, griesgrämige Gesicht schauen!

Zu Hause erklärte ich dem hohen Jagdherrn, ich sei heute im Paradies gewesen. Wohin ich schaute, überall verbotene Früchte. Jahrelang schon hatte er versucht, diese beiden Widder zu schießen, doch erst im folgenden Jahr sollte er sie bekommen.

Im Jahr darauf ging es ganz dumm zu. Von den schälenden Widdern lebte nur noch einer, der recht gut war. Diesen sollte ich schießen. Außerdem sollte ich den sagenhaften Schaufler „Barbarossa" erlegen. Welch schöne Musik, doch es blieb nur bei der Musik! Zwar wurden beide erlegt, aber nicht von mir.

Heinz meinte am ersten Morgen, wir schießen zuerst den Widder, denn er wollte, daß ich beide bekam. Als wir um eine Kurve biegen, kommt der Widder flüchtig aus einer kleinen Kultur durch Fichtenaltholz vor unseren Wagen. So schnell ich auch aus dem Auto sprang, er hatte sich bereits mit einer Flucht über den Weg ins Dicke gerettet. Tagelang trieben wir uns in dieser Gegend umher, ohne ihn jemals wieder gesehen zu haben.

Eines Tages schlug ich Heinz vor, am Steinhäuschen anzusitzen. Aber dort saß ein Forstmeister auf einen Schaufler an, den er fehlte. Da er angab, den Hirsch angeschweißt zu haben, setzte eine riesige Nachsuche ein und damit eine enorme Beunruhigung der ganzen Gegend. Am nächsten Morgen fuhren wir in einen anderen Revierteil und kamen zufällig am gegenüberliegenden Hang vorbei. Da steht der Hirsch gesund und munter mit drei Stück Kahlwild. Ich schoß ihn extra nicht und gab mittags in Büdingen die Meldung ab. Nachmittags hörten wir Richtung Steinhäuschen einen Schuß. Wir dachten uns noch, jetzt hat der Forstmeister endlich den Schaufler. Als wir abends nach Hause kamen, lag im Schloßhof unser Widder auf der Strecke. Er war dem Forstmeister gekommen ...

Heinz und ich schauten einander nur an, gedacht haben wir uns sicher dasselbe.

Nun können wir uns voll dem Sagenhirsch „Barbarossa" widmen. Wir brauchten zwei Tage, bis wir ihn spätabends fanden. Es war aber schon so spät, daß wir ihn vielleicht vergrämt hätten. So zogen wir uns zurück. Heinz meinte, den bekommen wir morgen früh todsicher.

In Büdingen wurde ich für den nächsten Tag in ein anderes Revier eingeteilt. Heinz sollte mit dem jungen Fürsten von Birstein, der am nächsten Morgen zum ersten Mal auf Schaufler kam, in meinem Revier pirschen. Ich schaute Heinz bloß an und begegnete seinem mitfühlenden Blick, denn er wußte genau, daß ich nun auch um diesen Hirsch komme.

Morgens fuhr ich trotzdem bei Dunkelheit mit Förster Mohr hin. Bei Tagesgrauen ging ich den schreienden Hirsch an. Ich sah unter den alten Huteichen den brunftenden Hirsch mit seinem Kahlwild und hätte ihn bequem anpirschen und schießen können, aber ich zog mich zurück und fuhr in das andere Revier, wo ich den ganzen Tag pirschte, ohne ein Stück zu sehen. Eine Stunde später hörte ich den Schuß!

Ich habe das Geweih nie gesehen, denn der glückliche Erleger war gleich wieder heimgefahren und hatte das Haupt mitgenommen. Es soll der beste Schaufler gewesen sein, der dort je erlegt worden ist.

Nun wollte ich heimfahren, wurde aber gebeten, doch noch soviel Zeit zuzugeben, bis ich einen besseren Schaufler geschossen hätte. Sämtliche Reviere standen mir zur Verfügung, alle Meldungen sollten sofort an das Revier weitergegeben werden, wo ich gerade jage. Der Jagdherr verzichtete auf die Jagd und begleitete mich. Wir kamen auch zur Garderuh, einer großen Wildwiese mit alten Huteichen, wo Napoleons Garde bei einem seiner Feldzüge gerastet haben soll. Dort hatte man einen stärkeren Hirsch bestätigt, der aber nichts von sich hören ließ. Deshalb kehrten wir zum Steinhäuschen zurück, wo abends zuvor

Bild rechts: „Ein Knäuel Muffelwild!" – Oder ließe es sich treffender sagen? (Foto: Koller)

Bild umseitig: Im Wald haben wir die Sauen, die kein anderes Wild Europas an Klugheit und Mut erreicht, sehr gerne. Ein Jammer nur, daß sie auf den Feldern so zu Schaden gehen! (Foto: Czimmeck)

ein sehr guter Hirsch gesichtet worden war. Da am Brunftplatz der Wind direkt hineinstand, blieben wir am herüberen Hang. Von dort verhörten wir den Hirsch, der eine sehr gute Stimme hatte.
Er zog immer weiter links, was uns veranlaßte, auf unserer Seite nach links schräg zu Tal zu fahren, um ihm den Weg abzuschneiden. Von dort lag uns gegenüber ein großer Schlag, darüber Buchenaltholz. Ungesehen konnte er also dort nicht vorbeiziehen. Wenn er herüberwollte, mußte er einen Wiesengrund queren, den wir ganz einsehen und den Hirsch an unserem Hang abfangen konnten. Zog er zurück, bestand die Möglichkeit, die ganze Sache zu umfahren und zu versuchen, zum Steinhäuschen zu pirschen. Aber es schien, daß er doch über den Schlag wollte, und da wäre er verloren gewesen.
Plötzlich erblickten wir im Tal ein Männchen mit einem blinkenden Stativ auf der Schulter und einem großen Fotoapparat in der Hand, in seiner Begleitung einen Knaben mit einem schneeweißen Hemd, in Richtung Hirsch eilen. Aus war es, Totenstille! Der Jagdherr meinte, es wäre wie verhext mit mir.
Da ich mich schon acht Tage bei ihm aufhielt, setzte ich meine Abfahrt unwiderruflich auf den nächsten Tag fest.
Keiner der Beamten konnte sich erinnern, jemals eine so merkwürdige Brunft erlebt zu haben. Nachts schrien die Hirsche wie verrückt, bei Tag hörte man keinen Ton und sah deshalb kaum einen von ihnen. Wir fuhren kreuz und quer alles ab, pirschten umher und saßen an den Brunftplätzen an. Nichts rührte sich. Wurde es Nacht, begann ab neun Uhr ein toller Betrieb. Beim Morgengrauen herrschte Totenstille. Fünf Tage war ich von morgens bis spätabends draußen und hatte noch nichts gesehen.
Am letzten Tag fuhr ich mit doppelter Begleitung, Förster Mohr und Jäger Heinz. Am späten Nachmittag waren wir bei Wächtersbach und kamen von einem ganz entlegenen Revierteil zurück, wohin uns die Verzweiflung getrieben hatte. Wir fuhren gerade von oben her in einen Hang hinein, da sah Heinz einen Hirsch unten stehen. Raus, an einen Baum und Schuß auf den Hirsch, der auf ungefähr hundertsechzig Meter breit stand. Zwanzig Meter vor dem

Bild umseitig: Wenn so ein Kasten von einer Sau im hohen Schnee heranzieht, ist das schon ein imponierendes Bild, für das jeder wahre Jäger gerne bereit ist, Strapazen auf sich zu nehmen (Foto: Eisl)

Bild links: Von faszinierender Schönheit ist der Morgen im Bergrevier. Ob zu diesem Anblick heute auch einmal ein Waidmannsheil kommt? Verdient wär's ja schon längst! (Foto: Eisl)

Hirsch steckte ein langer dürrer Ast im Boden, genau vor dem Blatt. Knapp links daran vorbei war ich abgekommen. Der Hirsch zeichnete gut und verschwand hochflüchtig im hohen Farn. Nach meiner Meinung mußte er liegen, und dies glaubten die beiden Jäger auch. Heinz und ich gingen zum Anschuß. Den Dürrling hatte ich mir genau gemerkt. Als wir gerade anfingen, den Anschuß zu suchen, wurde im Farn ein Hirsch hoch. Einen Augenblick hatten wir das Geweih gesehen, aber ihn nicht ansprechen können, und waren der Meinung, das müsse der kranke Hirsch sein. Wir sahen bloß den Farn wackeln, und als der Hirsch plötzlich bergauf drehte, bekam ich ihn für den Bruchteil einer Sekunde frei und schoß. Nichts rührte sich mehr.
Heinz ging hin, während ich die obere Seite des Farns absicherte. Aber er fand weder den Hirsch noch Schweiß und kam zurück, um den ersten Anschuß zu suchen, denn dort mußte es dem Zeichnen nach Schweiß geben.
Mohr war inzwischen mit dem Auto vorgefahren, ausgestiegen und hatte sich vor dem großen Farnfeld postiert. Ich blieb auf meinem Platz, Heinz hatte Schweiß gefunden und war der Fährte abwärts in den Farn gefolgt.
Nach einigen Minuten rief er mir zu: „Da liegt der Hirsch!" Ich hatte also auf einen zweiten geschossen und hoffte sehr, ihn gefehlt zu haben. Während ich noch beim Hirsch stehe und mir das Geweih betrachte, ertönt ein fürchterliches Geschrei: „Achtung, ein kranker Hirsch, ein kranker Hirsch!" Ich reiße mein Gewehr von der Schulter. Sechzig Meter vor mir, mitten im Farn, sehe ich Heinz, der einen Bruch holen wollte, in Richtung auf das Rufen zugehen. Kurze Zeit darauf taucht Mohr, auf dreihundert Meter rufend und winkend, an einer Zaunecke auf. Aber statt des kranken Hirsches sehe ich nun zehn Meter unter Heinz sieben Stück Muffelwild aus dem Farn auftauchen, Kurs direkt auf mich. Vorn drei Schafe, dahinter in Kiellinie vier Widder, davon zwei gute. Da ich einen guten aus dem Wächtersbacher Stamm frei hatte, konnte ich nicht lange ansprechen und rief zu Heinz: „Welcher?" „Der letzte!" war seine Antwort.
Wegen des Farns und der herunterhängenden Erlen- und Birkenäste hatte ich nur eine freie Lücke direkt unter mir, die das Rudel auf dreißig Schritt durchwechselte. Der letzte Widder hatte eine starke und auffallend helle Schnecke. Ruhig kam ich mitten auf dem Sattel ab. Aber der Widder quittierte meine Kugel, der ich mir so sicher war, überhaupt nicht. Ich glaubte, nur ein leichtes Anheben des Hauptes wahrgenommen zu haben. Sosehr erstaunte mich das, daß ich vollkommen zu repetieren vergaß, weil ich wußte, ich kann ihn unmöglich gefehlt haben.
Der Farn hatte das Rudel wieder verschluckt. Ich sah es noch bis zu einer

starken Buche, an der es senkrecht nach abwärts bog und über einen kleinen Absatz verschwand.
Mir schien, daß sich der beschossene Widder dort vom Rudel nach rechts trennte.
Heinz kam, und wir suchten vorsichtig bis zu der Buche, an welcher man sämtliche Eingriffe deutlich sah. Aber kein Tropfen Schweiß. Während wir den Anschuß verbrachen, kam Mohr und fragte, ob wir den Hirsch hätten. Er war sichtlich erstaunt darüber, daß ich auf einen Widder geschossen habe und der Hirsch noch nicht erschienen war.
Daraufhin erzählte er uns: Von oben sah er den flüchtenden Hirsch im Farn, der auf meinen Schuß verschwand. Außerdem sah er mich aus dem Farn heraus nach oben laufen. Deshalb fuhr er sofort nach vorne, stieg aus dem Wagen und rannte bergab. Als er vor der Farnfläche ankommt, wechselt ein starker Widder mit zwei Schafen heraus und ganz nahe an ihm vorbei. Gleich darauf kommt ein schwerkranker Hirsch auch aus dem Farn taumelnd auf ihn zu und bleibt mit gesenktem Haupt zwei Meter neben ihm stehen. Da er kein Gewehr bei sich hatte, überlegte er, was er tun solle, da setzte sich der Hirsch auch schon senkrecht bergab in Bewegung. Mohr hinterher. Unten an einem Zaun machte der Hirsch linksum und entschwand in unsere Richtung an einer Zauneckee in einem Hohlweg. Bis Mohr hinkam, war vom Hirsch nichts mehr zu sehen. Und an dieser Stelle hatten wir dann Mohr auftauchen gesehen.
Nun beschlossen wir, einen Hund zu holen, da wahrscheinlich zwei Stücke angeschweißt waren und es schon auf den Abend zuging. Während Mohr losfuhr, schlug ich Heinz vor, zuerst einmal zum Zaun zu gehen, um die Wundfährte des Hirsches zu suchen. Da der Zaun nicht mehr dicht ist, könnte es leicht sein, daß sich der Hirsch jetzt in der Umzäunung befindet, denn sonst hätten wir ihn ja sehen müssen.
Als wir den Weg aufwärts gingen und feststellten, daß große Teile des Zaunes auf dem Boden lagen, entdeckte Heinz etwa zwanzig Meter vor dem Eck den Hirsch. Verendet lag er zwischen Zaun und Weg hinter Steinbrocken, so daß man ihn erst auf nächste Entfernung ausnehmen konnte. Deshalb hatte Mohr ihn nicht mehr gesehen.
Sofort zogen wir das Geweih unter dem Hirsch hervor, und ich war doch sehr erleichtert. Der richtigste Abschußhirsch. So ein Dusel! Jetzt brauchten wir noch den Widder.
Nach einer Stunde war ein Jagdterrier zur Stelle, der einzige erreichbare Hund. Vom Anschuß weg hielt er die Fährte nicht und führte seinen Herrn den Hang

entlang und nicht nach abwärts. Deshalb brach ich die Nachsuche bald ab. Sie wurde für den nächsten Morgen organisiert.
Um die Zeit des Sonnenaufganges – denn es mußte ja hell sein – fanden wir uns am Anschuß ein: drei Förster mit Hunden, Heinz und ich. Der erste Hund nahm die Fährte des Rudels auf und führte seinen Herrn weiß Gott wohin. Auch der zweite und dritte Hund machten es nicht anders. Ich war beim Anschuß geblieben, diesen hatte man sowieso genügend vertrampelt, warum sollte man den Hunden die Arbeit noch mehr erschweren. Nachdem ich eine Stunde gewartet hatte, ging ich zu der starken Buche. Dort konnte man noch ein bißchen Fährten lesen. Ich setzte meine Brille auf und kroch nun auf allen vieren. Die Eingriffe wiesen alle schräg abwärts nach links. Da ich der festen Überzeugung war, mich nicht getäuscht zu haben, kroch ich Zentimeter um Zentimeter nach rechts hinunter. Und da fand ich flüchtige Eingriffe eines einzelnen starken Stückes. Also hatte ich doch recht gesehen, und wenn er die Kugel hat, und daran zweifle ich jetzt erst recht nicht mehr, muß ich auch an Schweiß kommen.
Früher konnte ich wie ein Indianer Fährten lesen, nichts entging meinem Jägerauge, und wie blöd komme ich mir heute vor mit einer Brille auf der Nase! Aber der alte Wille ist noch da, und das ist die Hauptsache.
Ich mußte bloß auf der Fährte bleiben können, aber das ließ sich in Farn, Gras, Laub und Steinen nicht so einfach an. Da leuchtet mir ein ganz trockenes Buchenblatt voll Schweiß in die Augen. Sofort rief ich Heinz und die anderen, die uns hören konnten, herbei. Heinz gab ich das Blatt, kroch weiter und fand nach einigen Metern wieder Schweiß und nach weiteren Metern den dritten. Dann nichts mehr. Die Hunde wurden erneut angesetzt, alles in dieser Richtung durchstreift, doch nach zwei Stunden mußte die Nachsuche ergebnislos abgebrochen werden.
Im Februar traf ich den Jagdherrn in München. Er erzählte mir, er habe diesen Widder mit der hellen Schnecke selbst an der Fütterung gesehen, er lebt also und ist kerngesund. Dies würde mich, wenn es tatsächlich mein Widder ist, außerordentlich freuen, denn dieser Verlust bedrückt mich heute noch wegen der Unsicherheit, ob er nicht doch verluderte, denn gefehlt hatte ich nicht, was ja der Schweiß bewies, und auch die beruhigenden Worte des Jagdherrn konnten meine Zweifel bis heute nicht entkräften.
Doch in diesem Jahr würde es besser klappen. Der Jagdherr meinte, ich solle zuerst einen Schaufler schießen und es dann auf einen Widder probieren. Als älterer gegenüber meinem Freund Graf Douglas erhielt ich die erste Wahl be-

züglich des begleitenden Jägers. Sie fiel auf den Leibjäger Heinz, und somit wurde ich in ein Revier geschickt, in dem tags zuvor der Jagdherr mit Heinz einen sehr guten Schaufler auf einem Brunftplatz genau angesprochen hatte.
Als wir morgens vom gegenüberliegenden Hang verhörten, meldete der Hirsch auf dem Brunftplatz. Sofort gingen wir ihn auf einem Weg, der durch eine Dickung aufwärts führte, an. Oben angekommen, war dort alles verschlagen. Der Hirsch meldete aber über einer Rinne auf einem Kopf in einer kleinen Kultur, ober der ein Buchenstangenholz und unterhalb eine große, vollständig überschaubare Kahlfläche lagen. Von hier mußte man ihn zu Gesicht bekommen, und genau hier hatten sie ihn tags zuvor ausgemacht.
Da die Rinne voll hohen Farns war, pirschten wir noch fünfzig Meter vor, damit wir den Hirsch sehen konnten, falls er aus der kleinen Dickung ziehen wollte. Da er verschwieg, warteten wir geduldig. Plötzlich trollte er auf weniger als sechzig Schritt an uns vorbei, die Rinne abwärts, wobei nur Geweih und Haupt aus dem Farn ragten, und verschwand in einer großen Dickung unterhalb der Kahlfläche. Zum Teufel, wo ist er bloß hergekommen? Es ließ sich doch alles überschauen! Und dazu hatte er Wind bekommen, also war es vorläufig aus. Wir fuhren noch zwei Stunden umher, pirschten auf andere Brunftplätze, hatten guten Anblick, sahen aber nichts Passendes.
Am Nachmittag saßen wir wieder dort, in der Annahme, daß uns der Hirsch das nicht so übel genommen haben kann. Drei Beihirsche kamen in Abständen suchend an uns vorbei, doch unserer ließ sich weder hören noch sehen. Ganz spät erst zog er meldend von der anderen Seite aus der großen Dickung auf den Brunftplatz. Nichts mehr zu machen.
Der nächste Morgen sah uns schon bei Tagwerden dort. Doch es herrschte Totenstille, kein Anblick auf der Kahlfläche und ihrer Umgebung. Diesmal wollten wir es ganz schlau anfangen. Als es hell war, pirschten wir in das oberhalb gelegene Buchenaltholz und näherten uns von oben dem Brunftplatz. Da zog, ebenfalls auf dem Wege dorthin, ein Beihirsch zwanzig Schritt neben uns vorbei. Doch wir hatten guten Wind, so daß er uns nicht wittern konnte. Er verschwand in eine kleine Dickung, und wir pirschten Schritt für Schritt weiter. Da, in dem dichten Stangenholz, Bewegung. Einige Stücke Kahlwild verdrükken sich, und ich sehe den Hirsch in einer Lücke. Aber er hat mich auch schon wahrgenommen. Ich winke Heinz zurück. Der Hirsch stand frei, ich hätte ihn leicht schießen können, doch ein Buchenast verdeckte das Geweih fast vollständig. Zehn Minuten betrachteten wir einander, dann wurde es dem Hirsch zu dumm. Im Drehen konnte ihn Heinz ansprechen, doch für einen Schuß bestand

keine Chance mehr, er verschwand in der kleinen Dickung oberhalb der Kahlfläche. Wir umpirschten den ganzen Brunftplatz, sahen einen weiteren Beihirsch, aber sonst blieb die Bühne leer. Meine Meinung: Den haben wir nun endgültig verdorben!

Wiederum verfuhren und verpirschten wir den ganzen Vormittag. Auf Vorschlag von Heinz fuhren wir um halb zwölf in den Helfersberg, wo wir vor zwei Jahren so ein Pech mit dem guten Widder und einem sehr starken Schaufler hatten, der uns unerklärlich verschwunden war, als hätte ihn der Boden geschluckt.

Der Helfersberg ist ein etwa vierzigjähriger Mischbestand aus Buche und Fichte und war früher viele Jahre der beste Sautrieb von Büdingen. Vor einigen Jahren durchforstet, kann man jetzt ein bißchen herumsehen. Wir waren noch keine hundert Meter drinnen, da rief ich „Halt!“ Heinz hielt augenblicklich und so günstig, daß ich das Stück in einer Fichtenzeile frei hatte, einen im Wildbret sehr starken Schaufler, der auf vierzig Schritt spitz zu uns stand. Die Schaufeln befanden sich genau hinter den Fichtenstangen. Das Geweih konnte ich unten exakt ansprechen, starke, waagrecht stehende Stangen, links eine lange, hoch aufgebogene Augsprosse, rechts nur ein kurzer, gerader Spieß. Aus der rechten Schaufel ging ein langer, waagrechter Dorn nach hinten, der sich gabelte. Wenn der Hirsch das Haupt leicht drehte, sah ich links eine breite, gute Schaufel, rechts eine höhere und schmälere, die oben nach vorwärts ging. All diese Beobachtungen flüsterte ich Heinz zu und meinte, das wäre ein sehr guter Schaufler. Doch Heinz konnte ihn nicht genau ansprechen. Fünf Minuten ließ der Hirsch sich das gefallen, dann drehte er nach rechts hinter eine Wand von Fichtenreisig, das beim Aufreisern hängengeblieben war. Beim Kommando „Schießen!“ ließ sich nichts mehr machen, und ehe wir uns versahen, war er verschwunden. Der Nachmittag sah uns wieder vergeblich an dem Brunftplatz. Stille herrschte bis in die Nacht.

Nun wollte der Jagdherr mich auf einen anderen Schaufler schicken. Aber diesmal blieb ich standhaft. Ich erbat mir, am Hirsch bleiben zu dürfen, denn mit Ausdauer müsse er zu bekommen sein.

Inzwischen waren noch der Fürst Hanau und Baron Hermann angekommen. Klar, daß Heinz einen der beiden führen sollte. Douglas hatte bereits seinen Schaufler und pirschte auf einen Widder. So ging ich morgens noch einmal bei Dunkelheit mit Heinz los. Unser Plan stand fest. Ich hatte einen Hochsitz zwischen Buchenstangenholz und Kahlschlag an der Ecke der kleinen Fichtendikkung, also mitten auf dem Brunftplatz, gesehen. Wie aber dort hinkommen,

ohne das Wild nochmals gründlichst zu vergrämen? Schon der Sicht und des Windes wegen ging das nur wieder von oben her.
Und es gelang. Kein Stück Wild stand da. Der Hochsitz erwies sich als ziemlich trostloser Gegenstand, ohne jegliche Auflagemöglichkeit für die Büchse. Nur eine Stange lag auf ihm, die etwas später Heinz entglitt und polternd zu Boden stürzte. Wenn es schon nicht sein soll, dann hat der Teufel mit allen Raffinessen seine Hand im Spiel. Außerdem mußte der Hirsch auf den freien Schlag ziehen, sonstwohin hatte ich nicht die geringste Sicht.
Nach einer halben Stunde kam von hinten aus der kleinen Dickung ein sehr guter Beihirsch und zog über den ganzen Schlag abwärts zur großen Dickung. Wieder eine halbe Stunde später zog von rechts ein Hirsch auf die Kahlfläche in Richtung auf den verschwundenen Beihirsch, wobei er ein bißchen mit der Stimme anstieß, aber nicht meldete. Er mußte den Beihirsch vorher beobachtet oder Wind von ihm haben. Im Glas sah ich sofort, daß dies ein besserer Hirsch sei und griff nach dem Mannlicher. Meine Frage an Heinz, ob er das sei, erhielt ich mit Kopfnicken beantwortet. Im nächsten Augenblick quittierte der eilig über die Fläche ziehende Hirsch die Kugel sehr gut mit einem „Luftsprung". Doch sein Abgang war gar nicht so überzeugend, so daß bei Heinz gewisse Zweifel aufkamen, die sich etwas später verstärkten, weil wir den Anschuß nicht finden konnten. Endlich fand Heinz Schweiß, der sich zunehmend verstärkte, und nach zweihundert Meter standen wir am verendeten Schaufler.
Sofort erkannte ich meinen Freund aus dem Helfersberg vom Tage zuvor. Heinz wollte es nicht wahrhaben, es wäre genau der Hirsch, den er mit dem Jagdherrn hier gesehen habe, und der Helfersberg liege fast drei Kilometer weit entfernt. Doch ich ließ mich nicht beirren. Nie gibt es zwei so gleiche Geweihe, noch dazu alle Merkmale an den gleichen Stellen. Das mußte Heinz zugeben. Er hatte im Helfersberg den Hirsch nicht so genau gesehen wie ich. Das zeigt wieder einmal, welche Abstecher Hirsche selbst in der Hochbrunft machen.
Am Nachmittag ging es auf den Widder in dasselbe Revier, in dem ich mit Förster Leo vor fünfundzwanzig Jahren den kapitalen Widder nicht schießen konnte. Mit Revierförster Landmann pirschte ich ein dichtes Fichtenstangenholz, den Haupteinstand der Mufflons, ab. Unterhalb des Stangenholzes sah ich das Auto von Heinz. Also saß Douglas dort in einem Buchenaltholz auf einem Hochsitz, wo er fünf gute Widder spätabends sah, aber nicht zu Schuß kam.

Wir versuchten es dann in einem anderen Bestand, in dem aber ein guter Schaufler fleißig meldete. Nachdem wir ihn uns genau angesehen hatten, stiegen wir auf eine freistehende Kanzel inmitten einer riesigen Kahlfläche, die von einer Sturmkatastrophe stammte und mit Fichten aufgeforstet war.

Wir saßen kaum zwanzig Minuten, da trat ein sehr gut veranlagter fünfjähriger Widder aus einer Dickung und zog äsend direkt auf unseren Hochsitz zu. In seiner Begleitung befand sich nur ein Lamm, um das er sich sehr besorgt zeigte. Als er fast unter unserem Hochsitz stand, sicherte er plötzlich zu uns herauf. Er schien Landmann schräg durch den Einstieg eräugt zu haben, sprang quer über den ganzen Schlag ab, wobei er immer wieder verhielt, damit das Lamm folgen konnte. Ohne Zweifel, ein eigenartiges Benehmen.

Am nächsten Morgen, als es gerade Tag wurde, trafen wir einander wieder beim Forsthaus, fuhren ins Revier bis zur Garderuh und pirschten ganz vorsichtig auf einem Fuhrweg an dem schon erwähnten Fichtenstangenholz entlang. Landmann, der vorausging, hatte sein Augenmerk ganz auf dieses Stangenholz gerichtet. Deshalb paßte ich lieber mehr nach links auf. Dort war ein Buchenaltholz mit etwas Fichte, in dem einige Gruppen Fichtenanflug standen. Plötzlich sprang auf knapp dreißig Schritt hinter einer starken Fichte ein Widder hervor, wo er wohl im Bett gesessen hatte, und flüchtete genau von uns weg. Ein lauter Schrei von mir veranlaßte ihn, scharf nach links abzudrehen, und plötzlich stand er wie eine Scheibe breit und frei zwischen zwei starken Fichten. Glücklicherweise so, daß Landmann ihn auch frei hatte, was ganz selten vorkommt.

Da ich schon beim ersten Anblick erkannt hatte, daß es sich um einen besseren Widder handle, hatte ich die Büchse sofort von der Schulter gerissen, entsichert und stand im Anschlag. Auf meine Frage, ob er paßt, erhielt ich von Landmann, der ihn im Glase hatte, die Zustimmung. Im Feuer warf es den Widder seitwärts zu Boden, als ob ihn eine Druckwelle erfaßt hätte. Nach kurzem Schlegeln verendete er. Wir standen noch unter dem Eindruck der Schnelligkeit dieses Erlebnisses, des unerwarteten Waidmannsheils und der guten Trophäe.

Links oben: Leibjäger Adolf. Ihn liebten mein Bruder Carl und ich nach unserer Familie am meisten, und wenn ich ein guter Jäger geworden bin, verdanke ich es allein ihm

Rechts oben: Eisenden von 52 bzw. 49 Zentimeter Länge hatte mein Vierzehnender aus Pleß

Unten: Im Fernrohr glaubte ich, auf der einen Stange eine Dreierkrone und auf der anderen deutlich eine lange Gabel gesehen zu haben. Tatsächlich, wie angesprochen!

A
4. 10. 1971

Als wir den starken Widder im Schloßhof von Büdingen zur Strecke gelegt hatten, meinte der hinzukommende Jagdherr unter dem ersten Eindruck, er bekäme eine Goldmedaille. Dann maß er sofort nach und sagte ganz traurig, Gold bekäme er wohl nicht, weil die Drehung nicht weit genug wäre, aber Silber bestimmt.
Ich muß sagen, mir ist das völlig egal, ob nun eine Trophäe eine Medaille bekommt oder nicht. Über den wirklich starken Widder und die Art der Erlegung habe ich mich besonders gefreut und freue mich heute noch, weil er für mich ein großes Geschenk eines lieben Freundes ist.
Zwei Jahre später schoß ich „Schlappohr", meinen besten Schaufler. Allerdings hätte er noch ein Jahr älter werden sollen. Und das kam so: Die Brunft hatte, wie immer, mit viel vergeblicher Mühe begonnen und ging schon dem Ende zu. Mit Förster Mohr pirschte ich zum Ansitzhäuschen. Da wechselte vor uns ein alter Abschußhirsch über den Weg in eine zimmerhohe Kultur. Sofort umschlugen wir diese und bestiegen auf der anderen Seite eine hohe Kanzel. Der Hirsch hatte Kahlwild gefunden und blieb in der Dickung. Wir sahen zweimal deutlich das Geweih. Die Hoffnungslosigkeit der Lage veranlaßte mich zu einem verwegenen Versuch. Ich stieg vom Hochsitz und drang rülpsend in die Dickung ein, Richtung auf den meldenden Hirsch. Mohr folgte mir auf den Fersen. Bald sah ich etwas von einem Tier, dann wieder eine Schaufel. Der Wind stand gut. Der Hirsch meldete anhaltend, ich auch. Dann standen wir in einer Lücke auf zwanzig Meter einander gegenüber. Er war über meinen Anblick mehr verdutzt als ich über seinen. Das kostet ihn sein Leben.
Am letzten Tag pirschte ich mit Heinz. Wir hörten von der drüberen Seite wieder eine gute Stimme am Ansitzhäuschen, umfuhren das Tal und pirschten zum Brunftplatz. Der war leer, aber der Hirsch zog tiefer meldend auf die Dickung zu, in der ich den Abschußhirsch erlegt hatte. Wir rannten senkrecht auf den unteren Weg und auf diesem dem Hirsch nach. An der nächsten Biegung sahen wir ihn ober uns zwischen Dickung und Buchenaltholz auf der Kante vorwärtsziehen. Er hatte es sehr eilig. Heinz versuchte ihn anzusprechen, ich ging in Anschlag. Noch zwanzig Meter, dann ist er überriegelt. Als Heinz „Schießen!" sagte, tat mir der Hirsch den Gefallen, etwas nach rechts abwärts

Meinen ersten guten Hirsch in Waldleiningen bei meinem Vetter Carl Fürst Leiningen, einen bis in die Spitzen voll geperlten Vierzehnender, schoß ich in der Feistzeit 1939, und mehr als drei Jahrzehnte später diesen klobigen Achter, der mir besondere Freude machte

zu drehen und erhielt die Kugel, daß er nach vorwärts zusammenstürzte. Zum Entsetzen von Heinz war es „Schlappohr". Natürlich hatte Heinz in der Eile nicht auf den Lauscher achten können, sondern auf die Güte des Geweihes. Nach genauer Untersuchung stellte sich aber heraus, daß „Schlappohr" doch älter als angenommen war.

Die erfolgreichste Brunft gab's für mich im nächsten Jahr mit drei interessanten Erlebnissen. Zuerst gingen wir zu dem berühmten Brunftplatz nach Gettenbach. Dort hörten wir zwei Schaufler. Vom Hochsitz aus konnten wir nur einen sehen, aber der war gut. Er hatte eine breite und eine lange, schmale Schaufel mit wenigen, stumpfen Enden. Also alt. Er tanzte die ganze Zeit meldend in dem Roteichenstangenholz umher und verhielt nicht einen Augenblick. Endlich, nach einer halben Stunde, stand er halbspitz zu mir still. Die Schaufeln wedelten durch das Melden dauernd vor dem Blatt auf und ab. Deshalb schoß ich ihm von oben auf den Trägeransatz. Er lag im Feuer. Die Kugel war trotzdem mitten durch die Schaufel genau auf den Punkt und ins Herz gedrungen. Die Schaufel hatte nur ein ausgestanztes Loch und war nicht gebrochen.

Zwei Tage später pirschten wir wieder von Tagesanbruch bis mittags auf weiß Gott wie vielen Brunftplätzen umher, wo überall großer Betrieb herrschte. Aber kein guter, alter Schaufler zu finden. Nachmittags fuhren wir viele Kilometer weit in einen ganz anderen Waldteil. Zwischen zwei Fichtenstangenhölzern stand in einem Buchenaltholz ein guter, alter Schaufler. Links hatte er eine sehr gute Schaufel, rechts eine Rothirschstange. Doch er verschwand sofort ins Stangenholz. Und blieb meldend dort.

Gegen Abend umfuhren wir das ganze Gebiet und kamen von der anderen Seite, in der Hoffnung, daß wir ihn vielleicht von dort aus hören können. Vorsichtig pirschten wir in ein Altholz. Es dämmerte schon. Hundert Meter vor mir sah ich einen großen Eichenstock. Im selben Augenblick meldete dahinter ein Schaufler. Er saß im Bett, denn ich sah genau hinter dem Stock das Geweih sich auf und ab bewegen. Ich drückte mich hinter den nächsten Baum und sprach ihn durch das Fernrohr an. Ganz unverkennbar der Gesuchte.

Da stand er auch schon auf den Läufen, spitz von hinten, und schlug mit dem Geweih auf dem Boden herum. Dabei drehte er sich wunderschön breit. Als der Schuß brach, lag er am Platz.

Mich hielt es nicht lange, ich wollte diese interessante Trophäe sehen. Wir hatten genau angesprochen. Die Schaufel und die Tragstangen sind sehr gut, die Rothirschstange ist eigenartig, mit Enden ohne jegliche Schaufelbildung. Niemand kannte den Hirsch und noch nie wurde ein derartiger Schaufler dort geschossen.

Mein Freund gab mir nun noch einen alten Abschußhirsch frei. Wir versuchten uns auf einen Hirsch, den wir tags zuvor bei einem starken Rudel gesehen hatten. Heute trafen wir ihn auf dem gegenüberliegenden Hang, dauernd treibend, so daß ich nicht zu Schuß kam. Endlich wurde es zu weit, das Rudel erreichte die Höhe und entschwand.

Nachmittags fuhren wir gleich in den Grund zwischen den beiden Hängen, wo wir ihn jetzt zweimal gesehen hatten. Es regnete schon den ganzen Tag. Heinz erklomm rechts die Böschung, um zu verhören. Erst schaute er talwärts, wohin ich auch sehen konnte, dann drehte er sich um und riß das Glas an die Augen, weil in diesem Augenblick ein Hirsch im Tal den Bach überfiel. Eine Kopfbewegung von Heinz ließ mich zurückschauen. Im Fernrohr sah ich deutlich die dicken, schmalen Schaufeln mit den breiten Leisten und den starken Tragstangen. Mit einer Flucht wollte der Hirsch die Straße überfallen. Mitten auf dieser erhielt er die Kugel und brach zusammen. Er war sehr alt und zurückgesetzt.

Sauen meiden mich

Als junger Mann war es mein größter Wunsch, ein Wildschwein zu erlegen. Aber noch viele Jahre sollte es dauern, bis ich Gelegenheit dazu bekam, und ausgerechnet dieses Wild ist mir mein Leben lang am wenigsten hold gewesen.
Bei uns gab es früher kein Schwarzwild. Um so größer die Aufregung, wenn alle zehn Jahre einmal ein Schwein hier durchwechselte, zumal es sich dann immer um grobe Keiler handelte. So wurde einmal bei Mergentheim ein starker Keiler bei einer Hasenjagd erlegt. Alle anderen blieben am Leben, weil man sie immer nur mit Schrot kitzelte.
Endlich bekamen wir von unserem Onkel Leopold Graf Sternberg eine Einladung nach Castolowitz in Böhmen zur Saujagd. Ich schoß drei Überläufer, meine ersten Sauen. Freilich hätte ich mich über ein dickeres Schweinchen noch mehr gefreut, aber diese mieden mich.
1934 lud Onkel Emich Fürst Leiningen auf Bitten seiner Söhne Carl und Hermann meinen Bruder Carl und mich zur Wildjagd ein. Mein Bruder hatte, wie immer, unverschämten Anlauf. Er schoß an diesem Tage siebzehn Stück Hochwild.
Ich hatte bis Mittag einen einzigen Schuß abgegeben und nur einen ganz schwachen Rotspießer geschossen. Nach dem Frühstück erhielt ich einen Sonderauftrag. Ich wurde mitten im Trieb vor eine eingezäunte Dickung gestellt. Onkel Emich hatte mir ausdrücklich eingeschärft, auf einwechselndes Wild nicht zu schießen, da große Hänge beigedrückt werden und diese Kultur erst als Abschluß drankommt. Schön brav saß ich gut gedeckt in meinem Schirm und horchte beleidigt auf die vielen Schüsse. Vor mir in der Kultur rauschte lautstark ein Keiler. Nach einer Stunde hörte ich eine Rotte Sauen von hinten auf mich zukommen. Vierundzwanzig Stück aller Kaliber wechselten im Gänsemarsch auf zehn Schritt an mir vorbei durch eine Zaunlücke in die Kultur – und ich durfte nicht schießen! Als das letzte, ein besonders starkes Stück, durch das Zaunloch sprang, konnte ich es mir einfach nicht verkneifen und sandte ihm eine Bohne aus meiner Doppelbüchse im Kaliber 8 x 57 JR nach. Ich hatte damals überhaupt keine Erfahrung mit Sauen, sonst hätte ich das wahrscheinlich unterlassen, denn die Rotte durchwechselte wegen dieses Schusses die Kultur und kam drüben Vetter Hermann zu weit, so daß er nicht schießen konnte. Da er aber ebenso wie ich den rauschenden Keiler gehört hatte,

fürchtete er mit Recht, die Rotte würde ihn mitnehmen. Deshalb rannte er bergab, um ihr den Weg abzuschneiden. Da kam der Keiler auch schon an, verhoffte aber vollkommen verdeckt, äugte der Rotte nach und begab sich dann, sehr zum Leidwesen meines Vetters, wieder zurück in die Kultur.
Als die Treiber endlich da waren, wurde die Kultur umstellt. Ich sah Onkel Emich an der Front um das Eck verschwinden. Kaum hatte der Trieb begonnen, wackelten ganz vorne am Eck die Fichtenäste, und der Zaun bewegte sich nach außen. Diese Bewegung setzte sich in meine Richtung fort und näherte sich eilends meinem Stand. Als das Schwein, von dem ich hoffte, daß es der starke Keiler sei, an das Loch vor mir kam, durch das die Rotte vorher eingewechselt war, trat Stille ein. Ich starrte angestrengt auf das Loch, aber nichts erschien dort. Plötzlich sah ich wieder vorne am Eck das Wackeln des Zaunes, das sich abermals bis zu dem Loch vor mir fortsetzte. Ich hoffte nur immer, daß der Keiler vorne nicht hinausfindet. Wie mir Onkel Emich nachher sagte, machte dieses Schwein bei ihm jedesmal das gleiche Theater um rauszukommen.
Sechsmal hatte er schon diesen Versuch unternommen, dann herrschte wieder Stille. Ich beobachtete bereits wieder das vordere Eck, denn dort müßte er sich jetzt bald befinden, da nahm ich im Augenwinkel eine Bewegung wahr, fuhr herum und sah mit Schreck und Freude zugleich das Zaunloch vom Kopf eines riesigen Schweines ausgefüllt, das heraussicherte. Nachdem es dies für meine Nerven zu lang getan hatte, machte dieser Koloß eine Flucht durch die schmale Lücke und war alsbald auf fünfzehn Schritt neben mir. Meine Kugel warf ihn um. Da lag er und wetzte furchterregend mit dem Gebrech. Jeden Augenblick rechnete ich mit seinem Angriff und überlegte mir mit angeschlagener Büchse, ob ich ihm nicht doch den Fangschuß geben soll. Dann lud ich schnell nach, denn wenn er annimmt, ist es besser, zwei Schuß im Rohr zu haben. Aber langsam ließ das Wetzen nach und dann streckte er sich, war verendet. Mein erster Keiler. Erst besah ich ihn mir, dann schlüpfte ich durch das Zaunloch. Da lag mein verbotswidrig erlegtes Schwein, eine riesige nichtführende Bache.
Nun wollte der Jagdherr die Jagd abblasen lassen, aber damit waren seine Söhne Carl und Hermann durchaus nicht einverstanden. Sie überredeten ihren Vater, im Tal zu bleiben. Der Trieb wurde herüben sofort angegangen, während wir den Hang hinunterrannten, das Tal überquerten und den gegenüberliegenden Hang fast ebenso schnell hinaufeilten.
Da ich am wenigsten geschossen hatte, bekam ich den obersten Stand auf dem Bergrücken auf einer riesigen Kanzel. Vor mir lag ein Kiefernaltholz, links am

Hang, wo mein Bruder überriegelt als nächster stand, war dichtes Buchenstangenholz, und rechts von mir befand sich auf sechzig Meter ein Zaun, hinter dem der Berg wieder steil abfiel. Mehr oder weniger war es ein Zwangswechsel.

Kaum saß ich und hatte mich häuslich eingerichtet, da kommt ein einzelnes Damtier am Zaun entlang – kein schwerer Schuß. Bald darauf, ich hörte die Treiber noch am drüberen Hang, erschienen sechzehn geweihte Hirsche, zogen vielleicht zehn Minuten lang ganz vertraut vor mir umher und verschwanden dann wieder in den Trieb. Geweihte waren tabu, aber es war interessant, sie zu beobachten.

Hernach erschien ein Rottier mit einem sehr schwachen Kalb. Erst schoß ich das Kalb, dann das Tier, auf dieses kam ich leider etwas zu weit hinten ab. Es ging dreißig Schritt und tat sich von mir vollkommen verdeckt an einer Kiefer nieder. Bald darauf kamen die Hirsche zurück, zogen ganz gemütlich auf mich zu und an mir vorbei.

Nun hatten die Treiber inzwischen unsere Seite erreicht. Da fiel ein Schuß unter mir bei meinem Bruder, dann noch einer. Gleich darauf hörte ich Brechen, ein starker Keiler kam hochflüchtig über die Kante direkt auf mich zu. Ich faßte ihn am Halsansatz an. Im Knall knickten die Vorderläufe ein, er fiel auf das Gebrech, aus dem der Schweiß armdick hervorschoß, und rutschte so, hinten hoch, auf mich zu. Direkt vor meiner Kanzel kam er wieder auf die Läufe und lehnte sich schwankend an einen Baumstumpf. So gab ich ihm senkrecht von oben den Fangschuß.

Ein paar Minuten später sehe ich im Altholz drei starke Sauen hochflüchtig auf mich zukommen. Die mittlere dürfte ein Keiler sein. Als sie sechzig Meter entfernt waren, schoß ich die mittlere auf den Halsansatz. Klagend sprang das Stück senkrecht in die Höhe, überschlug sich und blieb liegen. Mit der zweiten Kugel ließ ich die hintere roulieren, dann lud ich schnell eine Patrone nach, und im Verschwinden an der Kante kam ich auf die vorderste sehr gut ab. Als die Treiber da waren, bat ich einen Forstbeamten, dort gleich nachzusehen und zu verbrechen. Als er an den großen Felsbrocken kam, hinter dem das Schwein verschwunden war, lag es dort.

Ein wirklicher Jammer ist es, daß die Sauen auf den Feldern so schwere Schäden anrichten. Im Wald haben wir sie dagegen sehr gern, gehören sie doch zu den wenigen wehrhaften Wildarten aus vergangenen Zeiten, und an Klugheit und Mut erreicht sie kein anderes Wild Europas. Ein grobes Schwein in hohem Schnee bietet schon ein imponierendes Bild, für das jeder wahre Jäger bereit ist, Strapazen auf sich zu nehmen.

Bis wir Jäger nach dem Krieg wieder Waffen führen durften, waren die Sauen bereits zur Plage geworden. Es gab soviel Schwarzwild, daß man es im Winter fast jeden Tag bejagen hätte können. Ohne Schnee ist das aber sinnlos, und nur auf Verdacht zu jagen, fast immer erfolglos. Beim ersten Neuschnee ging es los. Hatte man Sauen fest, und damals zählten Rotten mit über zwanzig Stück zur Tagesordnung, so trommelte man die Jäger zusammen. Nicht immer ein leichtes Unterfangen, denn die meisten waren selber beim Abfährten unterwegs. Ich glaube, das Gros der Sauen wurde gefehlt, denn die Jäger hatten angesichts einer bei ihnen ausbrechenden starken Rotte nicht die Nerven, einen gut gezielten Schuß auf ein bestimmtes Schwein anzubringen. Man konnte da unglaubliche Dinge sehen. Im Revier Heften zum Beispiel kamen einem Schützen einmal zwölf Sauen und rannten auf fünfzehn Meter neben ihm in einen Maschendraht. Der Anprall an diesen warf die Sauen immer wieder auf den Weg zurück, wobei sie dauernd beschossen wurden. Endlich gelang es einer starken Sau, ein Loch in den Zaun zu brechen. Getroffen war keine!
Bei der üblichen Herbstjagd kamen in meinem Revier Hegenest fast immer Sauen vor. Darum bat ich die Schützen, Kugel oder Flintenlaufgeschoße bereitzuhalten. Weil wir bis mittags keine Sauen angetroffen hatten, wollten mich zwei meiner Neffen ärgern und hielten mir vor, ich hätte ihnen versprochen, daß Sauen vorkämen. Wo die wohl wären! Ich bat sie, den Schnabel zu halten und abzuwarten. Schon im nächsten Trieb kam ausgerechnet diesen beiden eine Rotte mit elf Stück schön brav hintereinander – und sie haben nicht ein Schwein zur Strecke gebracht. Das ließ sie klein werden und verschlug ihnen die Rede vollkommen.
In Hegenest gab es die meisten Sauen, ganz selten einmal fährtete man bei Neuschnee dort keine. Den stärksten Keiler erlegte Revierjäger Rupert Schweiger. Diesen Bassen hatte ich meinem Bruder Carl freigegeben, der Tag und Nacht hinter ihm her war. Durch ihn verlor er sogar zwei Hunde, zu Schuß kam er aber nie.
Wieder einmal hatte er ihn eingekreist, holte meine Waldarbeiter und ließ die Dickung still gegen sich andrücken. Jäger Schweiger, den er mitgenommen hatte, schickte er zur Beobachtung auf die rechte Seite in einen großen Schlag. Der Keiler kam meinem Bruder Carl in der Dickung bis auf ein paar Meter, verhoffte lange, machte kehrt, zog die ganze Treiberkette langsam entlang und kam bei Schweiger gemütlich heraus, der ihn – gegen jede Abmachung – mit der einzigen Brenneke, die er dabei hatte, schoß. Bei der Internationalen Jagdausstellung 1954 in Düsseldorf waren die Waffen dieses Keilers die achtbesten

und erhielten die Goldmedaille. Sie stachen durch die unwahrscheinlich starken Haderer unter allen anderen heraus.
Einen anderen sehr starken Keiler fehlte ein Jäger bei der Herbstjagd auf sechs Meter zweimal. Das nahm dieser so übel, daß er beschloß, diese ungastliche Stätte sofort zu verlassen. Er wechselte über Berg und Tal zwanzig Kilometer weit nach Langenburg, durchrann die Jagst und schob sich dann an dem dem Schloß gegenüberliegenden Hang ein.
Der Langenburgsche Förster Lüder ging am nächsten Morgen in dieses Revier zu den Waldarbeitern. Da er ein Reh für die Schloßküche schießen sollte, nahm er einen der Männer mit und wies ihn an, eine kleine Dickung am Hang durchzudrücken. Er selbst ging unten an der Jagst entlang und einen schrägen Abfuhrweg hoch, um sich vorzustellen. Als er ein Stück oben war, hörte er ein Brechen und ärgerte sich, daß die Rehe, wahrscheinlich durch das zu frühe Angehen des Treibers, schon ins Ziehen gekommen sind. Als er nach dem Wild suchte, sah er ein gewaltiges Schwein die Kultur verlassen. Er riß den Drilling von der Schulter, stellte auf Kugel um und schoß im dichten Stangenholz auf die Sau, die umfiel und sich nicht mehr rührte. Da lag der grobe Keiler. So ein Dusel!
Schweiger meldete mir eines Tages, in einem lichten Vorholz der Hegenest hätte er eine starke Sau fest. Er könne sich gar nicht vorstellen, wo sie sich eingeschoben haben könnte. Ich nahm noch Förster Müller mit.
Zuerst betrachtete ich mir von der Ferne den Ort und prüfte den Wind. Dann stellte ich mich mit Müller dorthin, wo ich annahm, daß sie anlaufen würde. Schweiger hatte ich angewiesen, die Fährte auszugehen. Kaum war er gegangen, kam auch schon der Keiler auf uns zu. Wir ließen ihn zwischen uns durch, und die Schüsse fielen kurz hintereinander. Meiner um den Bruchteil eines Gedankens früher. Der Keiler brach im Schuß zusammen, dadurch bekam er Müllers Kugel nicht mehr. Er war fünfjährig.
Wieder lag eine wunderbare Neue, ich fährtete die Hegenest ab. Eine gute Fährte stand in eine verhältnismäßig kleine Fichtendickung. Vorsichtig herum! Die Fährte steht nicht heraus. Ich rief Förster Müller an und ließ ihn mit Jäger Schweiger kommen. Die Waldarbeiter waren auch gleich da. Müller stand retour, Schweiger auf der rechten Flanke zur nächsten Dickung, ich an der Front im Buchenaltholz, so daß ich den Schlag auf der linken Seite auch beschießen konnte. Genau dort, mitten über den freien Schlag, kam die starke Sau. Ich mußte auf etwa hundertfünfzig Meter schießen. Sie zeichnete stark und flüchtete in ein Fichtenstangenholz Richtung Feld. Deshalb rannte ich, was ich

konnte, parallel mit ihr auf einer Abteilungslinie hinunter, um ihr die Verbindung zu den beiden Hauptsautrieben abzuschneiden. Als ich bis zum Waldrand alles übersehen konnte, paßte ich auf das Schwein, aber es war nicht zu sehen. Plötzlich rief mir ein Treiber, der in den Schlag herausgetreten war, zu: „Achtung, die Sau kommt!" Ich drehte mich um, da kam sie wahrhaftig direkt auf mich zu. Sie muß im Stangenholz abwartend verhalten haben. Auf keine zehn Schritt bekam sie meine Kugel in den Kopf.

Während Müller die Sau aufbrach, schaute ich zufällig die Abteilungslinie hinunter und sah auf keine sechzig Meter in einer Buche in Kopfhöhe einen hellen Fleck. Ich ging hin. Da saß doch tatsächlich ganz frisch die Kugel. So kann ein Unglück passieren. Die Kugel war im Kopf der Sau abgewiesen worden und wieder aufwärts gegangen. Auf diese Weise ist Baron Malsen-Ponikau bei einer Jagd des Fürsten Hohenzollern ums Leben gekommen, und fast zur selben Zeit auch ein amerikanischer Oberst.

Die interessanteste Saujagd in der Hegenest, abgesehen von der Herbstjagd, an der in jedem Trieb Sauen vorkamen, letzten Endes aber nur drei lagen, war diese: Wir hatten während der großen Hasenjagden gerade einen Ruhetag. Da kam der Anruf, in Hegenest wären in einer großen Fichtendickung sechzehn Sauen fest, in der ebenso großen Dickung daneben eine einzelne starke Sau. Außer meinen ständigen Gästen trommelte ich in der Eile noch ein paar Jäger der Umgebung zusammen, nahm meinen Sohn Alexander sowie Förster Müller mit, fuhr zur Hegenest und überzeugte mich erst einmal selbst. Es stimmt alles.

So stellte ich an die Front ganz außen Alexander, der noch ein Jüngling war und noch nie Schwarzwild geschossen hatte, dann Graf Plessen, Fürst Fugger, Prinz von Preußen und noch zwei Jäger. Auf der rechten Flanke standen Müller und zwei weitere Schützen sowie ich ziemlich hinten. Auf der linken Flanke, auf dem Feld, hatte ich nur zwei Schützen postiert. Der hinterste Stand neben mir blieb frei, weil ein weiterer Schütze, der mir sein Kommen fest zugesagt hatte, noch fehlte.

Im Trieb war bald die Hölle los, die Hunde machten einen mächtigen Radau. Mein Hund Lord Dreibein raste laut hinter einer Sau im Trieb umher, und die Treiber vervollständigten den Lärm. Endlich einige Schüsse bei Müller. Da nur drei Sauen ausgewechselt waren, wurde zurückgetrieben. Fünfmal trieben wir vergeblich hin und her. Eine alte Tatsache bestätigte sich: Je mehr es auf den Abend zugeht, umso schlechter sind die Sauen herauszubringen.

An dem unbesetzten Stand kamen dauernd Rehe. Deshalb ging ich dorthin, weil wir noch zwei Rehe zu schießen hatten, und schoß ein Schmalreh. In die-

sem Augenblick hörte ich Lord Dreibein direkt auf meinen vorherigen Stand zuhetzen, an dem mein Mantel, Jagdstuhl und Pleßhorn lagen. Da flüchtete auch schon ein kapitales Schwein aus der Dickung, überfiel den Weg und kam auf keine zehn Meter an diesem Stand vorbei, dahinter jaulend Lord Dreibein. Vor lauter Wut über meine Dummheit schoß ich auf gute hundertzwanzig Meter im Buchenstangenholz auf die Sau, die sich im Knall auf die Keulen setzte und durch den Bestand Schlitten fuhr. Ich rannte hinterher, lud im Laufen nach und holte das Schwein etwas ein. Da hatte mich die Sau wahrgenommen, machte kehrt und Anstalten, mich laut wetzend anzunehmen. Ich gab ihr den Fangschuß. Vor mir lag ein grober Keiler von acht Jahren, der beste, den ich bei mir erlegte. Ein einzelner Schuß war an der Front gefallen, mein Sohn hatte ein zweijähriges Keilerchen geschossen, das vor einem Hund kam, um eine Fichte herumfuhr und genau vor ihm am Rande der Dickung regelrecht down machte. Es passieren schon merkwürdige Dinge auf der Jagd, und manchmal kann man sich das Verhalten des Wildes nicht erklären. Und das Interessante ist, daß man nie das gleiche noch einmal erlebt.
Da die anderen Sauen nicht herauszubringen waren, blies ich ab, ließ die Herren der Front stehen, die jetzt die rechte Flanke bildeten, und stellte den Prinzen von Preußen ganz allein an die Front auf einen fünfzig Meter breiten Zwangswechsel. Ich stand mit drei Schützen auf der linken Flanke.
Als der Trieb fast zu Ende ging, fiel vorn ein Schuß, zwei Minuten später noch einer. Der einzelne Keiler war vorn kurz vor den Treibern wunderschön in den Eschenstangen angelaufen. Der Prinz von Preußen führte nur eine Flinte mit Brennekegeschoßen. Er fehlte aus Unsicherheit wegen der nahen Treiber den Keiler. Dieser machte kehrt, flüchtete wieder in die Dickung, kam mit den Treibern zusammen am äußersten linken Flügel auf eine etwa zweihundertfünfzig Meter lange, unbesetzt gebliebene Wiese heraus und schickte sich an, diese schleunigst zu überqueren.
Prinz Wilhelm Victor schoß vor lauter Ärger über sein Mißgeschick seine zweite Brenneke auf zweihundertfünfzig Meter nach dem flüchtenden Keiler. Dieser fiel wie vom Blitz getroffen um und rührte sich nicht mehr. Wenn ich die Sau und die Patronenhülsen nicht gesehen und den Bericht meiner Waldarbeiter – die alle zusahen – nicht gehört hätte, ich würde heute noch an Jägerlatein glauben. Das Geschoß war dem Keiler mitten ins Herz gedrungen und dort steckengeblieben. Ich fragte Wilhelm Victor, wo er denn hingehalten habe. Er meinte, einen halben Meter vor und einen halben Meter hoch. Aber er kann hingehalten haben, wo er will, es bleibt trotzdem reiner Zufall. Der sehr gute, fünfjährige Keiler erreichte aufgebrochen ein Gewicht von zwei Zentner.
Gerade an derselben Stelle, wo ich meinen Keiler schoß, saß ich abends einmal auf

Sauen an. Auf dem Weg standen zwei hohe Kanzeln. Auf der einen saß ich, bei der anderen kam ein Überläufer, der auf dem Weg brach. Als er sich breit stellte, erhielt er die Kugel. Er brach auf der Stelle zusammen und drehte sich dauernd im Kreis. Ich konnte deshalb keine Kugel mehr anbringen. Plötzlich flog er in die Luft und war in der Dickung verschwunden.

Am Anschuß sehr viel Schweiß, und eine wie mit einer Gießkanne gegossene Schweißfährte führte in die Dickung, vierhundert Meter durch die ganze Dikkung hindurch und aufs Feld hinaus, wo der Schweiß weniger wurde und schließlich ganz fehlte. Wir meinten, die Sau könne gar keinen Schweiß mehr in sich haben. Trotzdem haben wir sie nie bekommen.

Auf eine Sau soll man schießen, so lange sie sich noch rührt, denn einmal halten die Schwarzkittel unglaublich viel aus, selbst bei guten Schüssen, und dann besteht, falls sie wieder auf die Läufe kommen, immerhin die Gefahr, daß sie annehmen, und das kann recht gefährlich sein.

Mit meinem Bruder Carl nahm ich einmal in Pommern an einer Saujagd teil. Ein grober Keiler war angeschweißt worden und steckte nebenan in einer bürstenähnlichen Fichtenkultur, wo ihn die Hunde gestellt hatten. Ein älterer Förster wollte hinein, um ihm den Fangschuß zu geben. Seine Kollegen und die anderen Jäger rieten ab. Doch er behauptete, das wäre die erste Sau, an die er sich nicht herangewagt hätte, und drang ein. Gleich darauf hörte man einen Schrei. Zwei junge Kollegen eilten ihm zu Hilfe, und einer davon schoß den Keiler, der mit den Vorderläufen auf dem Mann stand, von diesem herunter. Er hatte dem Bedauernswerten mit einem Hieb das eine Bein vom Knöchel über Wade, Kniekehle und Schenkel, bis dorthin, wo der Rücken seinen Namen verliert, aufgeschlitzt, so daß man teilweise Knochen und Sehnen sah. Nach monatelangem Krankenlager ist er langsam wieder genesen, konnte aber sein Bein nie mehr voll gebrauchen.

Was habe ich alles mit Treibern auszustehen gehabt, bis sie die Gefahr begriffen! Meine Waldarbeiter von Herrentierbach rannten einmal einem angeschweißten Keiler nach. Bis ich zur Stelle war, steckten sie tief in einer Fichtenkultur, wohin ich ihnen mit meinem Hund nacheilen mußte. Nur wütendes Geschrei und Geschimpfe von mir konnte sie endlich bewegen, von ihrem Vorhaben abzulassen. Die angesetzten Hunde stellten dann den Keiler, und er konnte den Fangschuß erhalten.

Aber die Treiber fühlten sich so beleidigt, daß sie auf der Stelle heimgehen wollten. Ich versammelte sie um mich herum und erzählte ihnen die Geschichte aus Pommern, was sie wieder zur Vernunft brachte.

Einmal überfuhr ich am hellichten Tag eine Sau. Auf dem Kleinkopfpflaster brauste ich mit meinem Wagen durch einen großen Wald. Um eine scharfe Kurve kommend, sehe ich vor mir auf kürzeste Entfernung ein starkes Schwein. Dieses wollte nicht und ich konnte nicht ausweichen. Mit blockierten Rädern überfuhr ich es regelrecht und schob es unter der Stoßstange eingeklemmt ein Stück vor mir her. Dann gingen das rechte Vorder- sowie das Hinterrad mit einem gewaltigen Hopser über die Sau. Diese wurde hoch, schüttelte sich und trollte in den Wald, als ob ein so schwerer Wagen wie meiner mit Leichtigkeit zu ertragen wäre!

Um ein Haar hätte ich später noch einmal eine Sau überfahren. Ich kam abends von der Pirsch heim. Auf der Kaiserstraße an einer langgezogenen Rechtskurve nach abwärts kommt ein Schwein hochflüchtig von links aus dem Bestand und verschwindet hinter meinem Kühler. Trotz scharfen Bremsens hörte ich schon alles scheppern, da sehe ich zu meinem Glück die Sau unter dem rechten Kotflügel heraus den Straßengraben überfallen und in der Dikkung verschwinden. Um Millimeter ist es diesmal gutgegangen. Aber ich hatte im Scheinwerferlicht den Eindruck, die Sau müsse ganz weiß sein.

Am nächsten Morgen pirschte ich in dieser Gegend umher und ging dabei in die Schwarze Lache, ein Feldstück, mitten im Wald gelegen. Dort wußte ich ein sehr gut stehendes Weizenfeld, wollte sehen, ob es der Anziehungspunkt für die weiße Sau ist. Der Acker sah trostlos aus, die Hälfte war verwüstet.

Am Vormittag stellte ich mit Müller einen Hochsitz auf, am Abend saß ich droben. Um halb acht meinte ich, ein sich näherndes Stück Wild zu hören. Auch die Amseln schimpften dauernd. Die Büchse hielt ich schon in der Hand, weil ich nur einen schmalen Wiesenstreifen zwischen Wald und Weizen als Schußfeld hatte.

Da sehe ich zu meiner Verblüffung die weiße Sau am Rand des Weizens von mir wegziehen. Sie muß direkt unter dem Hochsitz ausgetreten sein, ohne daß ich das geringste hörte. Ich hatte sie im Fernrohr, und als sie sich drehte, um in den Weizen zu verschwinden, kam ich gut ab. Auf den Schuß flog sie aus dem Weizen auf den Wiesenstreifen. Dort drehte sie sich dauernd im Kreis, genau wie die Sau in der Hegenest. Auf einmal flog sie mit einem Schnalzer in den Weizen, im nächsten Augenblick kam sie wieder herausgeflogen und drehte sich aufs neue im Kreis. Mein sofort abgegebener Schuß traf so glücklich, daß sie auf der Stelle verendete. Sie hatte einen Hochblattschuß, war ganz weiß mit kurzen Borsten und ohne Unterwolle, sicher eine Kreuzung mit einem Hausschwein. Aber der Kopf des dreijährigen Keilers war wieder ganz Wildschwein.

Vor einigen Jahren rief mich ein Bauer an, ich solle doch heute noch unbedingt kommen, ein riesiger Keiler würde alle seine Muttersauen decken. Deshalb fuhr ich abends hin und hörte mir erst einmal seine Geschichte an.

Am Abend vorher war er an die Hegenest gegangen, wo er am Waldrand eine große Schweinekoppel mit einem Freistall hatte. Da sah er zu seinem Erstaunen mitten unter seinen Schweinen eine große schwarze Sau, die sich lustig am hellichten Tag mit seinen Mutterschweinen amüsierte. Er ergriff ein Stück Holz, um dem wilden Schwein Anstandsregeln beizubringen und es aus dem Kulturbereich in seine Wildnis zurückzuschicken, wohin es ja gehörte. Aber der Keiler unterbrach nur kurz den Beschlag, kam ganz langsam auf ihn zu und blies ihn widerwillig und unmißverständlich an, worauf der Bauer sich eiligst zurückzog, um die Auseinandersetzung lieber mir zu überlassen. Das einzig Richtige, das er tun konnte!

Ich saß zweihundert Meter weg vom Wald in guter Deckung und bei hervorragendem Wind bis zehn Uhr nachts. Aber der Galan kam nicht. Um elf Uhr schaute der Bauer aus dem Fenster, da stand der Keiler, vom eingeschalteten Licht hell beleuchtet, in dem Hof.

Ich bin eine Woche lang dort angesessen, doch er kam nicht mehr. Aber die jüngste Generation der so gepriesenen Schweinezucht des Hohenloher Landes führte ihn in ihrem Ahnennachweis.

Neben der Hegenest bevorzugten die Sauen das Stockholz. Als Folge großer Windbrüche enthielt der größte Teil des Distrikts Kulturen. Im Sommer hielten sich die Schwarzkittel ständig hier auf, im strengen Winter war es ihnen jedoch zu kalt, dann zogen sie in die Täler, wo sie Buchenwälder und mehr Sonne vorfanden. Wenn sich aber Sauen einstellten, dann standen meist stärkere Keiler dabei.

So hatte Jäger Schweiger einmal einen stärkeren Keiler in einer langen, aber sehr schmalen Kultur eingekreist. Schweiger stand hinten auf dem Einwechsel, Müller in der Mitte der rechten Flanke und ich vorn auf einem schmalen Abfuhrweg am linken Eck, damit ich das Stangenholz der linken Seite noch einsehen konnte. Als Müller zu dem verabredeten Zeitpunkt anblies, kam mir sofort der Keiler ganz gemütlich auf sechs Schritt. Die 8 x 57 JR aus meiner Doppelbüchse ließ ihn auf der Stelle verenden. Ein grobes Schwein mit guten Waffen. Den ganzen Rücken bedeckte eine mehrere Zentimeter dicke Eisschicht, an den Flanken hingen Eisklumpen.

Genau an derselben Stelle ging es später einmal bei einer Herbstjagd ganz dumm zu. Das Wetter war passabel, aber gegen Abend fing es zu regnen an.

Ich stand auf demselben Stand, diesmal retour. Nach dem Abblasen rollte ich meine Schützen auf und ging zur Front. Dort wird mir gemeldet, ein Schütze auf der anderen Seite habe nach dem Abblasen eine sehr starke Sau über den letzten Weg in diese schmale Kultur wechseln gesehen. Wir rannten alle auf unsere Stände zurück, auch die Treiber hatte ich mitgenommen.
An meinem Stand angelangt, rumpelt es, und der Keiler braust zwischen mir und der um die Ecke biegenden Treiberschar hindurch. Ich war gerade dabei, zwei Patronen mit Brennekegeschossen zu laden. Im Eifer schoß ich die erste Brenneke mitten auf eine Fichte. Dann beherrschte ich mich, wartete, bis der Keiler in einer Lücke erschien, und kam sehr gut ab. Er zeichnete stark und wurde sofort so langsam, daß die Treiber zu rennen anfingen, vermutlich, um ihn am Bürzel festzuhalten. Mein lautes Geschrei brachte sie zur Vernunft.
Ich schnallte meinen Hund, der den Keiler nach hundert Meter in der nächsten Dickung stellte. Als ich hineinging, bewegte sich der Standlaut weiter Richtung Kaiserstaße. Deshalb schickte ich die erreichbaren Herren dorthin, um dem Bassen den Weg abzuschneiden. Mit einem Male hetzte der Hund nach rechts, und dann herrschte Stille. Der Hund, der auf Sauen nie anhielt, kam zurück. Jetzt regnete es sehr und wurde dunkel, deshalb mußte die Nachsuche abgebrochen werden.
Am nächsten Morgen suchten wir weiter. Zuerst gab's etwas Schweiß, der alsbald ganz aufhörte. Wir suchten über die Kaiserstraße hinüber und in den ganz großen Dickungen im Dachsbau, einem besonders beliebten Aufenthalt für Sauen. Aber wir fanden nichts mehr.
Das war Anfang Dezember. Kurz vor Weihnachten kam ich im Stockholz zu den Waldarbeitern. Da erzählte mir der Oberholzhauer, er habe nebenan in Abteilung sieben nachgesehen, ob wieder Christbäume gestohlen würden. Dabei wäre er über ein starkes, verludertes Schwein gestolpert. Sofort ließ ich mich dorthin führen. Da liegt doch, bocksteif gefroren und nur am Kopf etwas angeschnitten, aber nach sechs Wochen unbrauchbar, mein Keiler mit abgezirkeltem Blattschuß. Die Brenneke hatte aber nicht durchgeschlagen. Er war also mit diesem Schuß um uns herum wieder in die Dickung zurückgewechselt, aus der wir ihn hochgemacht hatten. Ein gleichartiger Fall ist mir nicht bekannt geworden.
Nach einer Neuen hatte ich im Stockholz gefährtet und sieben Sauen in Abteilung sieben fest. Viel Schnee war gefallen und alles tief verhangen. Die Treiber hatten schon fünfmal hin- und zurückgetrieben und erklärten mir nun kategorisch, da steckten unmöglich Sauen. Ich müßte übersehen haben, daß sie ausgewechselt sind. Sie würden nicht mehr hineingehen.

Da ich mir meiner Sache ganz sicher und der Trieb gut abgestellt war, fragte ich sie, ob sie mitgingen, wenn ich hineingehe und ihnen die Sauen zeige. Damit erklärten sie sich einverstanden. Ich ging vom Einwechsel die Fährten aus, die ich bis in die Mitte des Triebes gut halten konnte. Dann wurde es aber so dick, und es lag so viel Schnee, außerdem standen kreuz und quer Saufährten und Treiberspuren, daß sich eine Fährte unmöglich halten ließ. Ich wußte, daß dieses Dickicht nicht groß war und die Sauen aller Wahrscheinlichkeit nach noch hier steckten. Deshalb ging ich hinein, nahm meine Doppelbüchse, lud sie und feuerte schnell hintereinander zwei Schüsse in die Luft. Überall um uns herum staubte plötzlich der Schnee auf, und die Sauen schossen wie Raketen vor unseren Füßen unter den Fichten hervor. Den Spuren nach waren die Treiber bestimmt zehnmal auf keinen Meter zwischen den Sauen durchgelaufen.
Gleich darauf fielen mehrere Schüsse auf der rechten Flanke und vorne. Drei Sauen lagen, ein recht guter vierjähriger Keiler und zwei Überläufer.
Im Revier Heften holte ich einmal Förster Müller von seinem Hochsitz ab. Er winkte mir ganz aufgeregt zu und meinte, es kämen gleich neun Sauen, die einen langen Weg entlang auf ihn zugezogen wären. Ich pirschte vorsichtig bis zu einem Wegkreuz vor. Weil sie nicht zu sehen waren, beobachtete ich mehr den linken Weg. Plötzlich traten aus der Dickung auf etwa hundertzwanzig Meter ein Überläufer und eine stärkere Sau auf diesen Weg und zogen von mir weg. Ich verfolgte die stärkere im Fernrohr, und als sie sich breit drehte, schoß ich. Sie lag im Feuer und schlegelte, wurde aber wieder hoch und ging flüchtig in die Dickung zurück. Am Anschuß fand sich reichlich Schweiß. Wir fuhren heim, weil ich nachts prinzipiell nicht nachsuche. Am Morgen folgten wir dann der Schweißfährte, die leider bald ganz aufhörte. Zwei Tage suchten wir, ohne Erfolg. Bei der Treibjagd im November wurde dann das Skelett des Keilers gefunden, genau in der entgegengesetzten Richtung in der Dickung, aus der ihn Müller kommen gesehen hatte.
Ganz anders verhielt es sich, wenn ich bei Freunden auf Sauen jagte. Dort mieden mich die Schwarzkittel mit einer unbeschreiblichen Konsequenz. Es ist sogar vorgekommen, daß ich drei Jahre lang bei sämtlichen Saujagden, die ich mitmachte, keinen einzigen Schuß anbringen konnte. Das muß man sich einmal vorstellen!
Dieses Kapitel kann ich nicht schließen, ohne eines treuen und passionierten Beamten zu gedenken, den ich viele Jahre kannte und der bei einer Saujagd auf tragische Weise durch ein Stück Wild ums Leben kam.
Am 13. November 1972 nahm ich an einer Saujagd beim Fürsten zu Leiningen

im Saupark Waldleiningen teil. Anwesend waren Prinz Philip von Edinburgh, König Constantin von Griechenland, König Michael von Rumänien sowie einige Verwandte und Freunde. Im ersten Trieb wurde ich mit einem anderen Gast in einem VW-Bus von Förster Mechler zu unseren Ständen gefahren. Er sagte noch zu dem uns anstellenden Kollegen, für unseren Rücktransport müsse dieser besorgt sein, weil er für die Jagd gar nicht eingeteilt sei, ja sogar vom Forstamt wegen einer gerade überstandenen Kieferoperation den Auftrag erhalten habe, um zehn Uhr beim Arzt zu sein. Diesen Trieb wolle er aber unbedingt mitgehen, dann fahre er gleich zum Arzt.

Wir standen auf einem Weg auf dem Rückwechsel, der begleitende Förster zwischen uns auf einem turmhohen Hochsitz. Die Treiber kamen von hinten und überrollten uns, dazwischen einige Förster, die den Trieb führten, und Mitglieder des Jagdterrierklubs aus Erbach, die jedes Jahr mittun durften, damit ihre Hunde an Sauen kommen. Hier sah ich Mechler zum letzten Mal.

Ich hatte zwei starke Sauen geschossen. Jetzt fielen viele Schüsse an der Front und rechts unten im Tal. Gespannt wartete ich auf weitere Sauen. Der Trieb, der zwei Stunden dauern sollte, war noch nicht zur Hälfte abgetrieben. Da höre ich den Förster auf dem Hochsitz mit einem Sprechfunkgerät ganz laut ein langes Gespräch führen, was eine eben vor mir auftauchende Sau sofort abdrehen ließ. Verärgert rief ich hinauf, ob etwas passiert sei. Er antwortete, es müsse jemand angeschossen worden sein. Er habe nur noch mitbekommen, daß der Fürst anordnete, sofort die Polizei und einen Krankenwagen anzufordern. Gleich darauf wurde abgeblasen.

Als wir beim Jagdhaus vorfuhren, sah ich kurz vor der Abzweigung auf der Straße einen Polizeiwagen, einen Krankenwagen und dahinter eine Bahre, auf der jemand lag, mit einem weißen Tuch zugedeckt. Ich suchte den Jagdherrn, den ich allein am Jagdhaus fand. Er zog mich hinein und schloß die Tür. „Mechler ist tot." – „Welcher der beiden Brüder?" – „Der dich vorhin zum Stand gefahren hat. Was soll ich machen, wo die hohen Herren erst heute mor-

Links oben: In Waldleiningen erlegte ich einen der stärksten dort je gestreckten Heidschnucken-Widder

Rechts oben: Allgemeine Freude herrschte über den enorm starken Iberischen Steinbock, dessen Erlegung mir aber auch das Letzte abgefordert hatte (siehe Seite 187)

Links unten: Diese Gamsbockkruke aus Mittenwald ist bis heute meine beste geblieben

Rechts unten: Vierstangenbock – eine Abnormität derartiger Gleichmäßigkeit fand ich nie mehr wieder (siehe Seite 30)

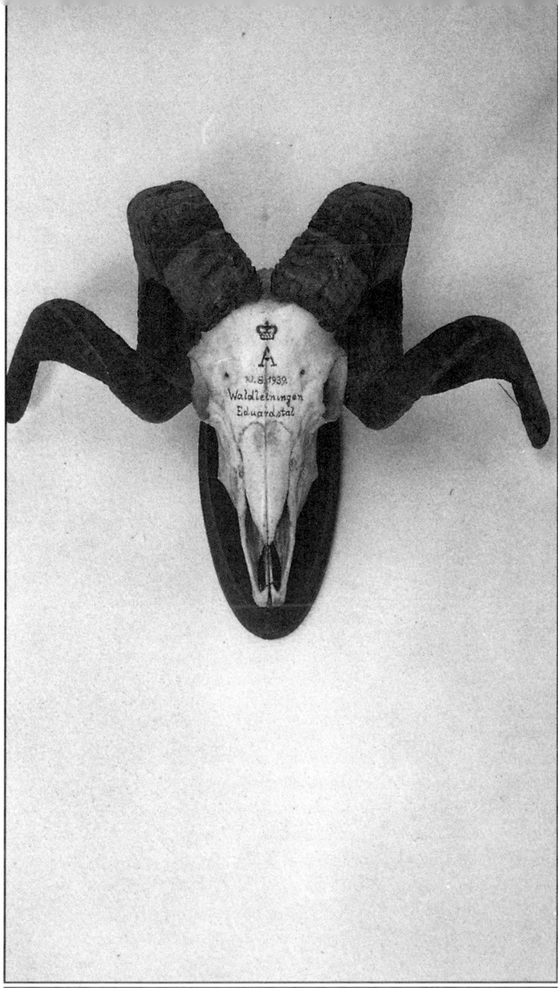
Waldleiningen
Eduardstal

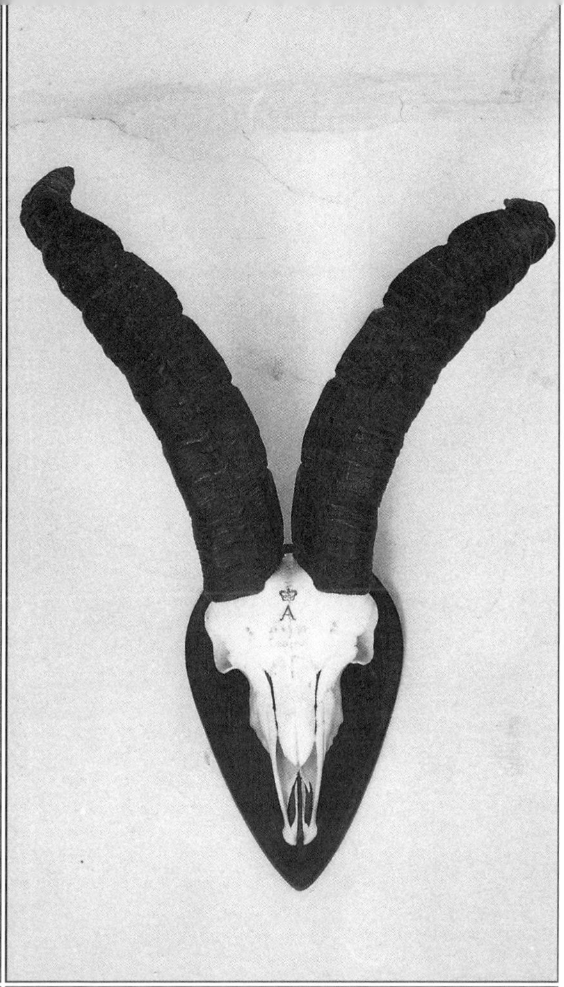

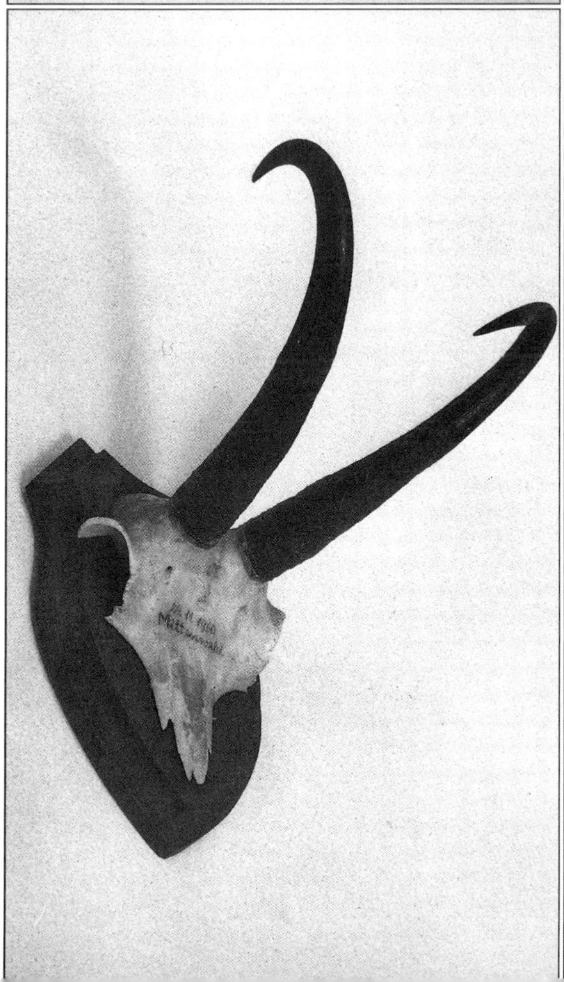

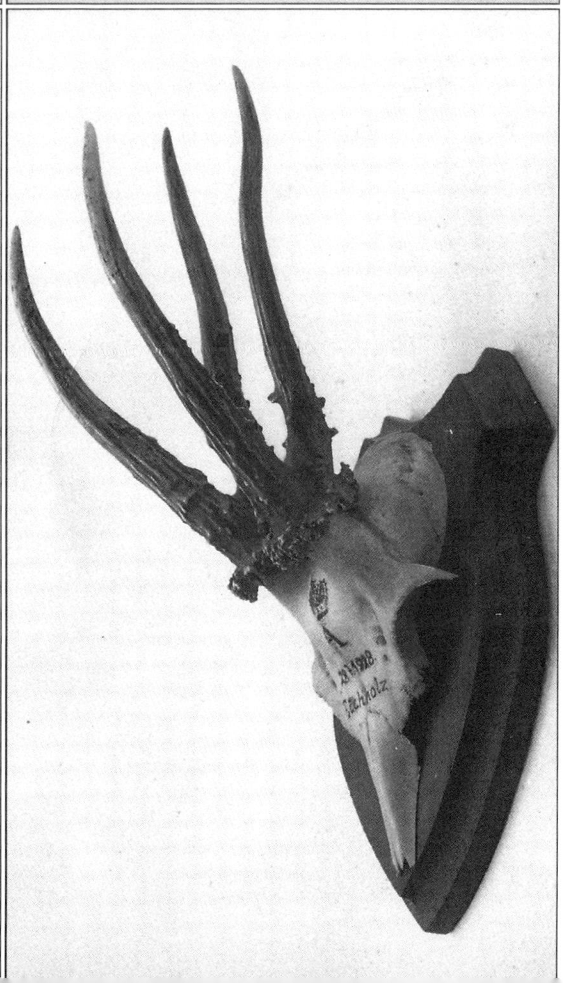

gen von weit angereist sind? Ich muß die Jagd abbrechen." – „Ja, du mußt die Jagd abblasen lassen, und zwar sofort." – „Danke dir, mein alter Freund, das wollte ich bloß von dir hören."

Mechler hatte in der Dickung eine Abwurfstange eines guten Damschauflers gefunden. Auf dem nächsten Querweg suchte er den Vorsitzenden des Terrierklubs, dem er sie zeigen wollte. Dabei stieß er auf seinen Bruder, der ihn nach abwärts wies. Kaum war er einige Schritte weitergegangen, brach Rotwild zurück. Mechler sprang zur Seite, um dem Kahlwild auszuweichen, genau in die Bahn eines Hirsches, der ihm mit den Augsprossen mit voller Wucht am Kopf traf, so daß er mit einem Schädelbasisbruch zusammenbrach. Nach kurzer Zeit verschied er in den Armen seines Bruders.

Es war der dreizehnte, worauf ich gar nichts gebe. Aber der pflichtbewußte Mann ist buchstäblich in den Tod gelaufen. Als wir alle versammelt waren, widmete der Jagdherr in tiefer Trauer seinem treuen Mann die verdienten Abschiedsworte. Nach einigen Minuten des stillen Gedenkens erschollen Jagd vorbei und Halali. Ich habe in Dutzende nasse Augenpaare harter Männer gesehen, ob Jäger, Kollegen, Waldarbeiter oder Treiber.

Links oben: Mächtige Waffen hatte der Warzenschweinkeiler vom Mount Meru und für die BGS-Hündin Conja gab's dabei kaum Arbeit

Rechts oben: Als letzter, weit hinter der Herde, erschien dieser wirklich kapitale Büffel mit gewaltigem Helm und wunderbar geschwungenen Hörnern

Unten: Die Ausbeute unserer Steinbockjagd in Spanien: Links meine Kapitaltrophäe, in der Mitte die schwächere meines Sohnes Alexander und rechts jene meines Neffen Ferdinand

Auf Gams in den Alpen

Auf Gams zu jagen, reizte mich früher nie besonders, ich habe eigentlich erst sehr spät daran Geschmack gefunden. Vielleicht liegt das darin begründet, daß mir die sich nicht verändernden Trophäen der Hornträger, Wildschafe ausgenommen, nicht viel sagen. Deshalb imponieren mir auch die Gehörne aller afrikanischen Gazellen- und Antilopenarten, außer Kudu, Eland- und Rappenantilope, überhaupt nicht.

Das Schönste an der Gamsjagd ist für mich der Zugang zur Natur. Ich kann mich nicht sattsehen an den dauernd wechselnden Schönheiten des Hochgebirges. Ohne Zweifel ist die Gamsjagd die gefährlichste Jagdart in Europa, denn man muß schwindelfrei und gut zu Fuß sein, ganz abgesehen vom guten Herz und guter Lunge, und man muß auch wettermäßig allerhand auszuhalten imstande sein. Nirgends schlägt das Wetter so schnell und überraschend um wie im Hochgebirge. Außerdem sollte man nie allein gehen und am besten stets einen ortskundigen, zuverlässigen Begleiter bei sich haben, der kein Verständnis für riskante Abenteuer hat. Denn den Gams holen muß ja der Jäger, und das manchmal unter recht haarsträubenden und lebensgefährlichen Bedingungen.

Ich bin ein geschworener Feind der Bergsteigerei. Nicht aus Feigheit, aber ich kann überhaupt kein Verständnis dafür aufbringen, wenn ein Mensch die Gefahr und den Tod anderer herausfordert, die ihn in seiner sinnlos heraufbeschworenen Hilflosigkeit dann retten sollen, nur weil er eine Bergspitze, die man von der anderen Seite vielleicht ganz bequem erreichen kann, auf lebensgefährliche Art bezwingen wollte. Um mich an den überwältigenden Eindrükken der Bergwelt zu erfreuen, brauche ich mich nicht unbedingt in Lebensgefahr zu begeben.

Mit vielen Bergsteigern habe ich versucht, über dieses Thema zu sprechen, aber der Fanatismus ist stärker als die Argumente der Vernunft.

Meinen ersten Gamsbock erlegte ich beim Fürsten Hohenzollern in dessen Tiroler Jagd Hinterhornbach. Drei Tage hatte ich mich mit Oberjäger Richard Lechleitner bei herrlichem Wetter unter dem Hochvogel umhergetrieben. Aber das Wild stand sehr weit und war schlecht anzugehen. Endlich, am dritten und letzten Tag, schoß ich auf ziemlich weite Entfernung einen alten Bock mit enger, dünner und schlecht gehakelter Kruke.

Diese Trophäe konnte meine Ansichten über den Wert des Gamswildes nicht

korrigieren, doch durch die Beobachtung dieses Wildes hat sich meine Meinung doch etwas geändert, wenn auch für mich der Gams weit hinter jedem Hirsch, Rehbock und Keiler zurücksteht.
Meinen zweiten Gamsbock erlegte ich erst fünfzehn Jahre später in den herrlichen Revieren des Barons Franz von Mayr-Melnhof. Ich war am Ende der Hirschbrunft in der Löscherhube. Auf die Frage des Jagdherrn, wieviel Gams ich schon erlegt habe, bekam er die verblüffende Antwort: einen. Sofort verurteilte er mich, einen Gamsbock zu schießen.
Am nächsten Morgen bestieg ich einen Haflinger, und zwar einen echten, einen ohne Motor. Dafür war ich sehr dankbar, denn es ging doch recht steil bergauf.
Zwei Jäger begleiteten mich. Der Oberjäger meinte, wir sollten es zuerst auf einen sehr starken Gamsbock versuchen. Sosehr wir seinen Einstand abpirschten, er zeigte sich nicht. Also pirschten wir weiter auf einen Hirsch. Aber auch da wollte es nicht klappen. Als wir nachmittags auf dem gegenüberliegenden Hang einen Steig hochpirschten, wird ein sehr guter Gamsbock im Wald direkt vor uns hoch, flüchtet zwanzig Meter und macht dann ein Standerl. „Schießen!" sagt der Oberjäger. Aber der zweite Jäger trägt noch mein Gewehr, und bis ich es in Händen habe, ist der Gams verschwunden.
Auf dem Rückweg ins Tal kamen wir abends an einen senkrechten Graben, in dessen Nähe wir dem Gams begegnet waren. Die Jäger suchten den Graben mit den Gläsern ab. Da stand er oben, an der kleinen Felswand. Wir hasteten im Zickzack den senkrechten Berg hinauf. Nach fünfundvierzig Minuten oben angelangt, gab mir der Oberjäger ein Zeichen, vorsichtig zu sein. Wir pirschten nun waagrecht gegen den Graben. Dort stand der Bock immer noch an der Felswand und äste. Ganz ruhig schoß ich ihm aufs Blatt. Er wurde ganz steif, spreizte die Hinterläufe auseinander und zitterte am ganzen Körper. Das dauerte an die zwei Minuten, erst dann fiel er. So etwas habe ich bei keinem anderen Stück Wild erlebt. Ein starker Bock mit sehr guter Kruke, einer meiner besten, lag vor uns.
Einige Jahre danach bekam ich von meinem Freund Ernst Baron Schenck von Geyern eine Einladung auf einen Gamsbock in sein Revier Mittenwald im Karwendel.
Mittags angekommen, stiegen wir am Nachmittag zur Hütte auf. Wir befanden uns rechts des Tales nach Scharnitz. Das Wetter war gut, oben lag schon ganz schön Schnee.
Als wir am Morgen die Hütte verließen, trieb ein Bock auf Schußnähe in einer Wand. Aber er war nicht gut genug. So stiegen wir immer höher. Überall sahen

wir viel Gamswild. Doch dann kamen wir in den Nebel, der zeitweise wieder aufriß. Je höher es ging, desto dichter wurde der Nebel. Deshalb beschlossen wir, uns wieder etwas tiefer zu halten. In einem Nebelloch sahen wir ein Scharl Gams unter uns. Im Spektiv erkannten wir dabei einen sehr starken Bock. Doch schon hatte sie alle der Nebel wieder verschluckt. Weil es viel zu weit war, eilten wir abwärts. Da riß der Nebel auf. Der Bock trieb gerade eine Geiß in einen Graben mit Latschen. Zu ging der Vorhang. Nun nichts wie schnell abwärts! Als es wieder heller wurde, meinte der Jäger, ich solle mich zum Schuß richten. Ich legte mich auf den Steig, den Mantel vor mich, darauf den Repetierer. In diesem Moment entstand vor uns im Nebel ein Loch, und genau in dieses steigt der Bock auf etwa vierhundert Meter aus dem Graben auf uns zu, verschwindet in einer Rinne, und als er wieder herauskommt, verhofft er breit. Der Jäger sagt: „Schießen Sie, sonst sehen wir ihn nimmer." Ich fasse ihn hochblatt an. Im Schuß springt er senkrecht hoch, stürzt vornüber in die Rinne und rutscht hundert Meter darin abwärts. „Sakradi, jetzt fällt er runter!" schimpft der Jäger. Zwanzig Meter vor einem senkrechten Absturz blieb der Bock jedoch hängen. Ein gütiges Geschick drückte den Nebel hoch. Der Jäger stieg eiligst ab, um bei Sicht hinzugelangen. Er hätte sich nicht so beeilen müssen, denn jetzt brach sogar die Sonne durch und es wurde wunderschön.
Schon seit vielen Jahren kam in Mittenwald kein so guter Bock mehr zur Strecke, und er ist auch bis heute mein bester geblieben.
Zwei Jahre später hatte ich wieder eine Einladung nach Mittenwald erhalten. Schon beim Aufstieg schoß ich eine Dublette auf eine kranke und eine gelte Geiß. Nachdem wir sie versorgt hatten, stiegen wir weiter, hatten Einblick in ein tiefes Kar. Da kein Wild darin stand, gingen wir etwas vorwärts und ließen uns auf einem steilen Kopf nieder. Nach unten hatten wir gute Aussicht, ober uns ging eine steile Wand senkrecht hoch.
Nach einer halben Stunde entdeckte ich zweihundertfünfzig Meter unter uns in den Latschen einen ruhenden Bock. Da er nicht schlecht zu sein schien, beschlossen wir zu warten. Nach einer weiteren halben Stunde stand plötzlich eine Geiß daneben. Da war der Bock auch schon auf den Läufen und verschwand abwärts in die Latschen. Vierzig Meter unterhalb erschien er auf dem Steig. Als er sich einen Augenblick breit drehte, um nach abwärts zu verschwinden, schoß ich. Er sprang hinaus ins Leere und stürzte in die Latschen.
Der Jäger kletterte senkrecht durch die Latschen hinunter auf den Steig, auf dem er bis zum Anschuß vorging. Dann verschwand auch er wieder in den Latschen und kam gleich wieder mit dem Bock heraus.

Mein Limit hatte ich erfüllt, doch es war noch früh am Nachmittag und das Wetter einfach herrlich. So gingen wir in den hintersten Teil des Reviers. Dort gab's eine riesige Brandfläche, die von der Baumgrenze bis hinunter zum Zollamt Scharnitz reichte. Die verkohlten Stämme standen zum Teil noch, andere lagen in einer Steinwüste wirr durcheinander. Dazwischen konnten wir immer wieder Gamswild ausmachen.

Da stößt mich der Jäger an und deutet aufwärts. Ein Adler kam über den Grat und näherte sich jagend der Brandfläche, wo er aber nicht viel ausrichten konnte. So suchte er den oberen Rand nur ein paar Meter über dem Boden gleitend ab. Als er den drüberen Rand der Brandfläche erreicht hatte, drehte er rechtwinkelig bergab, legte die Schwingen halb zusammen und schoß mit einer Geschwindigkeit, die ich nie für möglich gehalten hätte, höchstens zwei Meter über dem Boden, jeden Stein und jede Bodenwelle ausnutzend, zu Tal. Bis fast zum Zollamt. Dann breitete er die Schwingen wieder aus, schwebte kurze Zeit über dem Tal, schraubte sich in eleganten Spiralen herauf und entschwand über den Grat, woher er gekommen war.

Er ist halt doch noch der majestätischeste Vogel, und ich kann das Geschimpfe über ihn sowie den einstigen Vernichtungsgedanken nicht begreifen. Warum soll er nicht hie und da einmal ein Gamskitz der Natur entnehmen, die auch ihm das Lebensrecht gegeben hat. Welch lächerlicher Prozentsatz gegenüber dem verkehrstoten Wild!

Den Bregenzer Wald kannte ich überhaupt nicht, war deshalb sehr neugierig, als mich Friedrich Prinz Fürstenberg auf einen Gamsbock nach Schoppernau einlud. Ein kleines Revier, das früher einmal zu den Jagden des deutschen Kronprinzen Wilhelm gehörte. Für Rotwild sind zu wenige Einstände vorhanden, das Revier selbst dafür sicher zu klein, aber es ist ein sehr gutes Gamsrevier.

Da ich nur drei Tage Zeit hatte, stieg ich mit einem Jäger in jenen Teil des Reviers auf, wo reges Brunfttreiben sich beobachten ließ. Das Wetter hatte sich verschlechtert, es regnete den ganzen Tag. Trotzdem pirschten wir umher, saßen stundenlang an und sahen nur wenig Gamswild, das an einer Brunft völlig uninteressiert zu sein schien.

Als wir am Abend in den gemütlichen Gasthof zurückkehrten, hatte ich ein wohl einmaliges Erlebnis mitgenommen. Man kann beim Gamswild alles mögliche erleben. Am amüsantesten sind wohl die Rodelpartien der Kitze ganz verschiedener Mütter, die sie gemeinsam durchführen.

Auf dreihundert bis vierhundert Meter ästen fünf Stück Gamswild auf einer

kleinen Kuppe. Ein mittelmäßiger Bock stand dabei. Als ich wieder einmal mit dem Glas hinschaute, glaubte ich, meinen Augen nicht zu trauen. Da saß ein Bock wie ein Hund auf den Keulen. Der Jäger meinte, er habe das schon mehrmals beobachtet. Später fragte ich sehr erfahrene Gamsjäger danach. Sie alle behaupteten, das gäbe es nicht, zumindest hätten sie es noch nie gesehen.
An meinem sechzigsten Geburtstag sagte mir Prinz Fürstenberg, ich solle in Schoppernau seinen besten Gamsbock schießen. Wer läßt sich so etwas zweimal sagen! Nur hatte die Sache einen Haken. Die Jäger meinten, der Bock müsse blind sein, denn er stehe immer allein und wäre neulich einen Jäger, der einen Jagdgast auf einen Hirsch führte, ganz nahe angelaufen und habe von diesem gar keine Notiz genommen.
Als ich mittags in Schoppernau ankam, braute rundum dicker Nebel, und es regnete Bindfäden. Nach Rücksprache mit den Jägern beschlossen wir, erst am nächsten Morgen aufzusteigen. Als ich um halb sechs hinausschaute, konnte man die Berge sehen, obwohl oben noch große Nebelfetzen umherflogen. Aber es regnete nicht mehr. Um halb acht goß es jedoch schon wieder in Strömen, und das Tal war vollkommen zu. Wir beschlossen trotzdem, nach dem Mittagessen loszugehen.
Bei dauerndem Regen marschierten wir ganz gemütlich und bequem in eineinhalb Stunden zur Hütte. Dort angekommen, hellte der Himmel auf, und strahlender Sonnenschein entlohnte uns. Wir brachten unsere Rucksäcke rasch in die Hütte und starteten sofort zur Abendpirsch. Nach eineinhalb Stunden kamen wir unterhalb eines großen Kars an, von wo man diesen ganzen Revierteil überschauen konnte und wo die Jäger den Bock stets gesehen hatten.
Oben im Kar und am Grat stand sehr viel Wild. Ein Zeichen, daß es schön bleibt. Die Gams hatten schon verhärt, die Böcke pechschwarz, und bei einigen konnte man schon gute Bärte erkennen. Ein starker Bock mit weiter Auslage stand am Steig, der ins Kleine Walsertal hinüberführt. Ein auffallend guter Bock, mit Abstand der beste unter vielleicht zehn. Den hatten die Jäger bisher noch nie gesehen. Nur unser Bock kam nicht in Anblick, so sehr wir auch alles abspekulierten.
Am nächsten Morgen stiegen wir bei noch völliger Dunkelheit auf. Als wir an unserem Platz vom Vorabend anlangten, wurde es langsam Tag. Das Wild stand wieder ganz hoch. Nach einer Stunde stiegen wir höher, vielleicht hatte sich auch unser Bock höher eingestellt.
Nach einer weiteren Stunde entdeckte einer der Jäger einen Gams an den Latschen einer tiefen Rinne, in die ein schöner Wasserfall verschwand. Der Gams

stand spitz von hinten und, was sofort auffiel, trug noch das Sommerhaar. Endlich drehte er sich breit und zog auf einer freien Lehne bergauf. Unser Bock!

Zaundürr war er, so daß man das Rückgrat und alle Knochen sah. Außerdem hatte er sehr starken Durchfall. Trotz der recht guten Kruke erstirbt bei so einem Anblick alle Passion, ein Stück Wild zu erjagen. Ein anderes Gefühl regt sich dafür sofort, das Mitleid und der Wille, dieses Stück so schnell wie möglich zu erlösen. Der kranke Bock äugte auf uns herunter, die wir völlig frei dastanden. Ein anderer Gams wäre mit einem lauten Pfiff abgesprungen, er aber zog friedlich äsend bergauf. Ein Bild des Jammers! Sicher hat er uns überhaupt nicht eräugt.

Die Jäger wollten, daß ich ihn durch den tiefen Graben näher angehe, da anscheinend gar keine Gefahr bestand, daß er uns wahrnimmt. Doch ich legte mich flach hin, baute den Rucksack vor mir auf, und den Schuß hat der Gams nicht mehr vernommen.

Der Bock bestand nur noch aus Haut und Knochen, ich habe sein Ende höchstens um ein paar Tage verkürzt. Wir trennten ihm nur das Haupt ab und überließen ihn unaufgebrochen den Adlern. Ich fühlte mich sehr deprimiert, denn diese Gamsjagd hatte ich mir doch ganz anders vorgestellt.

Im nächsten Sommer kam ich bei einer Fahrt durch den Bregenzer Wald nach Schoppernau und fand beim Besuch der Jäger die Kruke noch vor, auf der ein roter Punkt von der Trophäenschau her prangte. Der Bock war erst siebenjährig, aber auf dem Trophäenanhänger hatten die Jäger ausdrücklich vermerkt, daß der Bock schwer krank und am Eingehen war. Auf ihren Protest hin wurde ihnen erklärt, der rote Punkt bestünde zu Recht, weil wir den Bock dem zuständigen Veterinär nicht vorgelegt hätten. Wir hätten den Herrn Veterinärrat also ständig mitnehmen oder ihn später in einer Sänfte auf tausendachthundert Meter hinauftragen müssen, denn ein gesunder Menschenverstand kann den Jägern nicht zumuten, dieses stinkende Skelett zur Befriedigung des Bürokratismus ins Tal hinunterzutragen und es nach vielleicht tagelangem Warten auf den Herrn Veterinär noch stinkender wieder ins Revier zurückzutragen, um es zu verlochen, während die Beseitigung Adler und Fuchs viel schneller besorgen.

Jagd in Skandinavien

Mein Bruder Carl fragte mich, ob ich in Norwegen auf Elche jagen möchte. Unser jüngster Bruder Friedrich würde auch mitmachen. Warum nicht? Also sagte ich zu.

Er hatte über seinen norwegischen Freund Bodom ein Angebot von einem Holzunternehmen erhalten. Dieses besaß ein großes Waldgebiet vierzig Kilometer nördlich von Oslo. Nicht der Abschuß, sondern die südliche Hälfte des Reviers mit einem Abschuß von zehn Hirschen wurde an uns vergeben. Den nördlichen Teil behielt der Besitzer des Unternehmens für sich.

Die sogenannte Vogeljagd aber, die zeitmäßig mit den fünf Tagen der Elchjagd zusammenfällt, war wiederum an andere Jäger vergeben. Während wir Elchjäger also mühsam versuchten, an einen Elch heranzukommen, knallte es überall im Revier auf Auer- und Birkwild, denn in Skandinavien ist es laut Gesetz verboten, jegliche Wildart während der Paarungszeit zu erlegen. Nur der Elch macht eine Ausnahme. Dort gibt es also keine Hahnenjagd zur Balzzeit im Frühjahr, dafür werden sie samt den Hennen im Herbst vor dem Hund geschossen. Ich habe allerdings noch nie soviel Auer- und Birkwild gesehen wie dort. Die Bäume waren schwarz von Birkhahnen. Dauernd strichen einem Auer- und Birkhahnen über den Kopf, und man erschrak zutiefst, wenn ein Großer Hahn, auf den man im hohen Gras fast getreten wäre, vor der Nase aufstand.

In Oslo trafen wir mit Forstmeister Kildal zusammen und verteilten das Revier. Carl nahm den östlichen Teil, anscheinend den besten und ruhigsten, Friedrich den westlichen, ich die Mitte. Dieser südliche Teil hatte sicher eine Größe von fünfzehntausend Hektar. Meine beiden Brüder wohnten in Jagdhäusern, ich mit meinen beiden Jägern in einem kleinen Bauernhaus.

Als Begleitung bekam ich den deutschen Revierförster. Dann gab's noch den Hundeführer mit zwei wunderschönen Lappenhunden, den ich aus Nordnorwegen für die fünf Jagdtage engagiert hatte. Beide wollten mich unbedingt zu Schuß bringen. Wir drei und die beiden Hunde verstanden einander in dieser Wildnis ganz ausgezeichnet.

Den Abschuß hatten wir verteilt, Carl vier, Friedrich und ich je drei Hirsche. Bedingung war, daß wir die Elche bezahlen mußten, auch wenn wir sie nicht schossen. Das Stück kostete dreihundert Kronen, 1929 viel Geld. Dafür durften

wir, wenn wir nicht genügend Hirsche erlegen konnten, auch Elchtiere schießen, aber keine führenden, und keine Kälber. Das Wildbret brachte pro Stück ungefähr auch dreihundert Kronen ein. Darüber hatten wir mit dem Geschäft in Oslo, in dem wir uns verproviantierten, einen Vertrag abgeschlossen, daß dieses die Elche abnimmt und abholt. Den Jäger, den Hundeführer, den Transport des zerwirkten Wildes aus dem Urwald und nach Oslo mußten wir bezahlen, natürlich auch die dreihundert Kronen pro Stück an den Verpächter.
Das Revier war prachtvoll. Schöner, geschlossener Wald auf hügeligem Gebiet mit viel hohem Graswuchs auf den Hochflächen, plötzlich tief eingeschnittene, schmale Täler, große Moorflächen, dann wieder größere und kleinere Seen. Und überall herrliche Einsamkeit!
Man meinte, außer Jägern würde niemals eines Menschen Fuß diesen Wald betreten, der von Flugwild nur so wimmelte und in dem uriges Elchwild aller Altersstufen seine Fährte zog. Dabei standen dieselben vorsintflutlichen Elche im Winter in den Gärten der Vorstädte Oslos, ästen alles Erreichbare und brachen Äste und Gipfel der so mühsam gepflegten Bäumchen.
Drei Tage waren wir schon unterwegs und noch auf keine frische Fährte eines stärkeren Elches gestoßen. Am Tag zuvor hörten wir einen Kugelschuß mitten in meinem Revierteil, gar nicht weit weg von uns. Alle machten ein erstauntes Gesicht, und der brave Förster meinte, der Richtung nach müsse der Schuß auf der Insel im großen See, der im Herzen meines Teiles lag, gefallen sein.
Meine Brüder würden nie so weit in mein Revier eindringen, gewiß hätte auch keiner bei Verfolgung von Wild ohne vorhergegangene Absprache unsere Grenzen übertreten. Wer konnte es also sein? Wilderer schieden nach Angabe des Försters aus. Also blieb mir nichts anderes übrig, als zu „bohren". Und nach einiger Zeit rückte der Förster, der auch in deutscher Jagdauffassung herangewachsen war, damit heraus: Es sei wohl der Jagdherr selbst gewesen!
Diese Aussichten erschütterten mich. Warum muß der Mann, der diesen Teil an mich für viel Geld verpachtet hat und selbst noch ein Revier von mindestens fünfzehntausend Hektar für sich hat, viele Kilometer in mein Revier eindringen, um dort einen Elch zu schießen? Nach sonstigen europäischen Jagdbegriffen ist dies unvorstellbar. Ich hatte keine Ahnung, daß man in Norwegen, wenn man an Wild ist, Grenzen überjagen und das Wild auf fremder Jagd erlegen darf. Das erfuhr ich erst viel, viel später.
Drei der fünf Jagdtage waren erfolglos verlaufen, wir hatten noch nicht einmal einen Elch gesehen, und Hunde wie Führer wurden schon ganz nervös. Von Carl erhielt ich Nachricht, daß er bereits drei Hirsche erlegt hatte, Friedrich

dagegen war genauso erfolglos wie ich. So brach der vierte Tag an. Vormittags, so gegen elf, stießen wir auf die wachsfrische Fährte von Tier und Kalb. Etwa nach einer Stunde standen wir an einem Moor. Da kam im rechten Winkel von links die sehr starke Fährte eines Hirsches, die sich zu denen von Tier und Kalb gesellte. Nun wurde es aufregend!
Die Hunde zogen wie verrückt, wir eilten hinterher. Nach einer halben Stunde schnallte der Jäger den älteren Hund, von dem er mir Wunderdinge erzählt hatte. Wir hinterher. In der Ferne vernahmen wir den Laut des Hundes. Nun begann ein Rennen auf Leben und Tod. Endlich gab der Hund Standlaut. Ich hatte den Jäger schon längst überholt, obwohl mir die Zunge am Boden schleifte. Immer näher kam ich. Endlich sah ich auf sechzig Schritt unter den Fichten den braven Hund in die Höhe springen. Bei näherem Hinsehen konnte ich die weißen Läufe der Elche ausnehmen. Sonst war nichts zu sehen. Näher hin konnte ich nicht, sie standen sehr gut gedeckt in einer Fichtengruppe, und sie wären nach rückwärts ausgebrochen.
Da tat das Tier, weil es der Hund, der sich nur an den Geweihten hielt, nicht attackierte, etwas Unerwartetes. Es trat frei heraus und stand breit, mich anäugend. Gleich darauf zog der Hirsch ebenfalls heraus und stellte sich genau vor das Tier, dieses vollkommen deckend. Der Hund sprang dauernd vor dem Hirsch hoch, als wollte er ihn in den Windfang beißen. Jedem Hieb mit den Schaufeln wich er geschickt aus. Ein prachtvolles Bild!
Nun stand ich da und konnte ihn nicht einmal auf den Träger schießen. Es war ein wirklich guter Schaufler. So standen wir einander frei gegenüber, ich mit gestochener Büchse im Anschlag, er mich friedlich musternd. Über seinen Träger äugte sehr interessiert das Tier. Wo immer ich ihm die Kugel angetragen hätte, wäre auch das Tier getroffen worden. Deshalb schoß ich nicht. Da drehte sich der Hirsch um das Haupt des Tieres herum, so daß ich ihn nur von hinten sah, und dann verschluckten ihn die Fichten. Das Tier zog ihm nach, unter wütendem Geläut des Hundes. Ich rannte hinterher, in der Hoffnung, ihn noch einmal frei zu bekommen, doch die Hatz ging so schnell weiter, daß ich gar nicht zu folgen vermochte. Eine ganze Weile rannte ich noch in diese Richtung, doch der Hund war schon nicht mehr zu hören. Jetzt konnte ich nicht mehr und setzte mich auf den Boden. Ich war allein im unbekannten Urwald und tief deprimiert.
Nach einiger Zeit kehrte der Hund hechelnd zurück. Von seinem Herrn wußte ich, daß er dies oft tat, um zu melden, daß er das Wild gestellt hat. Ich spang voll Hoffnung auf und machte ihm mit der Hand ein Zeichen nach vorwärts.

Sofort drehte er um, ich hinter ihm her. Doch sehr bald entschwand er meinen Blicken. Trotzdem lief ich weiter. Da hörte ich in der Ferne Standlaut. Mein Optimismus stieg bei dem Gedanken an den guten Schaufler. Diesmal pirschte ich vorischtig hin, ich hatte gesehen, daß der Hund erste Klasse war.
So kam ich an eine Felswand. In diese hinein ging eine große Nische, deren Eingang ein Felskegel verbaute. Rechts und links davon führte nur ein schmaler Durchlaß vorbei. Ich schlich mich vorsichtig hindurch. Da stand das Kalb, etwas weiter links das Tier, davor der verbellende Hund.
Ich schlich noch zwei Schritte am Felsen entlang, um den ganzen Kessel einsehen zu können. Kein Hirsch. Da hatte das Tier mich eräugt. Wir waren keine zwanzig Meter voneinander entfernt. Das Kalb stand noch näher. Dies muß der Anlaß gewesen sein, um mich sofort anzunehmen. So schnell ich konnte, kletterte ich auf den Felskegel, da brausten Tier und Kalb unter mir durch, vom Hund verfolgt. Ich beherrschte beide Ausgänge, der Hirsch war nicht dabei. Deshalb stieg ich sofort vom Fels und pirschte wieder in die Nische. Doch der Hirsch, dieser Schlaumeier, hatte sich in der Zeit, in welcher der Hund mir „Meldung erstattete", abgesondert und empfohlen.
Der fünfte Tag, demnach der letzte der Schußzeit, verlief ebenso erfolglos. Am späten Nachmittag kamen wir an ein riesiges Moor. Da wurde ein Gelttier flüchtig und trollte breit über das Moor. Der Hundeführer riß seine Büchse von der Schulter und wollte schießen. Ich schlug ihm das Gewehr herunter und fuhr ihn an, was das bedeuten soll. Er sagte kurz: „Dreihundert Kronen, letzter Tag."
Da wandte ich mich an den Förster mit der Frage, ob das Tier wirklich gelt wäre. Er meinte ja, ich solle schießen. Im vollen Troll kam ich auf fast dreihundert Meter gut ab. Das Tier reagierte überhaupt nicht. Der Förster sagte, es sei gut getroffen, er hab mit dem Glas die Kugel mitten auf dem Stück stauben gesehen. Das Tier flüchtete noch an die vierhundert Meter weiter und stürzte dann wie vom Blitz getroffen.
Die Kugel saß gut, eine Handbreit hinter dem Blatt, mit Ausschuß knapp hinter dem entgegengesetzten Vorderlauf. Anderes Schalenwild hätte mit dieser Kugel ein Rad geschlagen!
Es war ein ganz altes Tier. Ehrlich gesagt, machte es mir alles eher denn Freude. Aber für die beiden Jäger war die Rettung der dreihundert Kronen das wichtigste.
Nun sollte eine schreckliche Zeremonie vor sich gehen. Der Nordnorweger rannte dem Tier seinen rasiermesserscharfen Lappendolch genau in die Hals-

schlagader und hielt einen Becher darunter. Als dieser voll war, reichte er ihn mir mit einem „Skål". Damit meinte er, ich solle den Schweiß trinken. Da ich kein Hunne bin, sagte ich: „Pfui Teufel, sauf selber!" Der Förster bog sich vor Lachen und meinte, die Norweger wollen jeden Fremdling damit hineinlegen, daß es Sitte wäre, vom ersten Elch den Schweiß zu trinken. Er übersetzte ihm meine Antwort, da mußte dieser selbst lachen.

Nach Norwegen kam ich nie wieder. Dafür fuhr ich mit dem Grafen Wilhelm Douglas und unseren Frauen nach Dänemark und Schweden, aber erst nach dem Zweiten Weltkrieg. Ich hatte von Victor Baron Plessen und dessen Vetter, Agi Graf Plessen, Einladungen zur Fasanenjagd erhalten. Zuerst fuhren wir nach Saltö zu Victor Baron Plessen. Ein kultiviertes Haus mit seinen besonders charmanten Gastgebern nahm uns auf. Dort trafen wir Friedrich Carl Fürst Fugger von Babenhausen.

Erst sollte eine große Entenjagd stattfinden und am nächsten Tag eine Fasanenjagd. Wir fuhren deshalb mindestens sechzig Kilometer in Richtung Meer. Plötzlich sahen wir weit unter uns einen nur durch einen Damm von einem Fjord getrennten größeren See. Blickte man näher hin, schien dieser fast schwarz zugedeckt. Diese schwarze Masse befand sich dauernd in Bewegung. Hob sich in einem Eck eine schwarze Wolke und deckte irgendwo eine freie Fläche zu, so setzte sich an einer anderen Seite eine noch größere Wolke in Bewegung und bedeckte die eben frei gewordene. Victor Plessen schätzte die Masse auf sechzigtausend Enten!

Uns war allerdings aufgefallen, daß wir während unserer Fahrt auf Fahrrädern strampelnde Bauernjäger überholten, die ihre Gewehre an der Querstange des Rades festgebunden hatten. Je näher wir dem See kamen, um so öfter begegneten wir ihnen.

Am See angekommen, stiegen wir in Boote, die uns zu kleinen Schilfinseln bringen sollten. Die Entenwolken verzogen sich dadurch an die Ränder und ins Schilf. Wir freuten uns auf eine wirkich gute Jagd. Ich war mit meinem Vetter Prinz René von Bourbon-Parma in einem Boot, denn wir sollten eine Insel gemeinsam „verteidigen". Als wir sie halbwegs erreicht hatten, fiel an Land ein Schuß. Daraufhin erhob sich eine dicke Wolke und schwebte Richtung Meer. Nun begann ein fürchterliches Geschieße des versammelten Bauernheeres. Ich sah höchstens acht bis zehn Enten fallen.

Nach dem dänischen Jagdgesetz ist das Jagdrecht mit dem Grundrecht verbunden. Jeder Bauer darf auf seinem Acker schießen, und sei dieser noch so klein. In Schweden gilt dasselbe. Auf offenem Meer, auch in den Fjorden, darf jeder schießen.

Alle möglichen Arten von Halbenten erblickten wir, aber nur ganz selten einmal eine Stockente. Die kam uns, im Verhältnis zu den anderen, die pfeilschnell daherschossen, wie ein Zeppelin vor.
Da strichen zwei Tafelenten, nicht einmal hoch, direkt auf mich zu. Ich freute mich schon auf eine Dublette. Sie strichen in einem Abstand von etwa fünf Metern. Auf den Schuß fiel die zweite wie ein Stein vom Himmel. Ich mußte so lachen, daß ich vergaß, es nochmals auf die erste zu versuchen. René Bourbon fragte: „Was lachst du so dumm?" – „Hast du nicht gesehen, ich wollte die erste schießen, und die zweite ist gefallen."
Die Ausbeute war gering. Ich glaube, wir zwölf Schützen hatten vierzig Enten und einige Bekassinen.
Am nächsten Tag folgte eine sehr gute Fasanenjagd. Nur erstklassige Schützen aus Deutschland, Schweden und Dänemark.
In Selsö, bei Agi Graf Plessen, kamen auch unheimlich viel Schnepfen, gerade auf dem Zug, vor. Vom See herein steht immer eine steife Brise. Mit dieser im Rücken, strichen Fasanen und Schnepfen hoch über alte Buchen. Es war jedesmal ein schwerer, aber schöner Schuß. Mich strichen leider nur zwei Schnepfen an, die ich beide fehlte. Am Abend lagen neben den Hunderten von Fasanen siebenundzwanzig Schnepfen auf der Strecke.
Einen Rehbock dort zu erlegen, stellt ein Kunststück dar. Laut Gesetz darf man nur von einer Stunde nach Sonnenaufgang bis eine Stunde vor Sonnenuntergang schießen. Außerdem hat er während der Brunft Schonzeit. Wie soll man da einen Rehbock bekommen? Deshalb sind sie sicher so kapital.
Durch Dänemark kam ich erst wieder, als ich nach Schweden zur Elchjagd fuhr. Leider war nichts da, außer ein paar Rehen und Hasen. Aber ich habe etwas Interessantes gesehen. Archibald Graf Douglas führte uns an einen Acker. Dort lagen zwei Bauernjäger in Schlafsäcken und warteten bereits seit vier Tagen, daß ein Elch innerhalb der Fünftageschußzeit über ihren Acker zieht. Andere Länder, andere Sitten. Waidmannsheil!
Mit dem Auto ging es weiter nach Simonstorp zu einem alten Freund von Robert Douglas, Sture Sjöstedt. Dort erlebte ich die erste Treibjagd auf Elche und schoß auch meinen ersten Hirsch gleich auf dem ersten Stand.
Die Jagd war vorbildlich geleitet und ausgerichtet. Stände, Einteilung, Uhrzeiten, Treiber, alles klappte auf die Sekunde und lief programmgemäß. Die Treiber gingen exerziermäßig ausgerichtet und trugen rotweißgestreifte Tücher über dem Oberkörper. Zwei Metzger aus der Treiberschar zerwirk-

ten einen erlegten Elch sofort, damit er abtransportiert werden konnte. Man mußte sich also das erlegte Stück sofort anschauen, denn man sah es nie mehr wieder.
Dieser Wald war übrigens einer der schönsten Schwedens, die ich gesehen habe. Im ersten Trieb stand ich an der Front. Das Gelände fiel vor mir etwas ab, und ich hatte ein Schußfeld von etwa achtzig Metern. Meine Frau, die noch nie einen Elch gesehen hatte, stand bei mir. Gleich zu Beginn des Triebes zog ein Hirsch direkt auf mich zu. Ich ließ ihn auf fünfzig Schritt herankommen und schoß ihn, gewitzigt von der Elchjagd in Norwegen, auf den Träger. Er versank im Knall. Gleich darauf kam ein Tier mit einem schwachen Kalb. Es sah erbärmlich aus, noch ganz rot. Kurz vor den Treibern hatte ich nochmals Anlauf: Ein Stangenelch mit merkwürdig nach unten gebogenen Stangen trollte auf sechzig Schritt an mir vorbei. Meine Frau fragte, warum ich nicht geschossen habe. Ich antwortete ihr, ich könne doch nicht gleich auf dem ersten Stand zwei Hirsche strecken. Als das in der Korona ruchbar wurde, hielten die Schweden diesen Deutschen entweder für zu anständig oder für zu dumm. Wahrscheinlich aber das letztere, dabei war ich diesmal ausnahmsweise das erstere!
Fünf Elche waren erlegt worden, und nach einem reizenden Abend in einem schönen Jagdhaus kehrten wir nach Stjärnorp zurück.
Sjöstedt schickte mir das Geweih nach Deutschland. Das ist sonst in Schweden nicht üblich, denn nur ganz selten erhält der Gast die Trophäe.
Adelsnäs ist ein herrlicher Besitz, wahrscheinlich die größte noch existierende Baronie in Schweden mit einem großen schönen Schloß, erst 1915 bis 1917 erbaut, an einem See gelegen, mit wundervollem Park, in dem Hunderte von Fasanen stolzierten. Das kultivierte Haus war angefüllt mit schönen Kunstgegenständen. Wir wurden von Erik Baron Adelswärd, mit dem ich schon öfters in Langenstein zusammen gejagt hatte, und seiner charmanten Frau herzlich aufgenommen.
Am nächsten Morgen ging es ins Revier. Herrliche Landschaftsbilder wechselten, alles Wald, mit vielen Seen dazwischen. Steine, nichts wie Steine, in allen Größen und Dimensionen. Man muß sich wundern, wie dazwischen überhaupt Bäume wachsen und daß die Schweden eine so vorbildliche Forstwirtschaft betreiben können.
Fünf Triebe waren vorgesehen, zwei vormittags und drei nachmittags. In den beiden ersten Trieben hatte ich keinen Anblick gehabt. Als mich der Jagdherr im dritten Trieb anstellte, meinte Raoul Graf Hamilton, das wäre ein hervorra-

gender Stand, hier habe er einmal drei Hirsche geschossen. Es war ein schmaler Weg, auf den ich ungehindert nach rechts und links schießen konnte. Vor mir hatte ich vierzig Meter Sicht in das Gestrüpp. Halbrechts vor mir lag ein runder Stein, so groß wie ein Zweifamilienhaus.
Man weiß nie recht, wann die Triebe beginnen, weil sie so groß sind und man kein Signal hört. Da ich bei Sjöstedt festgestellt hatte, daß die schweren Elche über Steine und Holz wie in Mokassins antrollen, machte ich mich beim Verschwinden des Jagdherrn und der anderen Gäste schon bereit. Es dauerte auch gar nicht lange, da glaubte ich, eine Bewegung wahrgenommen zu haben, und schon äugte mich ein Hirsch auf dreißig Meter über einen Busch hinweg an. Ein Schuß auf den Trägeransatz bannte ihn auf den Platz. Wieder geladen, harrte ich der Dinge. Da trat ein Hirsch links von mir auf den Weg, um darüber hinwegzuziehen. Die Kugel auf den Träger ließ ihn einfach in sich zusammensinken. Jetzt fehlte eigentlich nur noch einer, dann hatte ich den gleichen Dusel wie Raoul Hamilton. Keine fünf Minuten später trollte ein Hirsch auf vierzig Schritt quer an mir vorbei. In dem dicken Zeug wollte ich den Schuß auf den Träger nicht wagen und schoß aufs Blatt. Das „Pferd“ rührte sich nicht und verschwand hinter dem Zweifamilienhausstein. Ich starrte angestrengt auf die Lücke rechts des Steins und auf den rechten Weg. Nichts erschien, da hörte ich hinter dem Stein einen schweren Fall. Dort lag der Elch dann auch tatsächlich. Ich hatte sein Herz getroffen.
Nun meinte ich, es könne nichts mehr kommen. Die Treiber hörte ich schon, da äugten mich doch noch auf zwanzig Meter ein sehr starker Schaufler und ein Tier an. Ich kann nicht sagen, woher sie kamen. Der Schaufler war der beste, den ich in Schweden sah. Ich hatte drei Hirsche um mich liegen, Wilhelm Douglas aber bei all den Jagden noch keinen Schuß gemacht, ja noch nicht einmal einen Elch gesehen. Ich wußte, daß er etwa sechshundert Meter rechts von mir stand. Bei ihm befand sich ein neunzigjähriger Jäger, mit dem sein Vater früher Dutzende von Elchen vor dem Hund geschossen hatte.
Also scheuchte ich die beiden Elche, die mir ihre Träger so freundlich zu einer Dublette anboten, davon, in der Hoffnung, daß sie Wilhelm anlaufen. Tatsächlich drehten sie nach rechts ab hinter den Stein in Richtung auf Wilhelm. Nach einigen Minuten fiel dort auch ein Schuß.
Als ich Douglas nach dem Trieb traf, erfuhr ich es: Nicht der Hirsch war ihm gekommen, sondern das Tier. Darum suchte ich den Weg zwischen uns ab. Genau in der Mitte, an einer Biegung, wo wir beide nicht hinsehen konnten, führte die starke Fährte hinüber. Schade!

Im nächsten Trieb erhielt ich einen Stand auf einer Höhe. Ich glaubte, ich stünde auf einem riesigen, glatten Steinglobus. Kein Baum, kein Strauch, nur glatter, gewölbter Fels. Links unter mir stand Wilhelm am Rande des Waldes, die ansteigende Steinwüste einsehend. Fünfhundert Meter hinter dem Steinglobus sah man die Spitzen vom Wald, rechts unter mir war wieder alles Wald.

Ich saß wie auf einem Präsentierteller, ohne jegliche Deckung. Vierzig Meter vor mir lag ein alter Lächenwipfel. Ich schleifte ihn mühsam heran, um nicht gar so nackt da oben zu sitzen. Ehrlich gesagt, ich glaubte nicht, daß da jemals ein Stück Wild kommen würde.

Zu meinem Erstaunen erschienen von links auf etwa dreihundert Meter ein Tier und zwei Kälber und zogen auf die blanke Steinfläche herauf. Erlaubt war, bei zwei Kälbern eines zu schießen. Aber ich hatte gar kein Verlangen danach. Ich saß wie ein Stock hinter meinem Lärchenwipfel und beobachtete dieses herrliche Bild. Das Tier windete immer nach rechts von mir. Es mußte Wind von den dortigen Schützen haben. Auf einmal machte es kehrt und kam direkt auf mich zu. In Kiellinie dahinter die beiden Kälber. Im Glas beobachtete ich das Tier. Beim Trollen zog es dauernd die Oberlippe ganz hoch, was aussah, als wollte es beißen. Nun war es so nahe, daß mir ungemütlich zumute wurde. Bis auf fünf Meter an meinen Lärchenwipfel kam das Riesentier mit seinen beiden Kälbern lautlos, wie gummibereift, heran. Dann hatte es mich wahrgenommen. Blitzschnell warf es sich herum und wollte flüchten, doch das Steingewölbe war so glatt, daß ihm die Hinterläufe dauernd in Grätschstellung nach hinten wegrutschten, ohne daß es sich vom Fleck bewegte. Dabei hörte man bloß ein leichtes Kratzen auf dem Stein. Endlich hatte es das Tier geschafft, und in weit ausgreifendem Troll ging es über die steinerne Erdkugel dem gegenüberliegenden Fichtenwald zu. Einige Zeit später fiel dort ein Schuß.

Wilhelm und ich hatten die Kälber pardoniert, dort mußte eines sterben. Ich hätte sie zu gerne an mir vorbeigelassen, doch das Schicksal wollte es anders.

Im letzten Trieb wurde ich an die Front gestellt. Ich soll schauen, daß ich die Spitze des Waldes erreiche, die mit der Spitze eines anderen zusammenstößt. Die Zeit war beschränkt, es wurde Abend, und man wollte den Trieb noch nehmen.

Kaum hatte ich meinen Stand erreicht, kam ein schwacher Elch, genau an der Spitze des Waldes. Schuß auf den Trägeransatz. Abends lagen sieben Stück

Wohl nicht zu Unrecht heißt's von den Gams, daß sie die Neugier regelrecht plagt! (Foto: Eisl)

Elchwild, davon hatte ich vier Hirsche gestreckt. Die schwedischen Freunde ließen nicht lange auf sich warten; sie tauften mich, weil man den Elchhirsch landesüblich Bulle nennt, „Fürst Bullentöter".

In Schweden erlebte ich meine erste Treibjagd auf Elche. Schon auf dem ersten Stand schoß ich einen Hirsch und pardonierte gleich darauf einen auf 60 Schritt vorbeitrollenden Stangenelch, in der Meinung, auf einem Stand nicht gleich zwei Hirsche schießen zu können. Die Schweden haben mich wohl für verrückt gehalten! (Foto: Czimmeck)

Steinböcke in Spanien

Wir schrieben 1967. Mein Sohn Alexander fragte mich, ob ich Lust hätte, mit ihm in Spanien auf Steinböcke zu jagen. Wenn ja, dann müsse er über einen Jagdvermittler beim Spanischen Ministerium für Landwirtschaft und Forsten darum ansuchen. Das Los entscheidet dann, in welchem Jahr und wann zur Jagd eingeteilt wird. Es könnte also im nächsten Jahr schon sein, aber ebenso gut erst in drei Jahren.

Lust verspürte ich schon, aber diese Ungewißheit, wann und wo, paßte mir gar nicht, zumal die Jagdzeit auf drei Tage beschränkt sein soll. So sagte ich zu, damit er die Sache in die Wege leiten konnte.

Die Capras, wie sie auf spanisch genannt werden, lateinisch unter dem Namen Capra pyrenaica bekannt, unterscheiden sich wesentlich von den Alpensteinböcken (Capra ibex). Ohne Zweifel besteht ein Anreiz, eine unbekannte Wildart, ihren Lebensbereich und ihre Lebensweise kennenzulernen und eine sich lohnende Trophäe zu erbeuten. Trotz meiner beginnenden Skepsis bin ich heute außerordentlich befriedigt, denn es war ein einmaliges Erlebnis und, obwohl ich mir vorgenommen hatte, nur ein Stück dieser Wildart zu erlegen, würde ich heute, unter dem Eindruck der Schönheit dieses Gebietes und der Wildart sowie des Erlebten, gern noch einmal dorthin zurückkehren.

Die Jagdzeit auf Capras beginnt mit dem 15. April und dauert bis Ende Mai und dann den ganzen November und Dezember. Jeden dritten Tag kommt eine neue Gruppe von drei Jägern aus aller Welt, die nach Los zusammengestellt ist und unter denen wiederum die Reviere ausgelost werden. War man nun nicht abkömmlich, verfiel die endlich erworbene Lizenz, die man im voraus mit zweitausend Peseten – für Ausländer um 60% teurer – bezahlen muß, und man kommt wieder auf die Warteliste hintenan. Hat man einen Steinbock erlegt, kann man sich erst nach vier Jahren wieder um einen Abschuß bewerben. So lautete die Auskunft des deutschen Jagdvermittlers in Madrid.

Zu Weihnachten teilte mir mein Sohn mit, daß unser Jagdtermin vom 15. bis 21. April festgesetzt wäre und wir das Glück hätten, zu viert in zwei hintereinanderfolgenden Gruppen eingeteilt zu sein, und zwar mein Neffe Ferdinand und mein Sohn Alexander mit einem Herrn aus Düsseldorf in der ersten, mein Gegenschwieger und ich mit einem Spanier aus Barcelona in der zweiten Gruppe.

So flog ich mit meinem Neffen zehn Tage vorher nach Malaga, um eine Woche bei meinem Sohn in Marbella zu verbringen, in der Meinung, die Jagd finde in der Sierra de Rhonda statt, die hinter Marbella beginnt. Aber erst dort erfuhr ich zu meinem Erstaunen, daß wir nach Andalusien in die Sierra de Cazorla müßten, eine Tagesreise von Marbella entfernt. Dadurch wurde mir erst klar, in welchen Zeitdruck ich gerate, zumal ich erst in der zweiten Gruppe jagen durfte und unbedingt am 23. April mein Flugzeug in Malaga erreichen mußte.
Die Tage in Marbella im Hause meines Sohnes und im Kreise seiner Familie vergingen mit Baden und Besuchen bei Verwandten und Freunden. Schließlich starteten wir zu unserer Jagd nach Cazorla. Bei herrlichem Wetter fuhren wir über Malaga, Granada, Jaén, Baeza, Úbeda nach Cazorla, einer hübschen, kleinen Bergstadt in über tausend Meter Höhe. Die maurische Vergangenheit ist bis in die entlegensten kleinen Städte heute noch sichtbar, und die Schönheiten dieser alten Kultur werden in anzuerkennender Weise von Spanien mit viel Aufwand gepflegt.
Von Cazorla ging der Weg weiter aufwärts in die Berge, und nach sechsundvierzig Kilometer erreichten wir das Parador (Hotel), das erst seit einigen Jahren ganz für sich auf tausendfünfhundert Meter Höhe im Gebirge steht. Etwas unterhalb befindet sich das alte Jagdhaus, in dem man früher hauste und das auch heute einige Jäger bevorzugen, die dem Hotelbetrieb zur Jagdzeit abgeneigt sind.
Doch wir fühlten uns dort sehr gut aufgehoben. Gutes Essen, eine Bar, gemütliche Aufenthaltsräume und schöne und bequeme Zimmer mit Bad empfand man nach den strapaziösen Tagestouren vom Tagesgrauen bis zum Nachtwerden als erquikkende Annehmlichkeit.
Dort trafen wir mit unserem Jagdpartner, Dr. Holzkamp aus Düsseldorf, mit dem wir uns sofort ausgezeichnet verstanden, und dem deutschen Jagdvermittler, Herrn Rahn, zusammen.
Nun sollten die Reviere verlost werden. Doch soweit ließen wir es gar nicht kommen. Mein Sohn und ich verlangten als Begleiter den Oberjäger Justo und den ersten Jäger Alfredo. Damit war auch das Revier entschieden, nämlich das des Jägers Alfredo; sicher das schwierigste, aber landschaftlich schönste und höchste. Dr. Holzkamp durfte wählen und nahm das von Herrn Rahn empfohlene, und mein Neffe Nando begnügte sich, vollkommen zufrieden, mit dem dritten, das keineswegs schlechter war als das unsrige.
Meine Jagdzeit begann ja erst drei Tage später. Da ich nicht die geringste Lust verspürte, drei Tage untätig im Parador umherzusitzen oder zu fischen, verabredete ich mit meinem Sohn, daß ich ihn begleite.
Wir hatten uns zwei Mulis bestellt. Nach eineinhalbstündiger Fahrt mit einem

Landrover, der uns zwar theoretisch den ganzen Tag zur Verfügung stand, den wir aber nur abends wieder zur Heimfahrt brauchten, erwartete uns der Mann mit den Mulis, namens Juan Pedro, genannt Pinki, oben in den Bergen, wo er wohnte. Wir saßen gleich auf und ritten steil bergan, wobei die beiden Jäger ein Stück vorauspirschten.

Als die steilsten Passagen auf den Rücken der Mulis genommen waren, saßen wir ab, und nun begann die Pirsch. Es war inzwischen sieben Uhr geworden. Steine in allen Dimensionen und Fels, wo man hinsah. Dazwischen Dornen in so vielen Variationen, wie ich dies niemals für möglich gehalten hätte. Von kleinen, niedrigen, dünnen, aber dornenbespickten Büschen bis zu solchen, die zweimal mannshoch aufragten, mit fingerlangen Dornen bestückt. Dazwischen grüne Polster bis Bettgröße, die einen wie zur Ruhe auf Moospolstern einladend anmuteten. Trat man darauf, entpuppten sie sich als steinharte Igel, Stachel an Stachel in Fingerlänge. Selbst indische Fakire hätten gewiß keine Freude daran. Gnade Gott demjenigen, der sich auf ein solches Ruhepolster setzt oder darauf fällt.

Prachtvolle amerikanische Pinien mit mächtigen, zum Teil auch bizarren Stämmen verschönten die Höhenlagen zwischen den Steinen. Hie und da entdeckte man kleine Häuschen, in denen die Jäger und die Männer der Mulis hausten. Ganz selten sah man eine Finka, einen kleinwinzigen Bauernhof, malerisch unter einen vorspringenden Fels gebaut. Doch die Kargheit des Bodens kann diesen genügsamen Menschen höchstens das Äußerste an Lebensnotwendigem abgeben. Sonst sah man keinen Menschen, da dieses Jagdgebiet für jeglichen Tourismus gesperrt ist. Die guten Straßen, die das Gebiet durchziehen, sind nur für die Jagd und die Forstwirtschaft frei. Dies alles dürfte der Grund sein, warum alle Wildarten dort noch Tagtiere sind, nicht aber Nachttiere, zu denen wir sie bei uns gemacht haben.

Sehr bald begegneten wir einem Rudel Capras von etwa dreißig Stück, darunter aber nur einige junge Böcke. Erst nach Stunden sahen wir wieder ein paar einzelne, schwächere Böcke. So pirschten wir schon vier Stunden, wobei die Maulesel mit ihrem Führer uns in angemessener Entfernung folgten.

Schlag elf Uhr wird Mittagsrast gemacht, weil sich das Wild um elf niedertut. Diese Rast dauert fünf Stunden, da das Wild bis vier Uhr nachmittags ruht. Das ist nicht nur sinnvoll, sondern auch logisch und muß eingehalten werden. In diesen fünf Stunden ißt man, schläft, unterhält sich und sucht die gegenüberliegenden Berghänge und Hochflächen nach Wild ab. Der vom Hotel mitgenommene Proviant und Wein, den ein Esel neben einem Sack Salz zur Be-

schickung der Lecken tragen hat müssen, wurde mit den Jägern und dem Mauleselführer brüderlich geteilt, wobei man interessante Geschichten über die Gegend und natürlich auch amüsante über die Jagd zu hören bekam.
Dabei stellte sich heraus, daß diese beiden Jäger vielen Freunden und bekannten Waidmännern zum Erfolg verholfen haben.
Die Jäger studierten uns natürlich genauso wie wir sie, und ich kann sagen, die Halbtagspirsch hatte genügt, um in beiden den Willen zu wecken, uns auf wirklich gute Stücke zu Schuß zu bringen. Mein Sohn war der „Principe", ich nur „il Padre", der Vater; das zeugte aber von größter Hochachtung.
An Wildarten gibt es einmal Rotwild. Die Hirsche, die nur um das Seengebiet des Quadalquevirs, der in unserem Jagdgebiet entspringt, ihren Einstand haben, sind General Franco und seiner Familie vorbehalten. Oberjäger Justo, der General Franco stets führt, bedauerte, daß dieser leider nicht mehr so gut steigen könne, jedoch sei er noch sehr ausdauernd beim Pirschen.
Diese Hirsche, die nicht gefüttert werden, erreichen enorme Geweihstärken und -gewichte. Es ist ein Hirsch da, den bis jetzt allein der Oberjäger in den letzten beiden Jahren je einmal in der Brunft hoch oben sah. Gerade hatte man eine Abwurfstange von zehn Enden von ihm gefunden. Sie hat ein Gewicht von acht Kilogramm, und die Krone bildet einen geschlossenen Becher, in den man fünf Liter Wasser füllen kann. Schade um diesen Hirsch, wenn er nicht zur Strecke kommt. An Rotwild sollen in den hundertelftausend Hektar an die achthundert Stück stehen.
Dann gibt es die Capras, auf die wir jagten. Von diesen existieren angeblich zwischen siebentausend und achttausend Stück.
Mufflons wurden erst vor einigen Jahren ausgesetzt. Obwohl sie schon recht zahlreich sind, sieht man noch keine wirklich guten Widder. Das wird noch fünf Jahre dauern. Deshalb ist der Abschuß eines Mufflons heute am teuersten.
Damwild gibt es genügend, besonders in den tieferen Lagen. Aber ich habe auch einen guten Schaufler auf tausendachthundert Meter gesehen.
Sauen traf ich – nach den Capras – am meisten und zu jeder Tageszeit, auch bei größter Hitze, an. Als Nebel einfiel, verzogen wir uns hinunter, um eventuell einen starken Keiler zu schießen. Leider kam keiner in Anblick, obwohl es in diesem Gebiet von Sauen nur so wimmelte.
Als wir uns am nächsten Tag zur Mittagsrast niederließen, zog ober uns ein Rudel Mufflons über den Grat und tat sich im Steingeröll und den Felsen nieder. Zunächst wurde ein Feuer entfacht, die Mulis angebunden, der Esel seiner Last erleichtert, nachdem ihm schon vorher der Zentner Salz abgenommen

worden war, womit wir eine Lecke beschickten. Das Salz wird einfach in Häufchen auf eine große Anzahl von Steinen geschüttet, wo es sämtliche Wildarten annehmen.
Während des Essens suchten wir ständig die Hänge herüben wie drüben ab. Dabei entdeckten wir ein größeres Rudel Capras auf der drüberen Seite, darunter ein paar sehr starke Böcke. Da diese auch ruhten, beschlossen wir, sie um sechzehn Uhr anzugehen. Der Himmel überzog sich immer mehr, gegen sechzehn Uhr fiel dicker Nebel ein, so daß wir unser Vorhaben aufgeben mußten. Wir bestiegen unsere Mulis und ritten ins Tal.
Am nächsten Morgen lag immer noch Nebel, der den ganzen Tag unverändert anhielt. Da man nicht pirschen konnte, fuhren wir mit dem Wagen umher. Dabei sahen wir zwei Keiler, die uns aber nicht stark genug schienen. Mittags verzogen wir uns in das Häuschen des Jägers Alfredo, entfachten ein Kaminfeuer, aßen und unterhielten uns. Als der Nebel so dicht wurde, daß man den Stall nebenan nicht mehr sehen konnte, fuhren wir heim ins Parador.
Auch der dritte Tag begann mit dichtem Nebel. Trotzdem fuhren wir hinauf bis zu einem größeren Jagdhaus auf zweitausend Meter Höhe. Da der bereits verzweifelt gesuchte Schlüssel auch in sämtlichen Mauerritzen nicht gefunden werden konnte, wurde sofort wieder das obligate Feuer gemacht. Ich pirschte inzwischen einen Schwarm Kernbeißer an, welche die Ritzen der Wände des Hauses nach Fliegen und sonstigem Getier absuchten, um sie zu fotografieren.
Gegen Mittag lichtete sich der Nebel. Am Nachmittag wurde es ganz schön, und so ging Alexander mit Alfredo allein pirschen. Ich erklomm mit Oberjäger Justo eine Bergspitze, die ein tiefes, langes Tal abschloß. Von dort hatte man eine herrliche Aussicht, und ich war vom genossenen Anblick dieses Nachmittages voll befriedigt. Links von uns lag ein Gebirgszug mit steilen Wänden und bizarren Felsen, vor uns das prachtvolle Tal, das wir auf Kilometer einsehen konnten. Rechts gab es bewaldete Höhen mit größeren Freiflächen und hinter uns eine Hochebene mit viel Steinen und Dornbüschen und nur wenigen bewaldeten Teilen.
Zuerst sahen wir unter uns im Tal fünf, dann vier Sauen, die stundenlang dort brachen. Dann entdeckten wir vier ruhende Damschaufler. Sie lagen bei der wiedererstandenen Hitze wie tot auf der Seite und rührten sich nicht. Rechts oben auf einer Hochfläche hatten wir schon eine ganze Weile Capras beobachtet, weibliches Wild und ein paar jüngere Böcke. Von diesen begannen zwei im Scherz miteinander zu kämpfen. Sie standen plötzlich beide senkrecht auf den Hinterläufen nebeneinander, hielten das Haupt zur Seite geneigt und ließen

sich seitwärts aufeinanderfallen, so daß die Gehörne krachend aneinanderprallten. Im nächsten Augenblick standen sie schon wieder auf den Hinterläufen, und das Spielchen begann von neuem.
Links von uns schoben sich einige Capras aus einem kleinen Pinienhain unter den Felswänden auf eine Aufforstungsfläche heraus. Sie blieben eine Stunde äsend auf hundertfünfzig Meter bei uns, dann verschwanden sie wieder. Einstweilen saß ein prachtvoller Vogel zehn Meter vor mir auf einem Felsen. Er hatte viel Ähnlichkeit mit unserem Pirol, war jedoch bedeutend schöner, so daß ich ihn Prachtvogel nannte, ihn hier aber in keinem ornithologischen Werk finden kann.
Nun hatte Justo links hoch oben in den Bergen, wo es keinen Baum mehr gab, höchstens einige Dornbüsche, einen kapitalen Bock entdeckt. Er war ganz schwarz, ein Zeichen von Alter, und trug eine wirklich beachtliche Trophäe auf dem Haupt. Er zog gegen uns zu. Hätte ich ein Gewehr dabei und wäre für mich schon Jagdtag, ich hätte ihn sicher bekommen. So durfte ich mich eineinhalb Stunden nur durchs Glas an seinem Anblick erfreuen, bis er hinter den Felsen verschwand.
Den wollte ich morgen, an meinem ersten Jagdtag, zu bekommen versuchen, doch Justo meinte, es wäre sehr unsicher, ob er morgen noch dort oben stünde, wahrscheinlich sei er schon über Berg und Tal. Wenn er inzwischen ein Rudel findet, zieht er mit diesem weiter. Die Capras sind keineswegs Standwild, sie ziehen täglich weite Strecken, und es ist reiner Zufall, mit welchem Bock man zusammentrifft.
Als wir genügend gebraten waren und die Sonne sich neigte, stiegen wir gegen das Jagdhaus ab. Auf der Straße angekommen, polterte es vor uns hinter den Dornbüschen. Ein Rudel Mufflons von elf Widdern rannte uns fast über den Haufen und überfiel vier Meter vor uns hochflüchtig die Straße.
Bald darauf trafen wir Alexander sehr betrübt. Auch sein dritter Jagdtag war erfolglos geblieben. Als wir zum Parador kamen, erfuhren wir, daß Nando und Dr. Holzkamp je einen Bock erlegt hatten. Bittere Enttäuschung für meinen Sohn! Deshalb besprachen wir uns mit Herrn Rahn, ob es sinnvoll wäre, nach Cazorla zum Forstamt zu fahren und dort eine Sondergenehmigung zu erlangen. Es wurde uns wenig Hoffnung gemacht, so etwas hätte es noch nie gegeben. Wenn man seinen Bock nach drei Tagen nicht hat, ist die Jagd vorbei. Nur eine Möglichkeit bestand, wenn wir die Erlaubnis bekamen, daß Alexander in meinem Revier innerhalb meiner Jagdzeit auch jagen darf.
Wir aßen erst einmal gemütlich, denn in Spanien beginnt das Leben nicht vor

zehn Uhr nachts, und vorher ist auch nichts zu erreichen. Dann fuhren wir die sechsundvierzig Kilometer nach Cazorla zum Forstamt. Dem Forstmeister, einem besonders netten und verständigen Mann, legten wir dar, daß wir die Lizenz für drei Tage Jagd erworben und bezahlt hätten, Alexander aber wegen des Nebels effektiv nur einen Tag jagen konnte. Wir hätten zwei Jäger und dasselbe Revier, in dem nichts geschossen wurde. Der Forstmeister sah das ein und meinte, das habe es noch nie gegeben, daß ein Gast wegen Nebels zwei Tage nicht jagen konnte. Deshalb rief er sofort das Ministerium in Madrid an und erwirkte auf schnelle Weise die Genehmigung, daß Alexander innerhalb der drei folgenden Tage in meinem Revier seinen Bock erlegen dürfe.
Klarer Sternenhimmel empfing uns morgens. Wir fuhren wieder ganz hinauf zu dem Jagdhaus, das wir am Tage zuvor erstmals zu sehen bekommen hatten, und von da aus noch einmal eine Viertelstunde bis zur Reviergrenze. Dort erwartete uns Juan Pedro mit den Mulis, die Alexander und ich bestiegen. Nun begann der Anstieg in das kahle und unwirtliche Gebirge, wo ich den kapitalen Bock zu erlegen hoffte. Nach einer Stunde befanden wir uns so weit oben, daß die eigentliche Pirsch ihren Anfang nehmen konnte. Die Sonne ging gerade auf, wodurch die Sierra de Cazorla, über die man von hier oben einen herrlich weiten Blick hatte, malerisch beleuchtet erschien bis zur schneebedeckten Sierra Nevada.
Die beiden Jäger pirschten voraus, bald hier in ein Tal, bald dort über eine Kuppe in ein Kar spähend. Nicht ein einziges Stück zeigte sich. Wir blieben auf unseren Mulis und ritten in angemessenem Abstand hinter ihnen her. Um neun Uhr kamen wir an einen großen Kessel, in dem ich tags zuvor den Bock gesehen hatte. Alles wurde abgesucht, man hatte weite Sicht, doch außer einem starken Fuchs, der ganz grau war und nicht rot wie bei uns, kein Anblick.
Von dort führte ein Hochtal hinter die Felswände, in dem uns der Bock gestern außer Sicht gekommen war. Kein Baum, kein Strauch, nichts wie Geröll und Steine. Trostlos, und dazu begann die Sonne ungemütlich zu werden. Immer weiter bergauf, bergab, bis wir zu einem Loch in den Felsklippen kamen, durch das man wie durch ein Fenster in das große Tal hinuntersehen konnte, wo ich gestern saß. Zwei weibliche Capras verschwanden dort, und ein Fuchs, der von uns Wind bekommen hatte, rannte uns fast zwischen die Beine. Auch er war recht stark und graubraun.
Nun stiegen wir vollends bis auf den höchsten Punkt und machten um elf Uhr auf einer Geröllhalde an der bizarren Klippenwand Siesta. Das gebot die Stunde. Die Mulis wurden abgeladen, ihre Vorderläufe gefesselt, und so durften

sie weiden. Sie hüpften dahin und kamen eigentlich recht schnell vorwärts. Zu grasen gab es nicht viel, deshalb gingen sie ein ganzes Stück abwärts in ein Kar, das leicht grün schimmerte.
Selbst hier, in der bratenden Sonne, entzündeten die Männer mit dürren Dornen ein Feuer, obwohl nichts Eßbares daran gewärmt oder gebraten werden sollte. Während wir uns Felsenspalten suchten, um etwas Schatten zu finden, legten sich die drei Männer in der Gluthitze mitten auf das Geröll und schliefen.
Um sechzehn Uhr ging die Pirsch weiter. Eine Stunde später kamen wir ans Ende der Klippen. Hier befand sich ein freies Plateau, von dem man das gesamte tiefe, lange Tal einsehen konnte, an dessen Beginn ich gestern gesessen war. Doch das Massiv ging weiter, nach vierhundert Meter kam ein massiger, runder Felskopf, und von dort setzte sich dieser merkwürdige Klippengrat auf Kilometer hin fort.
Halsbrecherische Touren vollführten wir auf den glatten Felsen, um überall hinunter Einsicht zu erhalten. Die Jäger trugen Stiefel mit Gummisohlen, ähnlich Turnschuhen, womit sie sich uns gegenüber augenscheinlich im Vorteil befanden. Tief unten entdeckten wir wieder fünf Sauen, dann hundert Meter entfernt ein Caprakitz, das im Schatten einer Pinie auf dem Geröll auf der Seite lag und sich nicht rührte.
Jetzt stiegen wir ein erhebliches Stück auf dem Geröll abwärts und pirschten unter der Klippenwand im Schatten wieder talaufwärts. Nichts zu sehen. Wo ständen die Capras heute? Nach einer Stunde kamen wir an den Abschluß des Tales, genau an den Felsen, der mir am Tag vorher als Hochsitz gedient hatte. Von dort stiegen wir ab zur Straße, waren aber immer noch auf achtzehnhundert Meter Höhe.
Die Sonne ging unter, zur Heimfahrt war es aber noch zu früh. Während Justo aufgeben wollte, meinte Alfredo, eine Stunde hätten wir noch Zeit. Wir sollten es doch noch einmal dort versuchen, wo er sich gestern mit Alexander aufgehalten hatte. Dort stünden immer Capras. Im Eiltempo drangen wir in dieses breite Tal ein, das durch Bäume und Dornbüsche ziemlich geschlossen erschien. Und siehe, gleich hatten wir zwei Böcke losgemacht, die vor uns herflüchteten, dann aber immer wieder verharrten, bis wir auf dreihundert Meter heran waren. Die Jäger meinten, ich solle einen schießen. Ich winkte ab, sie schienen mir nicht gut genug. Also ging es eiligst weiter. Nach fünfhundert Meter stoppte Alfredo plötzlich, warf sich hin, rief gedämpft „Capras“ und spekulierte die drübere Talseite ab. Zunächst entdeckte ich gar nichts. Doch Justo zeigte mir

auf etwa achthundert Meter auf der Hochfläche unter mächtigen Pinien zwischen zwei Dornbüschen ein Rudel von vielleicht vierzig Stück, die ständig durcheinanderliefen, bergauf, bergab, hinter Büschen verschwanden und wieder hervorkamen.

Alfredo wiederholte dauernd: „Kapital!" Alexander wurde von beiden Jägern aufgefordert, dieses Gewaltunternehmen anzugehen, das sie mir wohl nicht zutrauten. Die Zeit wurde allerdings immer knapper. Alexander fragte mich. Ich meinte, es wäre heute mein erster Jagdtag. Auf seine weitere Frage, ob ich glaube, daß ich es schaffen werde, antwortete ich ihm, ich wüßte das nicht, aber ich würde es versuchen. Alfredo starrte mich mit hoffnungslosem Gesicht unfaßbar an, und Justo meinte, in zehn Minuten müsse ich drüben sein.

Bevor sich die beiden Jäger über meine hoffnungslose Entscheidung beraten konnten, gab ich Alfredo einen Schubs und rannte talabwärts, immer die Dornbüsche als Deckung benutzend. Man mußte nur genau hinsehen, wo man hinsprang und den mörderischen Stacheln und Dornen der Büsche geschickt ausweichen. In nicht ganz fünf Minuten waren wir unten und in Deckung. Doch jetzt begann der steile Anstieg über Geröll, Steine und überwachsene Spalten. Noch nie habe ich vorher einen solchen Gipfelsturm vollführt, im Eilschritt senkrecht bergauf. Nach hundert Meter mußte ich stehenbleiben. Ich war von der strapaziösen Tagespirsch im nackten Hochgebirge und angespeichert mit der Sonnenglut des Tages doch recht mitgenommen. Im Gesicht hatte ich einen glühenden Sonnenbrand. Der Puls schlug übermächtig schnell in Hals und Kopf.

Alfredo bot ein Bild des Jammers. Er schüttelte nur dauernd den Kopf und machte ein verzweifeltes Gesicht.

Ich atmete ein paarmal tief durch, dann gab ich ihm mit dem Kopf ein Zeichen zum Weiterhasten. Noch zweimal mußte ich anhalten, hernach ging es merkwürdigerweise immer leichter, und in abermals fünf Minuten waren wir so weit oben, daß Alfredo langsam zu pirschen anfing und sogar stehenzubleiben. Er peilte die Lage, dann zeigte er auf einen großen Wurzelstock einer gestürzten Pinie als Ziel. Wir hatten ihn schnell erreicht. Nun bekam ich das Zeichen, mich hinzusetzen. Alfredo wuchs langsam empor, bis er über den Stock schauen konnte. Und nun beobachtete er eine Zeitlang die Capras, dann kam er wieder zu mir herunter und zeigte auf eine andere starke Pinie, die quer zwischen uns und den Capras lag. Diese erreichten wir auf allen vieren kriechend, dann hoben wir langsam die Köpfe und sahen das Rudel ungefähr hundertzwanzig Meter vor uns.

Plötzlich stieß mich Alfredo mehrmals heftig an und zeigte auf einen starken Bock, der direkt auf uns zuzog. Ich ließ ihn bis auf sechzig Meter heran, doch er zog stets halbspitz. Ein dummer Schuß! So kam er durch die Pinien. Ich war schon einmal am Abzug, konnte den Schuß aber gerade noch halten, weil ich im Fernrohr einen Baum erscheinen sah. Hinter diesem hervor, drehte sich der Bock ganz stich. Ich wußte, daß er jetzt verspielt hat. Auch diesmal traf es wieder zu: Je näher die Entscheidung rückt, desto ruhiger werde ich, ja sogar eiskalt, auch wenn mein Blut vorher noch so kochte. Im Fernrohr besah ich mir abermals das prachtvolle Bild dieses trotzigen Wildes mit dem griesgrämigen Gesicht und dem Ziegenbart, der wunderbar gezeichneten Decke und der massigen Trophäe. Dann war die Kugel draußen, von der er, auf den Stich getroffen, auf den Platz gebannt wurde. Ich wußte, sie war tödlich gewesen, sprang aber doch instinktiv auf und repetierte durch. Nach meinem Dafürhalten mußte das Geschoß durchs Herz gegangen sein. Da stand der Bock mit einem Male wieder auf den Läufen und flüchtete hinter einen Dornenbusch, dessen andere Seite ich sofort mit gestochener Büchse anvisierte. Aber er kam dahinter nicht mehr hervor, es war seine Todesflucht gewesen.

Erst schauten wir einander beglückt an, dann umarmte mich Alfredo, schlug mir fest auf den Rücken und auf die Schulter und sagte dazu: „Il padre, bum kaput." Ich glaube, es war das größte Kompliment, das er mir machen konnte, denn, wie sich später herausstellte, hatten ihn meine sportliche Leistung und der gute Schuß tief beeindruckt. Dieser saß aber auch wie abgezirkelt!

Während ich mich beim Bock hinsetzte, das enorm starke Gehörn umspannte und das herrliche Bild in mich aufnahm, hörte ich immerzu: „Bum kaput!"

Dann holte Alfredo einen Bruch, reichte ihn mir auf dem Hut mit einem deutschen „Waidmannsheil!", und wir gaben einander in gegenseitiger Anerkennung die Hand, wobei ich ihm für seine tatkräftige Hilfe dankte.

Mein Sohn und Justo hatten uns von drüben genau beobachtet. Das Auto war ihnen auf Weisung des Mulimannes gefolgt, und so landeten sie bereits nach zehn Minuten auf Umwegen bei uns. Allgemeine Freude herrschte über den starken Bock, wenn auch auf beiden Seiten die Spitzen des Gehörns durch Kämpfe um zehn bis fünfzehn Zentimeter abgebrochen waren. Schon seit langem hatte ich mich über eine Trophäe nicht mehr so gefreut! Der Bock war sauer verdient, und ich weiß genau, daß ich mich nie wieder einer solchen Gewaltanstrengung werde aussetzen dürfen, zumindest nicht bei so starker Hitze.

Im Parador herrschte große Freude: Alexanders Schwiegervater hatte schon

nach drei Stunden seinen Bock, der spanische Arzt aus Barcelona seinen auch, und nun kam ich erfolgreich heim.
Gut ausgeruht fuhr ich am nächsten Mittag mit Dr. Holzkamp und Herrn Rahn hinauf, zuerst in ein Freigehege, in dem etwa siebzig Capras auf blanken Felsen hausen, und dann in unser Revier, um ihnen die Schönheiten zu zeigen.
Der Heger, dem dieses Gehege unterstand, war Justos Bruder. Er begrüßte uns sehr höflich und zeigte uns das Wild. Darunter den besten und vielversprechendsten Bock, der im Alter von vier Jahren eine erstaunlich starke Trophäe trug. Ein Horn war abgebrochen. Dieses hatten sie ihm wieder aufmontiert und festgebunden, und tatsächlich ist es wieder angewachsen.
Als wir von unserer Fahrt zurückkamen, war Alexander mit seinem Bock schon da. Er war an ein starkes Rudel mit einem kapitalen Goldmedaillenbock gekommen, den er leider fehlte. Dann hat er aus demselben Rudel auf Anraten der Jäger einen wesentlich schwächeren geschossen. Schade, daß ich ihn ausgerechnet an diesem Tage nicht begleitete, denn ich hätte ihm davon abgeraten.

In Ostafrika

Der wolkenlose Sternenhimmel des Südens wölbte sich über unserem Camp im nördlichsten Zipfel Tanganjikas zwischen Nairobi und dem Victoriasee in der Nähe Loliondos. Müde hatte ich mich in meinem Zelt auf das Feldbett geworfen. Morgens um fünf Uhr erfolgte in Usa River der Aufbruch, und nach einer interessanten, aber strapaziösen Fahrt über Arusha, Lake Manjara, um den Ngorongoro-Krater herum und bei glühender Hitze dauernd mit Fata Morganas, die am Horizont immer wieder Wasserflächen und in der Luft hängende Berge vortäuschten, auf übelsten Wegen über viele Stunden durch die Serengeti, langten wir nach achtzehn Uhr bei der Lobo-Lodge an, wo wir unsere ausgetrockneten Kehlen wieder in Ordnung brachten. Dort wollte man uns nicht weiterfahren lassen, denn in der Serengeti darf ab neunzehn Uhr niemand mehr unterwegs sein. Ebenso darf man dort nur im geschlossenen Wagen sitzen. Da in unmittelbarer Nähe unser Jagdblock „Loliondo 1" beginnt, ließ man uns fahren. Um 19.30 Uhr trafen wir in unserem Camp ein. Wir hatten vierhundertsechzig Meilen in Nonstopfahrt hinter uns.

Nun dachte ich nach über das Geschehene seit unserem Abflug in Frankfurt am 3. Februar 1973 mit einer mit vierhundert Personen besetzten Condor.

Am Tag nach unserer Ankunft besahen wir uns nach Ergänzung der Tropenausrüstung Nairobi und trafen mittags beim Essen in einem Garten an einer der Hauptstraßen den bekannten Wildfotografen Rastl aus Bad Aussee in der Steiermark, der gerade von einer aufregenden Safari am Ngorongoro-Krater zurückgekommen war. Wir trennten uns erst spätnachts im Hotel.

Zwei Tage später flogen wir nach Arusha. Der Kilimandscharo mit seiner Wolkenhaube tauchte links auf, dann rechts der Mount Meru, und schon setzten wir zur Landung auf dem Flugplatz von Arusha an. Noch eine halbe Stunde Busfahrt, dann waren wir endlich in Usa River in unserem Quartier, Hotel Mount Meru Game Sanctuary, dessen Besitzer, Dr. Andreas von Nagy, ein interessanter Mann und berühmter Jäger ist. Mashurubu, „der Herr mit dem Bart", nennen ihn die Schwarzen.

Mount Meru Game Sanctuary ist eine kleine, gemütliche Lodge mit einigen Bungalows, wo fast ausschließlich Jäger absteigen. Man lebt und schläft mitten unter einer großen Zahl nur afrikanischer Wildarten, und der donnernde Schrei des prachtvollen Löwenpaars aus Rhodesien, das später leider erschossen werden mußte, wirft einen fast aus dem Bett. Mashurubu zeigte mir alle seine Tierarten, seine neueste Attraktion, die Fasanerie, und lud mich nach meiner Rückkehr von der Safari auf einen Buschbock auf dem Mount Meru ein. Dort trafen wir einige Berufsjäger, den Österreicher Ferry Graf Meran, den Portugiesen Pedro, den Ungar Joska, den Deutschen Rolf Trappe, bekannt wie seine berühmte Mutter aus den Büchern „Momella" und „Am Fuße des Meru", und den Engländer Derek Evans, der uns begleiten wird. Mit Mobutu, ganz in Grün, mit Leopardenmütze und gedrehtem schwarzem Stock, hatten wir ein kurzes Gespräch über ein Löwenbaby. Er weilte gerade mit Kenyatta bei Nyerere zu Besuch, da man großen Kummer mit dem roten Bruder Amin hatte. Abends durften wir bei Derek und Marita köstlich essen, wir bewunderten seine Trophäen, und am folgenden Tag starteten wir in das Abenteuer.

Heute ist der 8. Februar. Morgens um fünf Uhr waren wir, schwer beladen, mit unserem Toyota Land-Cruiser losgefahren, der uns vier Wochen bei abenteuerlichen Fahrten durch unwegsamen Busch, Urwald, Sumpf und Steppe, aber auch durch fast unpassierbare Flüsse und Bäche niemals im Stich ließ. Bei Nacht sah ich zum ersten Mal Arusha, danach besiedeltes und bebautes Land, das sehr bald in Steppe überging, durchsetzt mit uralten, riesigen Affenbrotbäumen. Tagsüber bekamen wir sehr selten Wild in Anblick, aber überall Störche. Nach zweieinhalb Stunden erreichten wir den Lake Manjara. Dort lag ein kleiner Marktflecken, wo sämtliche Früchte gehandelt wurden, hauptsächlich Bananen jeder Größe und Farbe. Wir deckten uns für drei Wochen mit Kartoffeln, Früchten und Salat ein.

Bei der Auffahrt zum Ngorongoro erblickten wir die ersten Elefanten, Rhinos und Büffel, manchmal ganz nahe der Straße. Diesen herrlichen Blick über den Manjarasee mit viel Großwild zwischen Urwald und Seeufer werde ich nie vergessen. Als wir die Höhe erreicht hatten, standen wir bald am Kraterrand vor einer Pyramide mit Gedenktafel, darunter Michael Grzimek beigesetzt ist, der in der Nähe mit dem Flugzeug abstürzte. Es ist die einzige Stelle, von der man in den riesigen, fast fünfundzwanzig Kilometer breiten Ngorongoro-Krater von dreitausend Meter Höhe hinabsehen kann, dessen Grund mit Seen und Steppe bedeckt und gegen die Hänge mit Savanne und Busch umsäumt ist. Wir umfuhren den halben Krater, um über eine bergige und hügelige Gegend in die Serengetisteppe zu gelangen. Auch hier fielen mir die Unmengen von Störchen auf.

Der Nationalpark Serengeti ist etwa dreihundert Kilometer lang und hundert bis zweihundertvierzig Kilometer breit. Drei bis vier Stunden fährt man auf

bodenlosen Wegen durch eine Wüste von Gras ohne Baum und Strauch. Mit dem Eintritt in die Serengeti endet jede feste Straße. Und trotzdem begegnet man vielen weißen Volkswagenbussen der Fotosafaris. Diese Busse und Landrover sind die einzig möglichen Verkehrsmittel. Zuerst sahen wir lange überhaupt kein Wild, dann plötzlich links und rechts kleinere Herden von Zebras und Gnus. Die Herden wurden immer größer, dazwischen Thompson- und Grantgazellen, Kuhantilopen und Topis. Schließlich war die Steppe bis zum Horizont schwarz bedeckt mit Wild.
Mir fiel auf, daß sämtliche Arten des Großwildes und der Großkatzen, Giraffen, Hyänen, Schakale und Wildhunde völlig fehlten. Erst als wir nach Stunden die erste der Kopjes, eines plötzlich aus der topfebenen Steppe herauswachsenden runden, zerklüfteten Granit- und Basaltfelsens, erreichten, änderten sich Landschaft und Flora und mit ihr die Fauna. An dieser Kopje sah ich die ersten Geparde und Paviane. Die Landschaft wurde hügelig und ging in Savanne über. Jetzt bekamen wir Impalas zu sehen, einen kapitalen Elefanten mit nur einem Zahn, ein Rhino, öfters Büffel, Warzenschweine und Schakale. Kurz vor der Lobo-Lodge standen sechs Kolosse von Elefanten, darunter ein Bulle mit Achtzig- oder Neunzig-Pfund-Zähnen, und die ersten Giraffen.
In der Steppe hatten wir nur blitzblaue Stare ausgemacht, jetzt gab es Adler, Bussarde, dann die Aasvögel, Geier und Marabus, Tauben, Perlhühner und andere, nur Löwen fehlten. Sehr schnell brach die Nacht herein. Meine Gedanken wurden abgelenkt durch die Stimmen der Wildnis. Zuerst meldeten sich die Hyänen mit ihrem durchdringenden „Uu-i", das in ein abscheuliches Gelächter überging. So eine Stimme paßt völlig zu der Häßlichkeit dieser Tiere. Dann begann das wütende Gezeter unserer Hauspaviane, die mit den Meerkatzen zusammen bachaufwärts unsere Nachbarn waren. Dazwischen ließ sich das Fauchen eines jagenden Leoparden vernehmen, dann im Norden von fern das Grollen eines Löwen. Welch herrliche Musik! Gleich darauf erhielt er die Antwort von Süden und bald danach, nahe unserem Camp, von Westen. Der König der Tiere befand sich auf Jagd. Zwischendurch gurrten Tauben über unseren Zelten im Traum.
Welches Gefühl der Freiheit überkam mich, weg von der sogenannten Zivilisation in der unwegsamen Wildnis, ein Leben mit der noch ungebändigten Fauna und Flora in ihrer ganzen Wildheit und Schönheit der Natur, die mancherlei Gefahren in sich birgt. Diese letzten unendlichen Weiten ohne Menschen, angefüllt mit vielfältigen Mengen von Wildarten, empfindet man dankbar als Geschenk Gottes, an dem man sich mit Freude nicht genügend satt sehen kann.

Befreit aus dem Pferch der menschlichen Ballungen, für kurze Zeit entrückt dem Haß, der Feigheit und Hinterhältigkeit seiner Mitmenschen und versetzt auf Bewährung ins Paradies der Einsamkeit, darf man noch täglich die Schöpfung in ihrem Urzustand bewundern. Diese teilt man auf Hunderte von Quadratkilometer bloß mit einem stolzen Hirtenstamm, den Massais, den mutigsten und waidgerechtesten Jägern, welche nur die Großkatzen jagen, allein mit ihrem Speer. Hier kann sich auch bei den Tieren nur der Stärkere durchsetzen, um allerdings im Alter letztlich durch ehemals schwächere Todfeinde zu enden. Trotzdem bleiben das jagende und das gejagte Tier auch im Tode noch edel. Das jagende tötet nur soviel, wie es zum Leben benötigt. Nach gestilltem Hunger räumen die Aasfresser als Gesundheitspolizei in allerkürzester Zeit so sauber auf, daß nur noch ein gebleichter Schädel daran erinnert, daß hier einmal ein Lebewesen geendet hat. Unedel sind nur Hyänen und Wildhunde. Sie töten nicht zuerst, sie schneiden das lebende Wild an, reißen ihm die Eingeweide heraus und zerreißen es bei lebendigem Leibe. Sie sind wahre Verbrecher unter den Tieren. Wie bedrückend, daß es auch in der Tierwelt solch ein Gesindel gibt! Mit diesem Gedanken schlief ich ein.

Wie es abends zwanzig Minuten nach Sonnenuntergang Nacht ist, so erscheint zwanzig Minuten nach Beginn der Dämmerung der blutrote Feuerball der aufgehenden Sonne. Die Licht- und Schattenspiele in diesen Minuten sind das Schönste dieser Breiten. Während es tagsüber sehr warm wird, ist es nachts bitterkalt.

Im Camp, sehr schön gewählt an einem kleinen Bach unter uralten Bäumen errichtet, trafen wir unsere schwarze Belegschaft, die unter großem Tamtam eine Begrüßungszeremonie abrollen ließ. Zwei waren mit uns gekommen, Karanja und Sihoi. Sihoi, der stille, gewissenhafte Fährtensucher und Gewehrträger, war ein Meru. Auf ihn konnte man sich unbedingt verlassen, er wäre auch in brenzlichen Situationen nicht gewichen. Karanja, Fahrer und ebenfalls Fährtensucher, lustig, immer singend und zu Dummheiten aufgelegt, war ein Kikuju. Beide haben viel zu unserem Erfolg beigetragen. Karanjas Bruder Samuel, der Steward, sah sehr gut aus, war groß, stets sauber angezogen und stach deshalb angenehm ab. Er hatte das Camp zu leiten, servierte, kümmerte sich

Mein ehemaliger Dackel Schützi und sein Freund Schlupfer arbeiteten im Bau unglaublich gut zusammen, einmal brachten sie sogar das Meisterstück fertig, einen alten Dachs zu sprengen (Foto: Czimmeck)

um die Zelte und die Wäsche, kurzum, was er tat, tat er perfekt. Hudson, der Koch, lebendig und fleißig, der jeden Tag abwechslungsreich gutes Essen auf den Tisch brachte, war ein Maraguri. Jonson, der stille und bescheidene Abhäuter, ein Mehagga. Der junge Juma, das erste Mal auf Safari und der einzige Moslem, war ein Nramugi. Als Mädchen für alles, mußte er das braune Wasser aus dem Bach in einer Tonne kochen, das Waschwasser anschleppen, die Duschen füllen, in der Küche helfen, das Holz für das Lagerfeuer sammeln und das Auto waschen. Aber er war immer guter Dinge, wie alle anderen auch, und wie diese seinem Herrn Derek Evans treu ergeben. Dann gab es noch den Massai Elgon, als Wegweiser gemietet, denn er kannte das Land auf hundert Kilometer im Umkreis und stammte aus einem Kral, Manjatta genannt, fast zwei Wegstunden vom Camp entfernt. Unser Jagdgebiet, der Block „Loliondo 1", umfaßt ein Gebiet von hundertzwanzig Kilometer Länge und achtzig Kilometer Breite. Elgons wegen mußten wir alle drei Tage seine Manjatta anfahren, damit er sich mit Milch und Blut neu versorgen konnte. Brauchten wir ihn, mußte er mitfahren, und wir holten seinen Lebenssaft dann abends ab. Sonst ließen wir ihn diesen Tag bei Frau und Kindern und haben ihn wieder bei der Heimfahrt mit seinen drei oder vier hohen, spitzen Kalabassen aus Ziegenfell voll Milch und Blut aufgelesen.

Feste gab es nur, wenn ein Stück Großwild erlegt worden war. Dann kamen vor dem Abendessen die Schwarzen singend mit improvisierten Instrumenten aus Schüsseln, Bratpfannen, Spaten und sonstigen lärmenden Gegenständen und der Trophäe zum Lagerfeuer, wo sie im Gesang den guten Schützen und die schnelle Kugel, die das große Tier fällte, lobten. Das hieß „Kabubi".

Jedes Großwild hat seinen eigenen Kabubi.

Dafür bekam jeder eine Flasche Bier und eine Schachtel Zigaretten, womit sie überglücklich in ihren Lagerteil abzogen, wo sie sich noch lange singend und lachend unterhielten.

Um sechs Uhr standen wir auf, manchmal schon um fünf, wenn das Jagdgebiet weit entfernt lag. Um halb sieben gab's Frühstück, um sieben war dann Abfahrt. Neben dem Fahrer Karanja saß Derek. Dahinter mein Sohn Alexander und ich, dahinter war der Raum für Proviant, Geräte und Mäntel, auf der Rückfahrt auch für Trophäen oder ein Stück Wild für die Küche oder als Köder. Auf dem Dach saßen den ganzen Tag Sihoi und Elgon, nicht allein, um

Hunde der verschiedensten Rassen haben mir mein ganzes langes Jägerleben treu das Geleit gegeben (Foto: Nagel)

nach Wild auszuschauen, sondern um alle Hindernisse vor dem Wagen rechtzeitig zu entdecken, beispielsweise Warzenschweinlöcher, im Boden verwachsene Steine und Geländeunterschiede, die vom Fahrersitz aus im hohen Gras und den Büschen nicht zu erkennen sind. So geht es unter dauernder Direktion von oben dreizehn bis vierzehn Stunden am Tag, denn ganz selten gibt es Fahrspuren anderer Jagdwagen oder Triften von Viehherden der Massais, auf denen man nur bei trockenem Wetter fahren kann. Feldwege oder lediglich Andeutungen davon kennt man nicht, nur Steppe mit hohem Gras, dornenbespickte Savanne und Busch.

Ist es trocken, geht alles meistens gut. Doch regnet es, und zwar wolkenbruchartig, verwandelt sich der Boden, der das Wasser nicht schluckt, in stehendes Wasser, in dem der Wagen wie auf Seife schwimmt. Dann ist man wirklich besorgt, nicht mehr zum Lager zu kommen.

Der erste Tag verlief für mich glücklich. Ich konnte vier verschiedene Wildarten erlegen, einen guten, weit ausgelegten Impala, auf deutsch Schwarzfersenantilope. Sie tritt in größeren und kleineren Herden auf, manchmal steht ein älterer Bock allein. Meine Beute wurden ferner ein sehr guter Topi, Leierantilope genannt, mit prachtvoller, violett glänzender Decke, und eine Thompsongazelle, rehbraun mit schwarzen Seitenstreifen, vorn, hinten und unten aber weiß, deren Wedel dauernd hin und her geht. Zuletzt gelang es mir noch, ein Rekordkongoni, Hartebeest oder Kuhantilope genannt, zu erlegen. Es trägt wohl das komischeste Gehörn, ist braun, so groß wie ein Stück Damwild und sehr hart im Nehmen. Alle vier Trophäen waren besonders gut.

Die nächsten Tage galten hauptsächlich dem Auslegen von Ködern für Löwe und Leopard. Die Lizenz für Großwild erhält man nur mit der Verpflichtung, einundzwanzig Tage dort zu jagen. So nahmen wir die erlegten Antilopen, die nicht in die Küche gewandert waren, fuhren damit an günstig erscheinende Stellen an Bächen und Flüssen und hängten sie hoch in Bäume. So hatten wir drei Köder angebracht.

Alexander schoß ganz nahe beim Camp einen einzelnen, alten Büffel mit von Kämpfen völlig zerfetzten Lauschern. Nach Abtrennen des Hauptes deckten wir ihn mit Dornbüschen zu, auf die wir noch einige von Elefanten umgebrochene Bäume legten, damit die Hyänen nicht dran können.

Am nächsten Morgen schoß ich einen einzelnen, sehr starken und schön gezeichneten Zebrahengst, den unsere Schwarzen unglaublich schnell abhäuteten. Derweil kreisten über uns, von weit her kommend, in allen Höhen die Aasvögel, und die umliegenden Bäume und Sträucher bogen sich unter der Last der sich mehrenden Geier und Marabus immer mehr zu Boden. Als die Schwarzen die Arbeit beendet hatten, fuhren wir zweihundert Meter zurück und betrachteten das grausige Schauspiel des Kampfes um die besten Brocken. Besonders die Geier bildeten einen flügelschlagenden Berg auf dem Kadaver und schlugen einander mit den Schwingen davon hinunter, während die Marabus, wie Gelehrte aussehend, ganze Fetzen aus den Seiten rissen.

Wir sahen an diesem Tag fast alle dort vorkommenden Wildarten, aber kein Stück mit einer guten Trophäe. Auf der Heimfahrt gerieten wir im Busch in eine riesige Büffelherde von etwa fünfhundert Stück, die größte, die ich je sah. Wir standen mit unserem Wagen in der schnaufenden und stampfenden Herde, die uns auf zwanzig bis dreißig Meter wie eine Mauer umgab. Die Schwarzen animierten mich dauernd, auf diesen oder jenen kapitalen Bullen zu schießen, was aber verboten ist. Bald geriet ein Teil in Bewegung, und so brauste eine Herde von hundert Stück vor unserem Wagen vorbei, wobei die Bullen, in voller Flucht auf den Kühen sitzend, mehrere Meter mitritten. Dann rannte ein anderer Haufen um uns herum, schloß die entstandene Lücke und starrte uns Kopf an Kopf an. Schließlich fuhren wir auf sie los und hinter einer davonflüchtenden Herde her, bis sich das Feld lichtete und wir heraus waren.

Nachts erhob sich bei klarem Sternenhimmel ein Oststurm. Trotz vier Wolldekken froren wir erbärmlich, weil die Zeltwände nicht geschlossen waren. Die Hyänen schrien um unser Camp, die Tauben gurrten trotz des Sturms im Schlaf, und bei Alexanders Büffel hörten wir die Löwen. Ein gutes Zeichen. Bei Tag fuhren wir hin. Die Dornen waren zur Hälfte weggeräumt, der Büffel von Löwen angeschnitten.

Wir sahen auch einen sehr starken Leoparden, der von einem Baum sprang und im hohen Gras verschwand. Schließlich schoß ich ein Warzenschwein, die mit ihrem senkrecht aufgestellten Bürzel urkomisch aussehen, Alexander ein Topi und ein Kongoni, die wir alle als Köder weit voneinander entfernt aufhängten. Der übrige Tag galt der Suche nach Elefanten und Büffeln. Beide bekamen wir zu Gesicht, aber nie einen guten Bullen dabei. Zwei Löwen, einen Geparden, Giraffen in Mengen, Impalaherden, Thompsons, Topis und Schakale hatten wir gesehen, auch einmal fünfundzwanzig und dann fünf Elefanten, Büffel, immer wieder einzeln oder in kleinen Herden, zwei Rhinos, Warzenschweine und Wasserböcke, aber nichts, was uns reizte. Das Wetter hatte umgeschlagen, schwere Gewitter entluden sich mit Wolkenbrüchen, die wir jetzt jeden Tag – völlig normal für diese Jahreszeit – über uns ergehen lassen mußten. Gewöhnlich hörten sie nach zwei bis drei Stunden auf, und die Sonne kam

zum Vorschein. Wirklich heiß wurde es ganz selten, denn wir waren auf über zweitausend Meter Höhe.
Die letzte Nacht verlief sehr unruhig, die Löwen brüllten um unser Camp und bei Alexanders Büffel, Hyänen trampelten schreiend und mit Gelächter um unsere Zelte, ein Leopard wollte einen unserer Hauspaviane verspeisen, die einen Höllenlärm vollführten. Der Leopard wiederum scheuchte mit Fauchen die Hyänen an unseren Zelten vorbei, die Tauben träumten mit ihrem monotonen Gurren, und Büffel zogen äsend um das Camp, daß man sie deutlich schnauben und das Gras abrupfen hörte. An Schlafen also nicht zu denken! Deshalb war es mir recht, um fünf Uhr aufzustehen, denn heute galt es den Löwen.
Wir verließen den Wagen, voran Sihoi und Karanja, dann ich und Derek mit Alexander. Durch die Büsche pirschend, näherten wir uns nach fünfhundert Meter dem Büffelluder. Der Orientierungssinn der Schwarzen ist zu bewundern. Jeder Busch sieht gleich aus, doch sie führen unfehlbar genau dorthin. Ein Handzeichen, wir standen wie versteinert, denn wer weiß, wie viele Löwen am Riß sind, und es wurde gerade erst Tag. Da erhebt sich auf keine fünfzig Meter ein prachtvoller Löwe, äugt uns kurz an und verschwindet abrupt hinter Büschen. Ich pirsche schnell um die andere Seite herum, da steht der König der Tiere mit einer herrlichen Mähne fünfzig Meter vor mir. Im Schuß springt er aufbrüllend hoch in die Luft, überschlägt sich und rührt sich nicht mehr. Meine Kugel ist ihm durch das Herz gedrungen. Trotzdem stehen wir voll Spannung auf unserem Platz und betrachten die faszinierende Beute von fern lange Zeit. Dann prüfen wir mit dem Gewehrlauf die Augen auf Reaktion. Er ist längst verendet. Ein Prachtexemplar mit neun Foot und acht Inches. Mitten im Gesicht hatte er einen frischen Prankenhieb einer seiner Frauen. Als wir ihn ins Auto luden, kamen drei Löwinnen vom Wasser zurück. Sie gehen nach dem Mahl zuerst zum Wasser, während der Löwe den Riß bewacht. Sind sie zurück, geht er. Wir hörten sie im hohen Gras wütend knurren, bestiegen eilig unseren Wagen und sahen nun, wie sie auf achtzig Meter auf uns zukamen. Gemütlich sah das gar nicht aus. Wir wollten sie nicht reizen und räumten das Feld. Am nächsten Morgen fuhren wir bis an den Riß. Da standen ein ebenso starker Mähnenlöwe, ein jüngerer mit ganz schwarzer Mähne sowie die drei Löwinnen.
Der nächste Tag galt zuerst der Kontrolle der Luder, von denen nicht eines angenommen war, und dann ganz der Suche nach Elefanten und Büffeln. Auch davon bekamen wir nicht ein Stück zu sehen. Der Tag schien erfolglos zu Ende gehen zu wollen. Schon auf der Heimfahrt, entdeckte Sihoi einen starken Löwen an einem Busch, nahe bei einer Viehherde der Massais. Zuerst kam er auf

uns zu, drückte sich dann aber seitwärts davon. Drei Buben hüteten allein die große Herde, und wir warnten sie vor dem Löwen. Dafür verrieten sie uns eine Büffelherde, die wir auch bald fanden. Ein sehr starker Bulle befand sich dabei. Der Wind stand schlecht, außerdem zogen sie in ein Buschstück ein. Schnell eilte ich mit Derek und Sihoi auf die andere Seite des Busches. Wir wählten einen kleinen Hügel, um nicht überrannt zu werden, falls wir in ihre Fluchtbahn geraten sollten. Karanja fuhr nun mit dem Wagen im schlechten Wind an den Busch heran. Da brach die ganze Herde bei uns heraus, doch der Bulle fehlte. Ich war sehr deprimiert, da erschien, als letzter weit hinter der Herde von etwa sechzig Stück, ein riesiger Bulle mit gewaltigem Helm und wunderbar geschwungenen Hörnern. Da ich nur eine Möglichkeit für einen Schuß hatte, nämlich schräg von hinten, hielt ich ihm auf das Kreuz. Im Knall brach er hinten zusammen, war auf den Platz gebannt. Im zweiten Schuß fiel er wie vom Blitz getroffen. Er war wirklich kapital, der Helm siebzehn Inches weit.

Der folgende Tag verlief noch spannender. Frühmorgens kontrollierten wir unsere aufgehängten Köder. Einen hatte ein Leopard frisch angenommen. Sofort bauten wir in einem dichten Busch, siebzig Meter entfernt, einen Stand, in dem ein kleines Schießloch ausgeschnitten wurde. Das ist auch alles, was an Veränderungen vorgenommen werden darf. Laut Gesetz darf man weder ein Ästchen wegnehmen noch eines dazustecken. Nur das Schießloch darf man mit dürrem Gras zustopfen, damit einen der Leopard nicht gleich wahrnimmt. Und man befolgt schön brav diese in der Wildnis lächerlich anmutende Vorschrift, denn außer Massais gibt es auf hundert Kilometer keinen Menschen.

Nachmittags fuhren wir bis zu einer Furt und pirschten die letzten fünfhundert Meter zum Schirm. Die meisten Jäger lassen sich bis zum Schirm fahren und schicken dann das Auto weg. Hernach wundern sie sich, wenn sie vierzehn Tage und länger umsonst ansitzen! Wir wollten spätestens um vier Uhr nachmittags sitzen, obwohl die meisten Leoparden nicht vor achtzehn Uhr erscheinen. Ich war gerade als letzter um 15.30 Uhr auf allen vieren in den Schirm gekrochen und lugte nach dem Köder, ob ich auch gut hinschießen kann, da entbrannte im dichten Dschungel genau unter dem Köder ein wüster Kampf mit Gebrüll und Gefauche. Dies wiederholte sich noch zweimal und erhöhte unsere Spannung. Dann sprang ein prachtvoller, ausnehmend starker Leopard auf den am weitesten rechts stehenden Baum. Dort blieb er einige Minuten und äugte die Gegend ab. Wir wagten nicht, uns zu rühren, denn der Leopard kann sogar durch den dichtesten Busch das menschliche Auge, die weiße Haut und jede Bewegung sofort wahrnehmen. Derek, Sihoi, Karanja und ich saßen wie

aus Stein gemeißelt und beobachteten ihn durch die Augenschlitze. Jetzt sprang er mit einem Satz mindestens zehn Meter weit zum nächsten Baum. Dort saß er lange in einer Astgabel. Ich hätte ihn leicht schießen können, doch ich wollte dieses einmalige Erlebnis bei vollem Sonnenschein ganz genießen. Zwar fürchtete ich, er könnte wieder zu Boden gehen und verschwinden. Nach zehn Minuten sprang er auf den Baum mit dem Köder. Ich entfernte vorsichtig den Grasbusch aus dem Schießloch und schob meinen Mannlicher ganz langsam durch die Öffnung. Derweil stieg der Leopard den Ast hinauf, bis er völlig frei und breit über dem Köder stand. Welch herrliches Bild, von der Sonne voll beschienen! Das Absehen stand genau auf dem Blatt, knapp hinter dem Vorderlauf. Im Schuß kippte der Leopard um, blieb der Länge nach auf dem Ast liegen und rührte nicht einmal mehr die Rutenspitze. Nach zwei Minuten rutschte er ab und fiel zu Boden, mitten in den Dschungel.
Lange suchten wir mit schußbereiten Gewehren das dichte Gras und Buschwerk ab, bis ihn Sihoi in einem tiefen Loch entdeckte. Mit einer langen Stange prüften wir, ob noch Lebensgeister in ihm steckten, denn ein angeschossener Leopard ist das gefährlichste Großwild Afrikas. Er kann einen nicht nur mit den Vorderpranken und seinem Gebiß übel zurichten, sondern mit einer Abwärtsbewegung der hochgezogenen Hinterläufe den ganzen Leib aufreißen. Dieser aber rührte sich nicht mehr. Die Schönheit der Decke und seine Größe waren einmalig. Mein eindrucksvollstes Erlebnis!
Nach diesen guten Erfolgen beschlossen wir, vier Autostunden weit in die Hochsteppe bei Loliondo zu fahren, wo es, als einzige Stelle unseres riesigen Reviers, Elenantilopen, Grantgazellen und Gnus gab. An einem kleinen Flugplatz vorbei kamen wir in die Steppe. Hier wuchs auf Kilometer ganz niedriges Gras, und nur in einigen breiten Gräben standen einige wenige Bäume und Büsche. Sofort erkannte ich, daß ich hier sehr weit schießen muß, denn das Wild hatte große Fluchtdistanzen. Zuerst sahen wir eine große Herde Paviane, die aus einem dichten Graben in die Steppe marschierten, dann in weiter Entfernung fünf Elenantilopen, dabei einen sehr starken Bullen. Wir rannten gebückt in einem Graben vor, krochen dann und robbten am Schluß. Kaum schaute ich über die Kante, wurden sie unruhig. Dreihundert Meter Entfernung! Ich mußte sehr schnell schießen und hörte deutlich dumpfen Kugelschlag. Die Elen stürmten davon. Bald scherte der Bulle aus und tat sich nieder, so daß ich ihm erst nach mühevoller Arbeit den Fangschuß geben konnte.
Sihoi und Karanja machten sich sofort ans Abhäuten, denn drohende Gewitter zogen sich von allen Seiten zusammen.

Alexander schoß eine sehr gute Thompsongazelle. Nun versuchten wir, ein Gnu und eine Grantgazelle zu bekommen, damit wir nicht mehr in dieses weit entlegene Gebiet fahren müssen.
Gnus gab es genug, aber nicht näher als achthundert Meter. Ein Bulle rannte dauernd umher, machte einen Bogen, kam von der anderen Seite auf uns zu und verhoffte auf fast dreihundert Meter gerade so lang, daß ich eine Kugel loswerden konnte. Er zeichne gut und brach nach fünfzig Meter zusammen. Er hatte einen tadellosen Schuß und eine fast schwarze Decke, wie sie anscheinend nur in dieser Gegend vorkommt.
Alexander sollte jetzt zu seinem Recht kommen, denn ich hatte schon viel erlegt. Vom 16. bis zum 24. schoß er jeden Tag eine andere Wildart. Heute hatte er die Thompsongazelle, am nächsten Tag seinen ersten Elefanten erlegt, über den er sich so freute, dann einen Strauß, zwei Dikdik, einen enormen Büffel hart an der Rekordgrenze mit fast einem Meter Auslage, endlich ein Warzenschwein.
Jetzt hatte Alexander alles, was seine Lizenz erlaubte, mir fehlten Elefant, Wasserbock und noch ein Büffel. Deshalb fuhren wir am 25. Februar in ein weit entlegenes Gebiet im Südosten. Ein bereits unternommener Versuch, dorthin zu kommen, war wegen Hochwassers gescheitert. Diesmal kamen wir nach drei Stunden über den Fluß in ein wildromantisches Gebiet. Es sah aus, als ob dies einmal ein Krater mit fünf Kilometer Durchmesser gewesen sei, denn in einem geschlossenen Kreis standen bizarre Felsengebilde, von denen man meinen konnte, sie seien aufeinandergesetzt worden. Rätselhaft bleibt, warum die oberen Felsen nie herunterfallen, denn sie sind völlig getrennt von den darunterliegenden.
Als wir solch einen Fels bestiegen hatten, entdeckten wir, daß das Innere Savanne war mit einem kleinen Wasserlauf, an dem vereinzelte Bäume standen. Fünf Elefantenbullen konnten wir ausmachen, die von uns wegzogen. Wir peilten die Richtung an, dann begann der Marsch. Jetzt um die Mittagszeit brütete die Sonne. Vorher hatten wir Regen, nachher wieder. Endlich fanden wir Losung, die mit der Hand auf ihre Frische untersucht wurde. Nach weiteren zwanzig Minuten hatten wir drei Bullen vor uns. Der linke war der beste, aber schwächer als der von Alexander. Der Wind stand günstig. Weil der drittletzte Tag war, pirschten wir ihn frei bis auf dreißig Meter an. Da er schön breit stand, hielt ich ihm auf die Schulter, worunter das Herz liegt. Er zeichnete gut. Derek schoß sofort nach. Meine zweite Kugel setzte ich neben dem Vorderlauf aufs Blatt. Da brach er nach rückwärts zusammen. Nach zehn Minuten näher-

ten wir uns vorsichtig. Gestockter Schweiß kam ganz dick aus seinem Rüssel. Mit dem Gewehrlauf fuhren wir ihm ins Licht, doch er zeigte keine Reaktion mehr. Pro Zahn wurde er auf fünfundvierzig Pfund geschätzt. Wir nahmen den Schwanz – er hatte viele und lange Haare – sowie ein Ohr mit, Zeichen dafür, daß wir ihn in Besitz genommen hatten. Niemand darf da die Zähne nehmen!

Nun kam der letzte Tag. Gute Wasserböcke gab es in unserem Gebiet nicht. Deshalb versuchten wir es noch einmal auf einen Büffel. Den ganzen Tag waren wir schon umhergefahren, hatten eine große Büffelherde an der Grenze von Kenia in ein großes Buschland verschwinden sehen, dabei ein Koloß von einem Bullen. Es war schon spät am Nachmittag, und wir befanden uns bereits auf Heimatkurs, als wir eine größere Büffelherde entdeckten, die ebenfalls auf ein größeres Buschwerk zustrebte. Wir versuchten, den Büffeln den Weg abzuschneiden. Bis wir hinkamen, hatte der vordere Teil der Herde schon den Busch erreicht, doch beim hinteren befanden sich zwei gute Bullen. Ich rannte mit Derek und Sihoi hinter Büschen gedeckt in ihre Bahn. Jetzt fingen sie an zu galoppieren und suchten Anschluß an die verschwundene Herde. Dabei mußten sie auf sechzig bis achtzig Meter an uns vorbei. Ein sehr guter Bulle war auf unserer Seite. Ich schoß ihm aufs Blatt, daß er ein Rad schlug wie ein Hase. Sicherheitshalber setzte ich ihm noch eine Kugel auf den Hals, denn wir befanden uns knapp vor dem Busch. Ein sehr guter Bulle mit weit geschwungenen Hörnern lag vor uns.

Drei Wochen hatten wir im Block „Loliondo 1" zugebracht und außer einem Wasserbock alles geschossen, was unsere Lizenz erlaubte. Alles gute Trophäen. Eine wahrhaft gelungene Safari. Nun fuhren wir wieder zurück, den weiten Weg durch die Serengeti, wo wir diesmal noch mehr Wild sahen, am Ngorongoro-Krater vorbei nach Arusha und Usa River. Noch zehn Jagdtage hatten wir vor uns; sie wollen wir in einem offenen Jagdgebiet und auf dem Mount Meru verbringen.

Nach einem Ruhetag ging es um fünf Uhr morgens zurück in das Gebiet des Lake Manjara. Zuerst fuhren wir in ein Sumpfgelände, um einen Riedbock zu schießen. Durch die enormen Regenfälle der letzten Wochen stand hier alles unter Wasser, und das Riedgras war von beachtlicher Höhe. Bald wurde ein sehr guter Bock hoch, doch im Nu sah man nur noch Gehörn und Lauscher. Ein Schuß war unmöglich, der Bock sogleich verschwunden. Ein Versuch, weiter einzudringen, wurde bestraft, und wir saßen über beide Achsen im Sumpf. Bei Gluthitze wateten wir zu einem kleinen Dornenhölzchen, von dem wir soviel Holz absäbelten, um einen Knüppeldamm bauen zu können. Zuerst wurde das

Reserverad abgenommen und unter der Vorderachse versenkt, darauf der Wagenheber gesetzt und der Wagen angehoben. Dann legten wir Prügel unter die Räder und ließen den Wagen wieder ab. Dasselbe begann nun hinten, und abwechselnd wieder vorn, bis wir den Wagen so hoch hatten, daß wir ihn auf festen Boden bekommen konnten. Nun wollten wir es trotz meiner Warnung von einer anderen Seite versuchen. Sofort saßen wir wieder drinnen, und die mühsame Arbeit begann von neuem. Als wir heraußen waren, gaben wir auf und fuhren in ein Gebiet, wo es Oryx, Kleine Kudus, Grantgazellen und Gerenuks gab.

Das wenige, schon auf Kilometer flüchtende Wild war Beweis dafür, daß dort oft und mit allen Mitteln gejagt wurde. Endlich entdeckten wir einen guten Gerenuk. Er hatte uns noch nicht wahrgenommen und war auch durch anderes Wild nicht beunruhigt. So konnte ich sehr gut an ihn herankommen und ihn erlegen. Alexander schoß eine halbe Stunde später einen ebenso guten.

Nach der Mittagspause sahen wir weit weg zwei sehr gute Oryxbullen, kamen aber nicht näher als auf vierhundert Meter an sie heran. So umschlugen wir einen Hügel und standen mit einem Male zweihundert Meter vor ihnen. Sofort wurden sie flüchtig. Wir versuchten es nochmals. Diesmal stand der stärkere dreihundert Meter vor uns. Etwas hochblatt kam ich ab. Der Bulle quittierte die Kugel gut, flüchtete, wurde langsamer und tat sich nieder. Wir beschlossen, ihn krank werden zu lassen. Doch zu unserem Schreck erschienen Massais mit einer großen Rinderherde. Der Bulle wurde hoch und zog schwerkrank in ein dichtes Savannengebiet, die Viehherde in gleicher Richtung hinterher. Wir kletterten auf eine Felswand, um von oben Einblick in dieses Gebiet zu bekommen. Vom Bullen war nichts mehr zu sehen.

Am ersten Morgen auf dem Mount Meru pirschte ich mit Derek. Der Urwald und weiter oben der Regenwald sind ein Erlebnis für sich, man erhält völlig andere Eindrücke von Afrika und seinem Wild. Je höher man kommt, um so dichter wird der Wald, und es kann passieren, daß man auf den Wechseln, anders kann man sich kaum fortbewegen, auf wenige Meter mit Elefanten, Nashörnern oder Büffeln zusammenstößt.

Als wir den Wald am frühen Morgen betraten, begann in den Baumkronen ein vielstimmiges Schnarren. Es kam von den schönen, weißen Colobusaffen mit ihrem schwarzen Gesicht, die mit unglaublicher Gewandtheit durch die Bäume turnen und im Nu von den Gipfeln auf dem Boden verschwinden.

Viele bunte Vögel in allen Größen konnte ich zum ersten Mal beobachten. Mehrmals brachen auf nächste Nähe Büffel weg, die Wind von uns bekommen

hatten. Warzenschweine und Waldschweine kreuzten meinen Weg. Von letzteren hätte ich einen kapitalen Keiler schießen können, tat es aber nicht, weil ich einen Buschbock wollte. Auch Buschböcke und andere Wildarten sprangen ab, weil sie uns in dem dichten Urwald immer zuerst wahrnahmen. Trotzdem pirschte ich mit viel Freude von sechs bis zehn Uhr durch dieses Paradies.
Die Abendpirsch verlief anders. Ich ging mit dem jungen Nagy, und wir bezogen einen turmhohen Hochsitz, von dem man Sicht auf eine Blöße im Urwald hatte. Dies ist sehr reizvoll, weil man versucht, die Jagd im afrikanischen Urwald auf europäische Art auszuüben.
Wir saßen noch keine halbe Stunde, da erschien ein sehr guter Buschbock auf der Blöße, verschwand aber sofort wieder. Da wir am Rande gerade noch zwei Geißen sahen, baumten wir ab und pirschten vor. Doch sie traten jetzt auf die Blöße, so daß wir uns auf den Boden drücken mußten. Gleich darauf stürmte der Bock in wilden Kapriolen auf die Fläche und bohrte voll Kampfeslust sein Gehörn in den Boden. Ich saß so unglücklich hinter Bandi, daß ich nicht freihändig schießen konnte, und bewegen durfte ich mich auch nicht. Ich strich, so gut es ging, an Bandis Schulter an und konnte gerade noch die Kugel loswerden, als der Buschbock den entschwundenen Geißen nacheilen wollte. Dem Zeichnen nach wußte ich, daß er eine gute Kugel hatte. Bandi holte seine Schweißhündin Conja, die beim Hochsitz abgelegt war. Sie verwies sofort den Anschuß, und nach vierzig Meter standen wir vor einem sehr guten, alten Buschbock.
Da Bandi am nächsten Tag nicht mit mir pirschen konnte, ging ich erst abends mit Marita, der Frau Dereks, auf einen anderen Hochsitz am Meru, von dem aus man eine weite Sicht hatte. Wir sahen Giraffen, Büffel, leider zu weit, sehr viele Buschböcke, prachtvolle Vögel, Colobusaffen und eine Herde Paviane, die bald darauf ganz in unserer Nähe von einem Leoparden belästigt wurden, der sich von ihnen unbedingt einen Braten holen wollte. Wir hörten das wüste Gezeter der Paviane, begleitet vom Fauchen des Leoparden, das sich erst nach einer halben Stunde beruhigte. Dann hörten wir fern einen Löwen, fast eine Stunde lang. Ein herrlicher Abend!
Auch am nächsten Morgen konnte niemand mit mir gehen. Ich hätte zu gerne noch einmal eine Morgenpirsch unternommen und dann Wildtauben geschossen. So fuhr ich erst abends wieder mit Bandi auf den Meru. Wir hatten den Wagen abgestellt und waren schon eine ganze Weile gepirscht, als wir an eine Blöße kamen, an der auch ein Hochsitz stand. Diesen bestiegen wir. Da erschien eine Hyäne, ging an ein Wasserloch und schöpfte. Nach langem Sichern

zog sie immer gegen den Wind weiter. Es wurde langsam dunkel, da stand in der hintersten Ecke, auf hundertachtzig Meter wie hingezaubert, ein kapitales Warzenschwein. Sofort war ich im Anschlag und betrachtete mir durch das Fernrohr dieses gewaltige Schwein mit den enormen Waffen. Kurz schaute ich Bandi fragend an. Der nickte nur, und im nächsten Augenblick Knall und Kugelschlag. Das Schwein stürmte hochflüchtig in den Urwald, dann hörten wir ein starkes Brechen. Bandi baumte sofort ab und ging mit Conja zum Anschuß. Ich blieb, um ihn notfalls einzuweisen. Doch Conja hatte den Anschuß sofort gefunden, und beide verschwanden an der richtigen Stelle. Gleich darauf gab Conja wütend Standlaut. Ich hörte, wie Bandi den Hund anfeuerte. Nun hielt mich nichts mehr, denn ich wußte, daß ich diesmal etwas besonders Gutes erlegt habe. Am Anschuß sah ich die deutlich sichtbare Schweißfährte, der ich folgte. Da kam mir Bandi entgegen, um einen Bruch zu holen. Er sagte mir, es wäre leider nur ein kleines Schwein. Ich mußte schallend lachen, denn ich hatte es mir genau angesehen. Mühsam bahnte ich mir den Weg zu der wütend verbellenden Hündin. Da lag ein ganz kapitaler Keiler mit abgezirkeltem Blattschuß. Als ich Bandis Bruch dankend entgegennahm, fragte er mich: „Schießt du eigentlich immer so gut?" – „Ich kann nicht anders", gab ich zur Antwort. Da mußte er herzlich lachen. Wir verstanden uns und wurden gute Freunde.
Wir holten Graf Meran an einem anderen Hochsitz ab. Er hatte auf einen Buschbock geschossen. Da es zu dunkel war, wurde die Nachsuche auf den nächsten Morgen verschoben. Deshalb mußte meine Frühpirsch wieder ausfallen. Als wir auf die Straße nach Momella kamen, stand vor uns im Scheinwerferlicht ein prachtvoller Mähnenlöwe. Bandi freute sich wie ein kleines Kind – seit zwanzig Jahren wieder der erste Löwe am Meru. Er stand breit vor dem Dickicht, dann machte er kehrt, und der Urwald verschlang ihn.
Als wir nach Hause kamen, war Rolf Trappe da. Da wir auch von dem Löwen sprachen, bekam er ein ernstes Gesicht und erzählte, wie viele Löwen es früher um Momella gegeben hat. Nach dem Verlust ihrer letzten Farm Ngongongare haben die neuen Farmer alle Löwen vergiftet. Er selbst habe dort einmal sechzehn eingegangene Löwen an einer vergifteten Kuh gesehen.
Unsere Tage waren zu Ende, fünf Wochen hatten wir täglich jagend verbracht, eine überaus interessante und glückliche Safari erlebt und wirklich gute Trophäen erbeutet.

Leben und Jagen mit Hunden

Die Liebe zum Hund bekam ich schon mit in die Wiege gelegt, mit Hunden bin ich aufgewachsen, sie haben mir mein ganzes Leben lang treu das Geleit gegeben. Der erste, an den ich mich heute noch erinnere, war ein überdimensionaler, schneeweißer, blauäugiger Dackel namens – wie konnte es anders sein! – Waldi. Er jagte nicht, weil er anscheinend zuviel mit seiner Liebe und Treue zu uns sechs Geschwistern zu tun hatte. Er kletterte auf Raummeter im Wald, wenn wir dort unsere Joppen beim Pilze- oder Beerensuchen abgelegt hatten, um sie zu bewachen, fraß drei Tage nichts, wenn wir nach den Ferien wieder in die Internate mußten, und haßte den braven Leibjäger Adolf, nur weil dieser ständig drei Hunde führte, mit denen Waldi hie und da Meinungsverschiedenheiten austrug.
Wenn wir mit dem Leibjäger jagen gingen, dann durften mein Bruder Carl und ich jeder einen Hühnerhund führen. Vier ganz besonders herausragende Hunde blieben in meinem Gedächtnis haften. Der eine hieß Feldmann, ein starker Deutsch-Kurzhaar. Zugleich mit ihm war Flott da, ein wunderschöner Deutsch-Drahthaar. Feldmann hetzte mit Vorliebe und taugte auch sonst nicht viel, dagegen erwies sich Flott als vollendeter Jagdhund auf alle Wildarten und auf Schweiß, war auf Hühner und Enten genauso gut wie auf Rehe und Hasen. Dazu äußerst raubzeugscharf. Nur eine Unart hatte er: er haßte Spitze, von denen es damals in Bartenstein geradezu wimmelte. Kam der Jagdwagen angefahren, so gingen die Spitze, die sich nicht mehr in die Häuser retten konnten, an den Wänden hoch, denn hinter dem Wagen lief Flott, das wußten sie. Und nahm Flott einen Spitz wahr, dann holte er sich ihn und trug ihn apportierend hinter dem Wagen bis in den Schloßhof, wo er dann entlassen wurde.
Nichts Schöneres gab es, als Feldmann und Flott zusammen auf Hühner arbeiten zu sehen. Hielten die Hühner nicht mehr und liefen sie zu sehr, dann verließ einer der Hunde den Acker, lief außen bis an dessen Ende vor und drückte die Hühner gegen uns. Nie wieder habe ich das von anderen Hunden gesehen.
Ein anderer guter Hund, ein Deutsch-Langhaar, hieß ebenfalls Feldmann. Er arbeitete etwas langsam, dafür aber todsicher. Seine Unart war es, in die Luft zu springen, wenn man ihm etwas Freßbares zuwarf. Das wußten auch die Treiber, und beim Frühstück ließen sie Feldmann jedesmal „in die Luft gehen", sobald sich Adolf auf seinem Jagdstuhl niedergelassen hatte. Klar, daß

ihn der angeleinte Feldmann – zum Gaudium der Treiber – dabei stets samt dem Jagdstuhl umriß.

Der vierte der hervorragenden Hunde Adolfs war ein Dackel, ein Bastard, den er in seinem Heimatort Laudenbach von einem Bauern als Welpe gekauft hatte. Natürlich hieß er wiederum Waldi und wuchs mit einer ebenso jungen Katze auf. Die beiden fraßen zusammen aus derselben Schüssel und schliefen im selben Korb. Dieser Katze hat Waldi niemals etwas getan, während er jede andere, im Revier angetroffene ins Jenseits beförderte.

Er sprengte jeden Fuchs, und man mußte nur befürchten, daß er ihn im Bau abwürgt. Ich weiß noch, wie er aus einem langen Grabenrohr im Feld sechs Altfüchse hintereinander sprengte. Auch jedem Dachs lag er so lange vor, bis man diesen ausgegraben hatte.

Wir liebten Waldi ob seiner Tapferkeit. Als er mit zwölf Jahren ganz friedlich einschlief, war von seinen Behängen jeweils nur noch die Hälfte vorhanden. Ich habe auch noch nie einen Hund mit einem derart von Narben übersäten Kopf gesehen.

Mit achtzehn Jahren hatte ich dann meinen eigenen Hund, einen Foxterrier namens Pilz. Selbstverständlich sollte er die Jagdpassion seines Herrn teilen, wozu er sich im jugendlichen Alter sehr viel Mühe gab. Für die Katzen schien es auf jeden Fall ratsam, von ihm nicht aufgespürt oder wahrgenommen zu werden, denn das bedeutete unweigerlich ihren Tod. Aber die Füchse haben ihn derart vermöbelt, daß er es vorzog, auf Distanz unter fürchterlichem Radau auf menschliche Unterstützung zu warten. Dafür zeigte er sich Hunden gegenüber mutiger und gab sich nur zufrieden, wenn er seine tägliche Rauferei untergebracht hatte. Das ging so lange gut, bis ein Bernhardiner ihm den Rücken in zwei Teile biß. Er wurde geflickt, und Pilz erreichte trotz dieser Blessur ein hohes Alter.

Auf Schweiß arbeitete dieser Foxl ausgezeichnet und zog auch jedes krankgeschossene Reh nieder. Sonst benahm er sich wie ein Clown und Akrobat zugleich, und der Ball spielte in seinem Leben die Hauptrolle.

Mein Bruder Carl hatte zu dieser Zeit über viele Jahre einen Wachtelrüden, einen bitterbösen Knaben, der jeden Hund biß – auch manchen Menschen! –, jagdlich aber außerordentlich passioniert und auch gut war.

Bei der Hühnerjagd entdeckten wir einmal Hornissen, die in einem alten Apfelbaum hausten. Nun beging mein Bruder eine große Dummheit und schoß mit Schrot auf zwanzig Schritt auf das Astloch. Der Hund muß wohl beobachtet haben, in welche Richtung mein Bruder geschossen hatte, rannte hin und suchte um den Stamm dieses Baumes.

Ein schwarzer Strahl schoß aus dem Loch und formierte sich zu einer Wolke. Der Hund, durch das unmißverständliche Gebrumm im klaren, was hier drohte, rannte auf freiem Feld um sein Leben, zu unserem Glück genau entgegengesetzt von unserer Richtung.
Das Geschwader senkte sich über den vermeintlichen Störenfried, eine einzige Hornisse scherte aus dem Jagdverband aus, schoß dem armen Hund seine gefährliche Angriffswaffe in dessen Hinterhand, so daß dieser sich laut heulend auf dem Boden wälzte und um sich biß. Der Verband drehte daraufhin zum Heimflug ab und verschwand im Baumloch. Der Hund überlebte – und wir konnten von Glück reden.
Zugleich mit Pilz hatte ich einen schwarzen Chow-Chow. Gollywog hieß er. Ein schöner Hund, der nur mich kannte. Als kleines Wollknäuel erhielt ich ihn aus Böhmen. Ich fürchtete immer, er könnte zu wildern anfangen, weshalb ich ihn nie ins Revier mitnahm. Mit Ausnahme zur Fuchsjagd. Beim Sprengen fing er die Füchse im Nu, beutelte sie in der Luft und würgte sie ab. War man aber dann nicht sofort zur Stelle, zerbiß er sie bis zur Wertlosigkeit des Balges.
Einmal hatte ich einen Edelmarder in einer Feldscheune eingekreist. Pilz und Golly und ein paar Mann sollten den Marder zum Springen bringen, was auch gelang. Aber ich fehlte ihn im Sprung vom Dach zum Boden. Auf den Schuß hin sprang Golly vom Gebälk herunter. Ich sah ihn schon tot, mit gebrochenen Gliedern. Aber er landete weich wie eine Katze und schoß sofort um das Scheuneneck, dem flüchtigen Marder nach. Bald hatte er ihn eingeholt und abgewürgt. Als ich ihm den Marder abnehmen wollte, trug er diesen fünfzig Meter weit weg. Das wiederholte sich mehrmals, so daß letztlich, als er ihn mir endlich doch gnadenhalber überließ, der Marder keinem Marder mehr ähnelte.
Rehe jagte Golly nicht, das interessierte ihn überhaupt nicht, auf Hasen habe ich es erst gar nicht probiert, denn von diesen wäre wahrscheinlich überhaupt nichts übriggeblieben.
Nebenbei nannte ich noch einen schwarzen Langhaardackel, der Schützi hieß, mein eigen. Dieser dumme Name stammt aber nicht von mir, denn ich bekam Schützi einjährig, als er schon Schützi hieß! Ein besonders lebhafter und auch schöner Hund. Außerdem im Bau sehr gut verwendbar. Allerdings konnte er nicht in alle Baue einfahren, weil er etwas zu groß geraten war. Da Golly und Pilz sowieso ständig miteinander rauften, wäre Schützi als dritter Rüde zweifellos zerfleischt worden. So gab ich ihn, wenn auch schweren Herzens, zu einem meiner Förster nach Laudenbach. Dieser besaß genau den gleichen Dackel, nur etwas schlanker, mit Namen Schlupfer. Schützi und Schlupfer wurden unzer-

trennliche Freunde und arbeiteten im Bau unglaublich gut zusammen. Selten mußte man beim Sprengen nachhelfen. Sie brachten einmal, selbständig handelnd, das Meisterstück fertig, einen alten Dachs zu sprengen und ihn auf freiem Feld dann abzuwürgen.
Die beiden hatten, wie alle Dackel, neben den guten auch viele schlechte Eigenschaften. So jagten sie, wann immer sich Gelegenheit bot, selbständig, wilderten also! Für mich sehr peinlich, denn man kann nicht gut andere wegen ihrer jagenden Fixköter zur Rechenschaft ziehen, wenn die eigenen Hunde dieser Leidenschaft genauso frönen.
Schlupfer war Epileptiker, er fiel einfach um, sein Körper zuckte und zitterte, er verdrehte die Augen, und Schaum trat aus dem Fang. Das dauerte gewöhnlich einige Minuten. Dann lag er wie tot und kam nur langsam, wie aus einer tiefen Narkose erwachend, wieder zu sich. Nach so einem Anfall war er zwei Tage unbrauchbar.
Einige Jahre später zog ich für eine Zeitlang wieder nach Bartenstein. In dieser Zeit kaufte ich in München die hochträchtige Deutsch-Langhaar-Hündin Asta von der Kadolzburg. Weil ich fürchtete, Asta könnte durchgehen, ordnete ich an, sie nur im hinteren, vollkommen abgeschlossenen Schloßgarten hinauszulassen. Dieser Garten beendet die Landzunge, auf der das Schloß steht, und ist auf drei Seiten von einer nur 1,20 Meter hohen Mauer umgeben. Hinter dieser geht es gleich zwölf Meter tief hinunter. Asta raste in einem wahren Freudentaumel im Zickzack im Garten umher, sprang über Blumenbeete und – war mit einem Satz über die Mauer. Ich hörte den Hund von der darunterliegenden Nußallee her klagen und stürzte ans Fenster. Da sah ich die Hündin auf dem Kiesweg liegen. Die Gärtner, die gerade den Kiesweg harkten und vor denen Asta gelandet war, trugen sie vorsichtig herauf. Nie werde ich die traurigen Augen der Hündin vergessen. Jede Minute rechnete ich mit ihrem Tode, zum mindesten aber damit, daß sie verwirft. Äußerliche Verletzungen hatte sie keine davongetragen, und der Tierarzt sagte, innerliche ließen sich hier nicht feststellen. Am nächsten Tag fraß Asta schon etwas, nach zwei Tagen stand sie auf, wackelte allerdings schwer hin und her, und pünktlich nach acht Tagen brachte sie sieben Welpen, sechs rote, wie sie selbst, und einen Grautiger, den ich behielt, aufzog und eigenhändig führte. Nicht nur ein perfekter Ausstellungshund wuchs da heran, sondern in gleicher Weise ein jagdlich erstklassiger. Deshalb gab ich ihm in Erinnerung an den einmaligen Hund meines Vaters den Namen Flott. Leider konnte ich mich nur drei Jahre an diesem Prachthund erfreuen, dann hat man ihn mir im Schloßhof mit Strychnin vergiftet.
Gleich nach Flotts Tod erwarb ich die Griffonhündin Margot von der Kreuzeiche.

Mit Abstand mein bester Hund! Margot hatte eine hervorragende Nase, war spursicher, Allesapporteur über weite Strecken, raubzeugscharf, mannscharf, Totverbeller und stand alles Flugwild bombenfest vor. Mit einem Wort: ein Hund, wie ihn sich jeder Jäger einmal wünscht.
Sie hatte auch keine Unart, war unerhört treu und anhänglich, reagierte auf den leisesten Pfiff, auch jedes Zeichen mit der Hand, und arbeitete die Schweißfährte zuverlässigst. Ich habe mit ihr nie ein Stück Wild verloren.
Anleinen erwies sich als unnötig, denn sie jagte nur auf Befehl. Bei Fasanenjagden saß sie frei neben mir und interessierte sich für alle verendet fallenden Hahnen überhaupt nicht. War aber einer nur geflügelt, startete sie sofort und brachte ihn. Und ihre Meisterleistung? Wenn sie bemerkte, daß ein Fasan auf den Schuß zeichnete, beobachtete sie ihn, bis er einfiel. Dann raste Margot genau an diese Stelle hin und apportierte den Fasan todsicher. Größte Passion bereitete ihr die Jagd auf Marder. Nach stundenlangem Ausneuen landete man zum Schluß meist vor einer Scheune, einer Steinmauer, einem hohlen Baum, einem Bau, vor einem Loch im Bahndamm oder einem Reisighaufen. Bei letzterem gab's gewöhnlich so ein Spurengewirr, daß man nicht recht wußte, ob der Marder noch steckt. Das sagte uns dann Margot. Sie umkreiste den Haufen mit hoher Nase. Steckte der Marder noch, biß sie in die Reisigwellen und zog Stekken um Stecken heraus. Man mußte den Haufen total abräumen, da der Marder bis zur letzten Welle aushält. Ich schoß dann keinen mehr, denn der springende Marder gehörte Margot! Auf diese Weise erbeuteten wir im Winter 1940 neun Edel- und Steinmarder, einmal in einem Reisighaufen gleich zwei kapitale Edelmarder.
Auch an Margot durfte ich mich nicht lange erfreuen, vier Jahre nur. Im Sommer 1943 ging ich nachmittags zu meinem Bienenhaus im Hofgarten. Margot, wie immer, mit mir. Als wir dort ankamen, fegte eine Katze den Hang hinunter. Margot hinter ihr her. Ich hörte einen schweren Fall und ein kurzes Klagen der Hündin und rannte hinter das Haus. Dort hing ein alter Rotdornbaum schräg über den Steilhang. Auf dem Baum stand die Katze, unten am Hang lag die Hündin und versuchte hochzukommen. Aber die Hinterhand tat nicht mehr mit – gelähmt.
Margot war, der Katze folgend, den schrägen Baumstamm hinaufgerannt, oben abgerutscht und auf den Rücken gefallen. Der Veterinär befürchtete, sie habe sich das Rückgrat gebrochen. Schweren Herzens ließ ich sie einschläfern.
Der Krieg war zwar beendet, die Jagd unsererseits ruhte aber noch. Um so mehr bedurfte es jetzt straffer Revieraufsicht. In diesen Tagen nun kam mir zu

Ohren, daß bei Mergentheim ein Jäger Hunde züchtet, Pudelpointer. Ich kaufte einen jungen Rüden. Mein schlechtester Hund, den ich je besaß. Er apportierte nicht und stand nicht vor. Schweiß interessierte ihn überhaupt nicht, Wasser bedeutete ihm ein Greuel. Dafür hetzte er mit Ausdauer gesunde Rehe und Hasen und streunte bei jeder Gelegenheit bei seinen Freundinnen im Ort umher.

Das aber sollte seine jagdliche Laufbahn verändern. Eines Tages war er wieder fort. Gewöhnlich währten seine Touren nur einige Stunden. Diesmal aber blieb er aus. Ich ging nachts mehrmals vors Schloß und pfiff nach ihm. Da hörte ich vor der Garage ein Wimmern. Dort lag er mit gebrochenem linken Vorderlauf. Der Tierarzt stellte einen Spiralbruch fest und machte mich darauf aufmerksam, daß das nie richtig heilen wird, weil der Hund keinen Verband dulde. Wir bauten ihm im Kuhstall, damit er es schön warm hatte, einen Verschlag von einem Meter im Quadrat, schienten und bandagierten den Lauf und legten den Patienten hinein. Am nächsten Tag hatte er alles heruntergerissen. Wir probierten es noch einmal; Erfolg wie gehabt. So wuchs der Lauf krumm an, versteifte und war kürzer. Er konnte damit nicht mehr auftreten, zeigte sich aber sonst sehr munter. Von jetzt an hieß er Lord Dreibein.

Lord Dreibein wollte unbedingt zum Jagen mit und wurde daher den Treibern zum Stöbern im Trieb mitgegeben. Und hier entdeckte er seine einzige Passion: Er kam an Sauen, sprengte die Rotte und wurde unser bester Sauhund. Hatten wir Sauen fest, kam Lord Dreibein zum Einsatz. Eine besonders mutige Tat von ihm konnte ich beobachten: Wir hatten neun Sauen fest und ich fragte den Fürsten Fugger von Babenhausen, der gerade für einige Stunden zu Besuch weilte, ob er auf Sauen jagen möchte. Gerne. Ich stellte ihn und meinen Vetter Rudolf an die Front, dreißig Meter zurück in ein Stangenholz. Todsichere Stände. An der rechten Flanke, ganz vorn, wo ein Schlag lag, postierte ich einen Fahrer zur Beobachtung. Dem kamen natürlich alle neun Sauen ganz langsam, wie auf einer Perlenkette aufgereiht, auf zwanzig Meter. Sie müssen an der Front Wind bekommen haben. Da sie sich gleich jenseits des Weges in der nächsten großen Dickung gesteckt hatten, stellte ich die beiden Herren wieder an die Front. Die anderen vier Schützen schickte ich an die linke Flanke auf einen breiten Weg, auf dessen anderer Seite ein großer Schlag lag, der erst im Frühjahr aufgeforstet worden war. Ich blieb allein auf der rechten Flanke auf einer sehr schmalen Abteilungslinie zur Beobachtung.

Lord Dreibein wurde geschnallt. Sehr bald gab er laut, und ich sah die Rotte dicht gedrängt in einer Lücke nach vorn ziehen. Dem Fürsten Fugger kamen

drei Sauen so nahe, daß er nicht schießen konnte, zumal ihn eine streifte und dabei fast zu Fall brachte. Da schob sich ein sehr starker Keiler in meine Lücke und blieb breit auf dreißig Meter stehen. Ich schoß nicht, weil es in den Trieb hinein ging und der Keiler vorn anlaufen sollte. Im nächsten Augenblick erschien Lord Dreibein und sprang mit voller Wucht mitten auf den Keiler drauf. Dieser gab einen furchtbaren Schrei von sich und fuhr nach links ab. Lord Dreibein lauthals hinterher. So kamen sie einem Schützen auf der linken Flanke, der konzentriert in das Stangenholz starrte, wo er schon länger einen Überläufer beobachtete. Erst der laute Ruf seines Nachbarn ließ den Schützen umschauen. Die im freien Schlag auf achtzig Meter nachgesandte Kugel verfehlte den Keiler glatt. Lord Dreibein kam zurück und brachte den Rest der Rotte vor die Schützen. Aber alles wurde gefehlt.
Hundert Meter hinter der Front führte eine Straße durch den Wald. Dahinter lag eine weitere große Fichtendickung, und dort hatten sich alle Sauen, außer dem Keiler, wieder gesteckt.
Lord Dreibein brachte sie abermals auf Schwung, und abermals gab es nur Fehlschüsse. Da sich die Sauen in der anschließenden Dickung erneut steckten, stellte ich mich nun auf einen Stand, wo ich glaubte, daß sie anlaufen könnten. Zwei Überläufer überfielen gleichzeitig den Weg, so daß ich nur einen davon erlegen konnte. Das blieb die ganze Strecke, die anderen Sauen wurden, nun schon eine Selbstverständlichkeit, gefehlt.
Im Alter von acht Jahren erkrankte Lord Dreibein plötzlich und wurde zusehends schlechter. Ihm konnte nicht mehr geholfen werden. Ich ließ seine Leidenszeit abkürzen, er ruht im Wald bei all den anderen vierbeinigen Gefährten.
Neben Lord Dreibein hatte ich mir wieder einen Foxterrier angeschafft, damals drei Monate alt. Dieses Temperamentsbündel hieß Pat oder auch Rütütü. Er tyrannisierte Lord Dreibein und dessen Nachfolger Greif. Sie mußten sich hinlegen, und er biß sie laut knurrend in die Backe. Damit sie sich hinlegten, biß er sie vorerst einmal in die Hinterläufe. Beide machten gute Miene zum bösen Spiel und ließen es sich gerne gefallen, und wenn sie ihn selbst einmal in den Fang nahmen, geschah das höchst zart.
Auf Schweiß entwickelte sich Pat zu einem ausgesprochenen Spezialisten. Versagten alle Hunde, wurde er geholt. Er untersuchte erst einmal genau den Anschuß und die Richtung der Wundfährte. Dann ging er ab mit tiefer Nase. Machte er das kranke Stück hoch, so versuchte er, es zu überholen und sprang, sobald er die Höhe der Vorderläufe erreicht hatte, diesem mit unglaublicher Sicherheit an die Drossel. Dabei überschlugen sich Reh und Hund, aber er ließ nie locker und würgte es ab.
Er wußte genau, daß sich das Hetzen gesunder Rehe nicht lohnt. Immer ging er im

Trieb mit, und durfte er geschnallt werden, dann stöberte er diesen leer. Er überjagte auch nie in den nächsten Trieb.

Angeschossene Hasen in den Weinbergen und Hecken suchte er mit unglaublicher Sicherheit nach. Sogar geflügelte Rebhühner. Auch Schnepfen habe ich mit ihm gefunden. Von Füchsen im Bau wollte er nichts wissen, während er sie außerhalb dieses mit wahrer Begeisterung jagte und, so er sie bekam, abwürgte. Sauen interessierten ihn überhaupt nicht. Lag jedoch eine auf der Strecke, dann tat er so, als wäre er der Held gewesen, stemmte sich jedesmal gegen das Gebrech und rupfte es vollkommen. In einem Winter hat er, vierzehnjährig, das Zeitliche gesegnet. Auch der noch rasch herbeigerufene Tierarzt konnte ihm nicht mehr helfen.

Wie schon erwähnt, besaß ich einen Nachfolger für Lord Dreibein: Greif, ein recht passabler Gebrauchshund. Auf Hasen und Hühner ganz ordentlich, auf Schweiß jedoch sehr unterschiedlich. Die Raubzeugschärfe dieses Deutsch-Drahthaars aber ließ völlig zu wünschen übrig, an Sauen zeigte er sich uninteressiert. Mit den Jahren wurde er allerdings immer besser und zuverlässiger.

An ihm eigenartig war die Angst vor Gewittern. Nahte ein solches, ging Greif buchstäblich die Wände hoch, begann zu hecheln und spie die Böden dermaßen voll, daß sie am nächsten Tag neu gewachst und gebohnert werden mußten.

Immer hatte ich das Gefühl, daß ihn eines Tages der Schlag treffen werde, aber sein Ende war viel trauriger, ich mußte ihn auf Anordnung des Regierungspräsidiums wegen angeblicher Tollwut erschießen lassen, weil ich ihn einen durch Pflanzenschutzmittel vergifteten Rehbock abfangen lassen hatte.

Nun besitze ich eine Hündin, Anka von dem Gutenberg. Da ich nach Greifs schnellem Tod sofort einen brauchbaren Hund haben mußte, infolgedessen keine Zeit für Aufzucht und Führung hatte, fuhr ich auf Grund einer Anzeige nach Würzburg. Oberförster Günther, Staatsförster im Guttenberger Wald, hatte einen schönen Zwinger. Darin befanden sich die beiden annoncierten Deutsch-Drahthaar, Bruder und Schwester, deren Mutter und noch ein Bruder dazu, alle grundverschieden im Aussehen. Die beiden Rüden sehr stark drahtig, hell wie die Mutter und mit starkem Bart, die Schwester dunkel, mit kürzerem Haar und wenig Bart. Sie gefiel mir sofort.

Ich lud Oberförster Günther mit seinen Hunden zur Hühnerjagd nach Niederstetten ein. Er nahm dankend an und kam am nächsten Tag mit drei Hunden, den beiden annoncierten und der Mutter. Anka gefiel mir ganz besonders, sie stand die Hühner bombenfest vor und suchte auch sehr gut. Ihr Charakter aber war es vor allem, der mich faszinierte. Da ich mich voll auf Anka konzentrierte, merkte ich immer mehr, daß es Oberförster Günther leid tat, die Hündin herzugeben. Schweren Herzens rang er sich dann doch dazu durch, erbat sich Anka nur noch so lange aus, bis er sie bei der gemeldeten Vollgebrauchsprüfung geführt hatte.

Nach einigen Tagen holte ich Anka ab. Die ganze Familie Günther nahm rührend Abschied, ein Zeichen, wie gut sie es dort gehabt hatte.

Ein prächtiger Hund! In allen Belangen! Im Revier läuft Anka meist frei und jagt nicht, wenn ich es ihr nicht erlaube. Jeder Wechsel wird kontrolliert, jede frische Fährte verwiesen. Dabei geht sie zwanzig bis dreißig Meter in die Dikkung, kommt jedoch sofort wieder zurück, um vor mir, wie bisher, auf dem Weg weiterzulaufen. Komme ich an eine Wegkreuzung, merkt sie augenblicklich, welche Richtung ich einschlagen will. Ich habe alles mögliche mit ihr probiert, habe sie getäuscht und mich versteckt. Aber sie hat eine so blendend gute Nase, sucht zuerst die Spur und dann unter Wind. Komme ich an einen Hochsitz, so wählt sie sich sofort einen Platz und bleibt auf diesem stundenlang ruhig liegen. Auch beim Blatten liegt sie ganz ruhig neben mir. Unangeleint, versteht sich!

Auf Schweiß ist sie wirklich fabelhaft. Sie legt sich in den Riemen, daß man Mühe hat, ihr zu folgen. Geschnallt, fegt sie, immer mit der Nase am Boden, wie ein Pfeil dahin. Ich habe mit ihr die tollsten Nachsuchen erlebt.

Ihre Spezialität freilich ist und bleibt das Flugwild. Hühner regen sie auf, Fasanen machen sie total verrückt; trotzdem arbeitet sie ganz ruhig die Geläufe aus. Geflügelte Hühner findet sie fast immer, Fasane stets. Auch bei Schnepfen entwickelt sie ihre volle Passion. Beim Strich sitzt sie frei neben mir, dreht ständig den Kopf, um nur ja keinen Langschnabel zu übersehen. Fällt dann einer, bringt sie ihn, fehle ich aber, ist Anka zutiefst beleidigt.

Hasen sind ihre Schwäche. Weil sie sieht, daß die Hasen für gewöhnlich in der Nähe aufgenommen werden, meint sie, ihr Hase müsse auch in der Nähe zu finden sein und sucht aufgeregt nur in der nächsten Umgebung umher, da sie hasenrein ist und außerdem weiß, wegflüchtenden Mümmelmännern nicht nachsetzen zu dürfen. Es hat mich viel Arbeit gekostet, bis sie begriff, daß sie es in diesen Fällen doch darf. Schweißt einer, dann geht sie nach und bringt ihn auch zuverlässig. Besonders gern apportiert sie und ebenso gern würgt sie ab.

Nach all dem vielen Unglück mit meinen Hunden lebte ich andauernd in der Angst, auch dieses liebe und gute Tier irgendwie zu verlieren. Denn besitzt man endlich wieder einen hervorragenden Hund, dann passiert meist etwas Dummes. In der Nähe von Straßen lasse ich Anka schon gar nicht mehr frei laufen und sonst auch kaum aus den Augen. Vielleicht ist das ein Fehler.

*

Von den vielen anderen Hunden, die ich besaß, kannte oder mit denen ich jagte, möchte ich zwei herausgreifen: Teddy und Marko. Teddy, ein kurzhaariger, sehr schöner Jagdterrier. Lebensgefährlich, aber gut! Weil ich mich am besten mit ihm verstand, war ich es, der ihn häufig von der Besitzerin, die zuvor bei Graf Douglas in Langenstein gewohnt hatte, aus Eiteltingen abholte. Kam ich mit dem Auto vor das Haus gefahren, sah ich ihn schon am Fenster mit gefletschten Zähnen hin- und herrasen. Wurde dann die Tür geöffnet, schoß Teddy an mir vorbei und biß zuerst einmal kräftigst in einen Vorderreifen. Dann folgte ein Sprung, und er saß auf der Motorhaube. Dort mußte ich länger auf ihn einreden, derweil er hochmütig in die Luft schaute und mich keines Blickes würdigte, bis er sich letztendlich doch bequemte, ins Auto zu kommen, wo er sich dann allerdings ganz friedlich benahm.

Jagdlich war er einmalig. Zuerst jagte er Rehe, dann nur noch Füchse; hier erreichte er den Grad der Vollkommenheit. Doch einmal kam er auf Sauen, und fortan existierte für ihn kein anderes Wild mehr. Der beste Sauhund, den ich je kannte! Lag schlechter Schnee und war man sich daher nicht ganz sicher, ob die Sauen auch steckten, wurde der Trieb umstellt und Teddy geschnallt. Steckten die Sauen nicht, erschien der Hund sehr bald irgendwo, zeigte völliges Desinteresse und setzte sich zum nächsten Schützen. Dann konnte man sofort abblasen!

Waren aber Sauen fest, so gab es für ihn nichts anderes: sie mußten raus! Ich will nur zwei der vielen selbsterlebten Episoden schildern.

Wieder einmal hatte man überall Sauen fest. Einer Meldung nach einen besonders starken Keiler im Loh, direkt bei Schloß Langenstein. Es wurde deshalb beschlossen, zuerst auf diesen zu jagen, und ich holte Teddy. Der Keiler steckte in einer riesigen Buchendickung. Wir waren nur sechs Schützen, weshalb die ganze hintere Seite gegen Langenstein und den Portugieser Hof offenblieb.

Teddy gab bald laut, und langsam ging es immer weiter vor gegen die Front. Ich stand auf der rechten Flanke, dreiviertel vorne in einem Engpaß. Auf meiner Höhe hörte die Vorwärtsbewegung auf, Teddy gab ununterbrochen Standlaut. Einmal klagte der Hund, der Keiler hatte ihn also geschlagen. Aber gleich darauf gab er schon wieder Standlaut. Das ging ungefähr zwei Stunden so fort, wir waren bereits halb angefroren. Mit einem Male Stille. Der Oberforstmeister, dem dies verdächtig vorkam, ging zurück, um die ganze Rückfront an einem Weg übersehen zu können. Tatsächlich marschierte dort der sehr starke Keiler ganz gemütlich auf über zweihundert Meter über den Weg, genauso gemütlich hinterdrein Teddy. Beide machten sie einen ziemlich erledigten Eindruck. Wir untersuchten Teddy nachher, er hatte im „Schinken“ ein tiefes Loch.

Der andere Fall spielte sich im Revier von Schloß Hausen im Donautal ab. Dort steckten in der Abteilung fünf eine Menge Sauen. Ich bekam einen sehr guten Stand an der Front und konnte die Mitte des Triebes, ein Stangenholz in einer Mulde, von oben einsehen.

Beim Anblasen erschien im Stangenholz von links eine Bache mit sechs oder sieben Frischlingen und verhoffte. Gleich darauf kamen von hinten acht Überläufer und von rechts sieben starke Sauen. So blieben sie in dem Stangenholz in drei Rotten stehen, höchstens dreißig Meter voneinander entfernt.

Da erschien Teddy und wendete sich zuerst den starken Sauen zu. Er biß eine Sau in den Hinterlauf, und ab ging die Post. Gleich darauf fiel an der Rückfront ein Schuß. Wieder erschien Teddy und biß den nächsten starken Schwarzkittel in den Hinterlauf. Die anderen Sauen rührten sich nicht. So ging das fort, bis alle starken Sauen einzeln draußen waren. Dann eine Pause, ein Zeichen, daß eine lag. Doch da kam Teddy schon aufs neue an und nahm sich nun die Überläufer vor. In zweimaliger Aktion hat er diese Rotte hinausgejagt. Zuletzt ging er an die Bache, zwickte sie hinten, und ab ging sie mit ihren Frischlingen. Die Strecke? Eine einzige Sau! Eine Schande, da fast alle einzeln mit lautjagendem Hund angelaufen sind, und zwar alle auf der Rückfront.

In Langenstein gab's einen ganz ausgezeichneten Hund, der auf den Namen Marko hörte. Ein Deutscher Wachtel, im Besitz eines Försters. Hörte man Marko im Trieb jagen, wußte man, er war an einem Fuchs. Kam die Hatz dann auf einen zu, konnte man sicher sein, daß der Fuchs wie eine Rakete daherschoß.

So hetzte Marko wieder einmal an einem Hang der Front zu, wo auch sehr bald ein Schuß fiel. Kurz vorher hatte der Hund geklagt und verschwiegen. Nach dem Trieb brachten die Treiber den Hund, den sie im Trieb gefunden hatten. Er war offenbar einen kleinen Felsen hinuntergestürzt und hatte sich dabei ein Schulterblatt gebrochen. Ein aussichtsloser Fall! Robert Graf Douglas, der Jagdherr, befahl dem Besitzer, den Hund sofort zu erschießen, doch dieser meinte, das könne er nicht. Auch alle anderen Förster schüttelten den Kopf.

Daraufhin ließ Graf Douglas den Hund in die Dickung tragen und erschoß ihn selbst.
Ich habe in manchem Auge der Gäste, der Förster und auch der Treiber Tränen gesehen, und wer mit diesem braven Hund viele Jahre zusammen jagen durfte, brauchte sich derer wahrhaft nicht zu schämen.